［改訂第5版］

速読英単語

Vocabulary Building × Rapid Reading

上級編

風早 寛 著

難関大の英文で鍛える上級1200語＋推測法

Contents

はじめに

この書籍を手に取ったみなさんはおそらく、「必修編」を終え、さらに英単語力を強化しようと思っているところでしょうね。その素晴らしいやる気に 100％お応えしたいと思います。

まず、この「上級編」は、「必修編」までに学習した英単語を復習および、定着させる役割も担いながら（つまり、英文中で太字にしているものが「必修編」で太字にしているものと重複することもあります）、難関大入試への準備は十分と言えるだけの単語をマスターすることを主眼としています。

さて、「必修編」を最後までやり通した君はさらに一歩進んで、「入試の本番で、『見たこともない（＝知らない）英単語』があってもよいのか？」という疑問を持つレベルにまで学習が進んでいるかもしれません。この疑問は言い換えれば、次のようなレベルの高い疑問です。

(1) 大学入試までに、どれほどの英単語をマスターしておくべきか？

みなさんの中には、「英単語を 10,000 語ほどマスターしておけば、たとえ難関大学といえども、入試対策としては十分だろう。本番で、初めて見る英単語（＝知らない英単語）に遭遇する怖れはないだろう。だから、ひたすら 10,000 語ほど覚えよう」と考えている人はいないでしょうか？

その志は賞賛できますが、残念なことにその考えは間違いなのです。

ではまず、できる限り正確な姿（ありのままの現実）を把握してみましょう。Ｚ会が「難関大」と定義している 57 の全大学の全学部の入学試験問題に出現した英単語については、そのすべてをコンピューターに入力し、詳細な分析を行っています。そのうち、今年までの約 20 年分の分析結果の中から、具体的な数字を紹介しておきます。この期間に出現した英単語は 8,639,474 個です。これは登場した単語の個数を単純に数えた数字で、たとえば定冠詞の the は 477,683 回出現します。それでは、何種類の単語が出現しているかというと、主要な単語だけでも 13,000 種を超えています。CEFR ではおよそ 7,000 種の単語を提唱していますが、それよりも多い種類の単語が出題されているのです。

そうすると、先ほどの「英単語を 10,000 語ほどマスターしておけば、入試で知らない英単語に出会うことはないだろう」と考えている人が仮にめでたく 10,000 語ほどマスターしたとしても、「まだ見たことがない英単語」が、少なくとも 3,000 種もあるということになりますね。

もちろん、2,000 語しかマスターしていない人と、10,000 語をマスターした人とを比べてみれば、後者の方が「より完璧に近づいている」ことに間違いはありません。「10,000 語ほどをマスターしてはいけない」というわけではありません。しかし、大学入試までの短い期間を考えると、本書に掲載されている語をマスターした上で、英文の重要な箇所に未知語が出てきたとしても、決して動揺せず、その意味をマスターした単語を使って推測していく能力を身につける方が現実的ではないでしょうか？

(2) 最近，長文読解問題の傾向が大きく変化しているらしいが本当か？

本当です。近年の難関大学の英語の入試問題では，従来と異なり，「受験生ならば誰も知らないレベルの英単語」の意味を問う問題が着実に増加しているのです。たとえば東北大学では，grit という難語の意味を説明させ，慶應義塾大学では ensue, grimace などの難語の意味を 10 個も答えさせていますが，これらはほんの一例です。

Z会の「英単語頻度データ」によれば，これらの英単語はいずれも頻度ランキングで 10,000 番～25,000 番に位置するものです。つまり，「日常の学習においてまず出会わなかったであろう単語」と断言できます。

たとえばインターネットの検索エンジンは，地球上のすべての人間の記憶能力を凌駕する勢いです。この傾向が今後も続けば，人はものごとの記憶を自分の大脳に頼らず，検索エンジンに頼るようになるでしょう。

ただし，人は文脈からものごとを推測する能力を持っていて，この能力は今のところ，いかなる検索エンジンよりも優れているのです。だから，多くの人がこの能力に期待しているわけです。このような流れの中で，英文中に，「誰も知らないような難単語をあえて置いておき，受験生にその意味を推測させる」形式の設問がますます増えることをしっかりと認識しておきましょう。

(3) 本書に，「未知語の意味を推測する力を鍛える」役割を持たせた

以上の流れから，英単語をマスターすることと，「マスターした英単語を使って未知語の意味を推測する訓練」の両方が必要だという結論になります。したがって，本書は本邦初ですがそのような書籍に変身させました。未知語の意味を推測する方法も具体的に提示していますので，しっかりと学習を進めてください。

なお，本書の基本的な理念として，「必修編」と同じく次の 7 項目を重視していることをお伝えしておきます。

① 文脈の中で覚えられること：単語力×速読力
② 必要な単語を完全に網羅
③ 飽きずに，反復学習ができること
④ 毎日，無理のない量を繰り返せること
⑤ 学習しやすいレイアウト
⑥ テーマ別にグループ化：まとめてチェック
⑦ 場所を選ばないこと

なお，本書の改訂にあたり，Z会の金子真一さんをはじめ，多くの方々にお世話になりました。この場をお借りして御礼申し上げます。

2023 年 1 月　風早　寛

本書の構成

STAGE・英文番号・タイトル・ジャンル

およそ 10 レッスンずつの英文を 1 STAGE とし，5 STAGE に分けて収録。

赤太字

入試頻出の上級語です。

推測しよう！

英文を読むにあたって，ぜひ意味を推測しながら読んでほしい単語をピックアップしました。毎回上級レベルの単語の意味を推測する練習を積むうちに知らない単語の意味の推測法が身に付きます。

語数

120〜260 wordsの英文を掲載しています。

英文＋和訳ページ

13 蝶が互いを見分ける方法 (2) [科学]

推測しよう！ f.2 copulate **推測原則1**

1 On encountering a female, a Little Yellow male flutters about her briefly before landing and attempting to copulate. On confronting another male, he speeds away and continues his search. These simple behaviors allowed me to develop a test for the cues males use to recognize females. I first glued Little Yellow wings to cards and presented them to males. Males landed on, and even attempted to copulate with, female wings. But male study subjects paid scant attention to male wings similarly mounted.

2 The next phase of the experiment showed that color was responsible for this choice. I prepared a card with two sets of male wings. A quartz slide that transmits both visible and ultraviolet light covered one set of wings, and a filter that blocks ultraviolet wavelengths overlaid the other. Males now attempted to mate with the male wings under the filter — wings that appeared to be female.　(150 words)

単語ページ

見出し語

入試重要語を中心に掲載。□のチェック欄には自分の理解度に応じて，✓や○△×などをつけ，繰り返しチェックしましょう。
青色の囲み：英文中に出てくる語
灰色の囲み：青色の囲みの語に関連した重要語

<単語の番号と重要度>
・**番号付きのもの**：入試頻出かつ，他の単語との関連づけの基点になる上級語（優先的に覚える語）
・番号なしのもの：参考語（余力があれば合わせて覚えておきたい語）と番号付きの語と合わせて確認しておきたい必修編レベルの語

3 蝶が互いを見分ける方法 (2) [科学]

1 flutter [flʌ́tər]
動 はばたきする；はためく；どきどきする
名 羽を振る；はばたき；動揺
□ The flag fluttered in the breeze.（その旗はそよ風にはためいた）

2 briefly [bríːfli]
副 少しの間；簡潔に
□ to put it briefly（手短に言えば）
□ brief [bríːf] 形 短時間の；簡潔な

3 temporal [témpərəl]
形 現世の；一時的な
□ think only of temporal gain（現世的なもうけしか考えない）

4 copulate [kɑ́pjulèit]
動 交尾［性交］する
□ copulate with a female（メスと交尾する）

5 cue [kjúː]
名 合図；きっかけ；ヒント
□ take one's cue from the book（その本からヒントを得る）

6 glue [glúː]
名 接着剤；のり 動 を接着剤でつける
□ glue photographs into the album（写真をアルバムにはりつける）
□ affix [əfíks] 動 を付ける，添付する
□ paste [péist] 動 をのりで貼る；（文字などを）ペースト
□ adhesive [ædhíːsiv] 名 接着剤 形 粘着性の；べたべたする

7 cling [klíŋ]
動 （へ）くっつく；に固執する
□ cling to one's belief（自分の信念に固執する）

8 present [動 prizént, prɪ-] [形 名 prézənt]
動 を贈る；を提出する；を贈る
形 現在の；出席して 名 贈り物；(the ~) 現在
□ present the report to the meeting（報告書を会議に提出する）

9 bestow [bistóu]
動 (を) 授ける，与える (on, upon)
□ bestow one's books to the library（本を図書館に寄贈する）

10 scant [skǽnt]
形 乏しい，足りない
□ pay scant attention to the problem（その問題にあまり注意を払わない）
□ scanty [skǽnti] 形 乏しい，足りない

6

38

40

推測しよう！ ―考え方―

「推測しよう！」で取り上げた単語の意味を推測するための考え方を解説しています。単語の意味の推測が終わったら考え方を確認し，推測法の習得に役立てましょう。

語義

入試で問われる語義を掲載。最初にくる品詞は英文中の語と揃えています。

例文

番号付きの見出し語には例文（フレーズ）を掲載しています。

まとめてチェック

意味において共通点を持った単語に関しては，独立したグループとしてまとめました。

本書の効果的活用法

本書の基本的な使い方は以下の4Stepです。

Step1 英文を読む→ **Step2** 単語を覚える→
Step3 例文で単語の使い方を覚える→ **Step4** 英文を繰り返し読む

Step1 英文を読む

❶赤シートで和訳中の赤字を隠して，意味を推測しながら英文を読みましょう。その際，「推測しよう！」の単語の意味を文脈からつかめるよう意識してみてください。
　※苦手な人は，赤シートで隠さずに，和訳を見ながら読んでも構いません。

❷1回読んだだけで内容がつかみづらい場合は，和訳や別冊英文解説を参考にしながら何度か読んで，英文の大まかな内容をつかみましょう。

Step2 単語を覚える

❶英文の中での単語の使われ方や語義についての記憶を生かしながら，単語の語義を赤シートで隠して，確実に覚えます。

❷繰り返し赤シートで隠す，紙に書くなどして，定着度を高めましょう。

❸単語の理解度に応じて，チェックボックスに✓や○△×をつけて，復習する際にわかりやすくするとよいでしょう。

Step3 例文で単語の使い方を覚える

　単語を覚えたら，次は例文でどのように単語が使われるのかを確認しましょう。例文を丸ごと覚えると，単語力だけでなくライティングやスピーキングなどの発信につながる力も身につきます。

Step4 英文を繰り返し読む

最低 5 回（目標 10 回）は音読し，単語を生きた文脈ごと体に染み込ませましょう！無料の音声も併用し，正しい発音を確認しながら学習すると効果的です。また，別冊には目標時間（100wpm）が示してあるので，余力のある人は目標時間内に読めるようトレーニングすると，速読力向上にもつながるでしょう。
※ wpm = words per minute（1分間あたりの語数）

本書の略号・記号，見出し語，通し番号，発音記号

①品詞の略号

動：動詞　　自：自動詞　　他：他動詞　　名：名詞　　複：複数形
代：代名詞　　形：形容詞　　副：副詞　　前：前置詞　　接：接続詞

②その他

⇔：反意語　　≒：類義語　　○：派生語
関：関連語（単語と意味上関連する語）
to do：不定詞　　　　　　　　　　　　doing：動名詞あるいは現在分詞
〔　　〕：言い換え可能（　　）：省略可能あるいは補助説明
「,」：似た意味の区切り　「;」：大きく異なる意味の区切り
＞：活用形（過去形＞過去分詞の順）

③見出し語

　英文中に出てくる語と，それに関連する入試重要語を見出し語にしています。見出し語は，学習の優先度に合わせて次の2種類に分かれています。

番号付きの見出し語：入試頻出かつ他の単語との関連づけの基点になる上級語（優先的に覚える語）

番号なしの見出し語：参考語（余力があれば合わせて覚えておきたい語）と，番号付きの見出し語と合わせて確認しておきたい必修編レベルの語

④番号付きの見出し語

　番号付きの見出し語は，次の2種類に分かれています。ただし，英文中に出てくる語が参考語（余力があれば合わせて覚えておきたい語）にあたる場合は，その派生語を青色の囲みにして，英文中に出てくる語は灰色の囲みにしていることもあります。

青色の囲み：英文中に出てくる語
灰色の囲み：青色の囲みの語に関連した重要語

⑤発音記号

・原則として，『ジーニアス英和辞典　第5版』（大修館書店）の表記に則り，米語の発音を中心に掲載しています。
・品詞や語義によって発音が異なる語で，入試において重要なものについては，複数の発音を掲載しました。
・イタリック（r など）は省略可能な音を表します。ただし，イタリックにせず（　）に入れて示したものもあります。

速読英単語シリーズの単語レベル

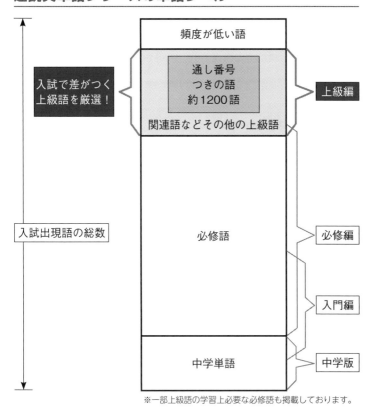

頻度が低い語

通し番号
つきの語
約1200語

関連語などその他の上級語

上級編

入試で差がつく
上級語を厳選！

入試出現語の総数

必修語

必修編

入門編

中学単語

中学版

※一部上級語の学習上必要な必修語も掲載しております。

リスニング対策

　無料の音声を活用すれば，単語を学習しながらリスニング対策も効果的に進めることができます。リスニングに限らず，一般に語学の教材は，「部分的にわからない箇所があり，しかも長続きするだけの内容があるもの」がベストだと言われています。その点，本書の英文は易しい単語と難しい単語の両方を含んでいますので，好都合でしょう。

　実際にリスニングの訓練をする時には，次の4点に注意しながら，耳に英語の音をなじませましょう。

①英文の強勢，リズムに注意する

　原則として，本動詞，名詞，形容詞，副詞，疑問詞などの「内容語」に強勢が置かれ，「機能語」と呼ばれる前置詞，接続詞，助動詞，人称代名詞，be動詞などには強勢は置かれません。

　この強勢のある箇所は，比較的等間隔で現れ，強勢のない箇所は比較的弱めに，そして速めに発音されます。こういうリズムこそが，英語の大きな特徴だと言われています。

　英単語は，強勢が置かれないで発音される場合には，教室で学ぶ発音と異なって聞こえる場合があります。例えば，some が [sm] になり，him が [ɪm] となり，from が [frm] と発音されたりします。

②破裂音に注意する

　[p], [t], [k], [b], [d], [g] の音を「破裂音」と言いますが，that car のように，'破裂音＋破裂音'の形になった場合，前の破裂音（この場合には [t]）が消滅します。

③脱落現象に注意する

　例えば，She couldn't do that. の発音を聞いていると，あたかも She couldn do that. と言っているかのように聞こえます。これは 't の箇所の発音が脱落してしまったためです。スピードが速いほど，この傾向が顕著になってきます。

④同化現象に注意する

　例えば，I'm pleased to meet you. では t you の箇所がつながり，同化して [tʃuː] のように聞こえます。このようなつづりと実際の音との間のギャップを埋める努力をすることも大切です。

　また，音声を次のように活用すると，効果的なリスニング対策を行うことができます。

①英文や単語を何も見ずに3回聞く
②次に，英文や単語をよく見ながら聞く
③そのあとで，自分で実際に「音読」する

　無料の音声は，英文ページ・単語ページ・別冊の右上にある二次元コードから聞くことができます。二次元コードの横にも音声の効果的な活用法が示されているので，ぜひリスニングの訓練の参考にしてください。

音声コンテンツと利用法

◆ストリーミングの場合

英文ページ・単語ページ・別冊の冒頭の右上にある，二次元コードをスマートフォンで読み込んでください。音声再生ページにいき，音声をストリーミング方式で聞くことができます。

音声サイトのトップページには下記 URL または右記二次元コードからアクセスすることができます。

https://service.zkai.co.jp/books/sokutan-jokyu5/

◆ダウンロードの場合

下記 URL にアクセスすると，ダウンロード用の音声を提供しているページにアクセスすることができます（PC でのアクセス推奨）。

https://service.zkai.co.jp/books/sokutan-jokyu5/download

◆音声の効果的な活用法

音声は 12 ページのリスニング対策にあるポイントにしたがって活用すると効果的です。また，次のように音声を活用すると，英文と単語が効率的に身につくとともに，速読のコツをつかむこともできます（各ページの二次元コードの横にも示してあります）。

英文の音声
① 英文を見ずに聞いてみる
② 英文を見ながら聞いてみる
③ 音を聞きながら音読してみる

単語の音声
① 単語の発音を確認する
② 例文の音声を聞いてみる
③ 例文の音声を聞きながら音読してみる

推測原則

　たとえどんなに多くの単語を暗記しても，難関大学の入試問題やその後の大学でのテキストには「見たこともない英単語」が出てくることを，確かな統計が示しています。

　大学側は英語の文章中に「見たこともない英単語」を意識的に配置し，「見たことのある英単語」の知識からその意味を推測できるかを試そうとします。まず，この事実をよく知っておきましょう。

　では，どうすればよいのでしょうか？およそ100万語もあるとされる単語の意味をすべて覚えることは不可能ですが，推測の原則を身につけることによって推測能力に磨きをかけておきましょう。

　未知語の意味を推測する方法は「話の流れを利用した推測法（同意表現や対比・対立関係などに注目）」と「単語のパーツからの推測法（接頭辞や語幹などの語句の形に注目）」の2つに大別できます。ここではこれを5つの「推測原則」として紹介します。ここで推測法をしっかりと理解し，Stage1からの英文で実践してみましょう。

推測原則 ❶　前後の説明に注目

【1】単語の前後の語や記号に注目

　　関係詞を含む節や：（コロン），；（セミコロン）の後に続く内容などは単語の意味をつかむ重要な手がかりです。以下の例文を見てみましょう。

> The article featured syntagm: a unit of language consisting of sets of phonemes, words, or phrases that are arranged in order.

　　　すると，syntagm という難解な単語の意味を知らずとも：（コロン）以下の説明から「言語の1つの単位」という意味はつかめます。

【2】for example や say などの例示表現に注目

　　for example の後ろには，それ以前の箇所で述べた一般的・抽象的な内容を具体的に例証するための情報が続きます。つまり，仮に具体例の中に未知語が入っていても，具体例の前で述べられた**一般論・抽象論の情報と重ね合わせて読む**ことで未知語の意味を推測できるのです。

推測原則 ❷　同意（同類）表現に注目

　表現の多様性に惑わされず，**ほぼ同じことを言っている箇所を探しましょう**。一見難しい英単語でも，文章の別の部分で易しい単語に言い換えられていることが多いのです。例えば osteoporosis（骨粗しょう症）という難解な単語でも文章の中で the disease that makes bones weak（骨が弱る病気）などと言い換

えられていれば意味の推測は容易になります。英語は「言い換え表現」が非常に多いので、それを探す習慣を身に付けましょう。

推測原則❸ 対比・対立関係に注目

【1】まずは対比・対立を表す接続詞に注目

while, whereas, although, though, but などの接続詞で結ばれる2つの節は対比・対立関係になっています。よって、2つの節のうちのどちらかの意味内容がわかれば、もう一方の節の意味も十分に推測できます。

【2】対比・対立を表す some 〜 , others ... の関係に注目

some 〜 , others … の構文でも、〜の箇所と…の箇所とが、対比・対立関係になっていることが多いです。

【1】【2】以外にも特に論説文では様々な箇所でその関係が見られるので、日ごろからそれを十分に利用する練習をしておきましょう。

推測原則❹ 因果関係に注目

「いたんでいる食べ物を口にした。だからおなかをこわした。」のように、多くの事象には「原因」と「結果」があります。英文中で難しい単語が出てきても、その語句または文が英文中の他の箇所に対する「原因」や「結果」にあたる箇所だとわかれば推測が容易になる場合もあります。例えば下の例文の auditorium という単語の意味がわからないと仮定します。

Because the auditorium was packed to capacity, the singer on the stage wept with joy.

この場合、Because に着目して「auditorium が超満員だった。だからステージ上の歌手はうれし泣きをした。」という因果関係から、auditorium は「超満員だと歌手にとって嬉しい場所」→「観客席」という意味を導けます。

推測原則❺ 接頭辞・接尾辞に注目

上記の推測原則を完全にマスターした人でも、「未知の英単語」に遭遇すれば誰しも戸惑うことでしょう。しかし、未知語でも「必修編」や「上級編」でマスターした単語の「応用版」であることも多いのです。例えば次の英単語を見てみましょう。

unpredictable, irrespective, disorientation, subnormal, energize, unceasing

これらは「接頭辞＋語根＋接尾辞」に分解して、「見たことがある単語」の組み合わせと解釈すると、意味の推測が容易になります。入試問題ではこの分析能力が問われることも多いです。日頃から、英単語のパーツである接頭辞、語根、接尾辞の意味もマスターしておきましょう。

接頭辞・接尾辞

　推測原則5で学んだように，接頭辞・接尾辞の意味をマスターしておくと，未知語の意味を推測するのに役立ちます。ここで，特に重要な接頭辞・接尾辞について確認しておきましょう。ただし，本書の英文を読む前に，ここに出てくる接頭辞・接尾辞をすべて覚えようとする必要はありません。本書で学習する中で折に触れて参照し，無理なく接頭辞・接尾辞の知識を身につけていきましょう。また，本書の随所に「推測で学ぶ接頭辞・接尾辞」というコーナーを設けているので，接頭辞・接尾辞をカギに未知語の意味を推測するトレーニングもできるようになっています。

　接頭辞・接尾辞の学習は，接頭辞から始めるのが一般的ですが，そうすると本来はとても大切なはずの接尾辞の学習にたどり着く頃には飽きてしまい，その結果，重要なことが学習されないかもしれません。そこで，本書では接尾辞の学習を先に行います。

---

1 接尾辞をマスター！
　(1) 動詞を作る重要接尾辞
　(2) 形容詞を作る重要接尾辞
　(3) 名詞を作る重要接尾辞
2 接頭辞をマスター！
　(1) 複数の意味を持つ接頭辞
　(2) 姿を変える接頭辞
　(3) その他の接頭辞

---

1 接尾辞をマスター！

(1) 動詞を作る重要接尾辞

① **-ate**（例 educate, participate, initiate）
　【注目点1】-ation という名詞を作る（education, participation, initiation）
　【注目点2】-ant（…する人）という名詞を作る（participant）

② **-ify**（例 acidify, classify, intensify, falsify）
　【注目点1】-ify の箇所を取り除いてみると，動詞になる前の単語が現れる。
　　　ただし，元の単語が -e で終わる場合，e を取って -ify が付く。
　　　（例）intense → intensify

【注目点2】下記のように, -ification という語尾の名詞を作る。

このことを活用すれば, 元の単語（主に形容詞）を推測しやすい。

(例) diversification → diversify → diverse（多様な）

③ -ize（例 civilize, characterize, realize, popularize）

【注目点1】-ize（イギリス英語では -ise）の箇所を取り除いてみると, 動詞になる前の単語が現れる。このことを活用すれば, 元の単語（主に形容詞）を推測しやすい。

【注目点2】-ization という語尾の名詞を作る。この規則を活用すれば以下のように元の単語を推測できる。

tenderization → tenderize → tender（柔らかい）

④ -en (en-)（例 enlarge, encourage, enrich, darken）

【注目点】動詞から en を取り除いてみると, 元の単語が現れる。

(例) enlarge → large

(2) 形容詞を作る重要接尾辞

① -able または -ible「…できる」,「…すべき」（例 accountable, liable）

【注目点】-ability あるいは -ibility の形で名詞になる。

(例) depend → dependable → dependability（信頼性）

digest → digestible → digestibility（消化性）

② 名詞に付いて形容詞を作る -y（例 cloudy, muddy, sunny）

mud（泥）→ muddy（泥だらけの）のように元の名詞の意味を持った形容詞になる。名詞が,「短母音＋子音字」の場合, その子音字を重ねる。

③「…が多い」を表す -ful, -ous（例 powerful, joyful, famous, prosperous）

【注目点1】-ous は, 元の名詞が -e で終わる場合, e を取って ous が付くことが多い。

(例) fame → famous, nerve → nervous, ridicule → ridiculous

【注目点2】-ous は, -eous, -uous, -ious となる場合も多い。

(例) right → righteous, contempt → contemptuous, labor → laborious

④「…がない」を表す **-less**（例　care**less**, doubt**less**）

⑤「…のような, …らしい」（例　child**like**, child**ish**, man**ly**, trouble**some**）
【注目点1】-ish は通例, 悪い意味で使われる。
【注目点2】形容詞に -ly が付くと副詞になるが, 名詞に –ly が付くと形容詞
　　　　となる。

⑥「…の性質の」を表す接尾辞
　1) **-ive**（例　act**ive**, attract**ive**, construct**ive**, destruct**ive**）

　2) **-al**（例　accident**al**, addition**al**, magic**al**）
　　【注目点】-al は, -ial, -ual となる場合も多い。
　　　　（例）face → fac**ial**, finance → financ**ial**, substance → substant**ial**
　　　　　　concept → concept**ual**, grade → grad**ual**, fact → fact**ual**

　3) **-ant**（例　brilli**ant**, dist**ant**, reluct**ant**）
　　【注目点】-ance または -ancy という形の名詞形を持つ。
　　　　（例）brilliant → brilli**ance**, distant → dist**ance**,
　　　　　　reluctant → reluct**ance**
　　　　　　infant → inf**ancy**, vacant → vac**ancy**

　4) **-ent**（例　abs**ent**, consequ**ent**, differ**ent**）
　　【注目点】-ence または -ency という形の名詞形を持つ。
　　　　（例）absent → abs**ence**, consequent → consequ**ence**,
　　　　　　different → differ**ence**
　　　　　　consistent → consist**ency**, fluent → flu**ency**,
　　　　　　frequent → frequ**ency**

　5) **-ary**（例　element**ary**, mission**ary**, moment**ary**）

　6) **-ory**（例　direct**ory**, migrat**ory**, satisfact**ory**）

　7) **-ic, -ical**（例　histor**ic**, histor**ical**, econom**ic**, econom**ical**）

18

(3) 名詞を作る重要接尾辞

① 「…する人」を表す

-ant	descendant	子孫
-ent	president	大統領
-er	listener	聞き手
-ian	musician	音楽家
-ist	physicist	物理学者
-or	conqueror	征服者

② 形容詞の後ろに付いて名詞を作る

-dom	freedom	自由
-ism	realism	現実主義
-ity	popularity	人気
-ness	gladness	喜び
-(i)tude	aptitude	適性
-ty	novelty	めずらしさ

③ 動詞の後ろに付いて名詞を作る

-ment	advancement	昇進

④ 動詞の後ろに付いて名詞を作る (-ance) ／形容詞の -ant と入れ替わる (-ance, -ancy)

-ant で終わる形容詞の場合，-ance あるいは -ancy に入れ替わる。

（例）appear → appearance, annoy → annoyance

disturb → disturbance, arrogant → arrogance

constant → constancy

⑤ 動詞の後ろに付いて名詞を作る (-ence) ／形容詞の -ent と入れ替わる (-ence, -ency)

（例）exist → existence, confer → conference, refer → reference

confident → confidence, silent → silence, permanent → permanence

decent → decency, efficient → efficiency, emergent → emergency

⑥ 名詞の後ろに付いてさらに名詞を作る

-hood	抽象名詞を作る	childhood	幼年 (子ども) 時代
-let	小さな〜	booklet	小冊子
-ship	抽象名詞を作る	friendship	友情

⑦ その他

-age	抽象名詞を作る	marriage	結婚
-ion	抽象名詞を作る	division	分けること
-logue	談話, …集	prologue	(劇の) 前口上
-logy	学問, 談話	ecology	生態学, エコロジー
-mony	抽象名詞を作る	testimony	証言

② 接頭辞をマスター!

(1) 複数の意味を持つ接頭辞

① re-

「再び」という意味と, 「反対・否定」の意味とがある。

「再び」recall, recognize, recommend, recycle

「反対・否定」recede, recline, refuse, reject

② de-

「下降, 悪化, 分離, 否定」などのマイナスの意味の他に, プラスイメージで, 「強意」の意味で使われることも多い。

「下降, 悪化, 分離, 否定」descend, depress, deceive, decline, degrade

「強意 (完全にという意味)」delay, deliberate, delight, demand

③ dis-

「否定・分離・除去」など, 概ね後ろに続く要素を否定する一方で, たとえば distract (「別の方向へ引っ張る」→「〜をそらす」) のように注意しなければならない場合もある。

(例) disable, disagree, disappoint, disarm, discover, discharge, discomfort, disorder, dismiss, disperse, dispute, distract

④ in- (im-)

　　動詞の場合と形容詞・名詞の場合とで，意味が異なるので要注意。

　【動詞】「中へ，向かって」など肯定的な意味を加える。

　　（例）incline（…する気にさせる），inhabit（に居住する），insert（を挿
　　　　入する）

　【形容詞・名詞】否定的な意味を加える。元の形容詞・名詞の最初の文字
　　によって，im-, il-, ir- などにつづりを変化させるので注意。

　　（例）inaccurate, inaccuracy　　inconvenient, inconvenience
　　　　illiterate, illiteracy　　impatient, impatience
　　　　irrational, irrationality

(2) 姿を変える接頭辞

① ad-

　　この接頭辞の意味としては，「方向」「完成」「付加」「増加」などと説明され
　るのが普通だが，**要するに「単なる強意」と考えておいて差し支えない**。た
　とえば，adjust の場合 just（ちょうど）の前に付いているのだから，「ちょう
　どにする→調整する」ということ。

　　ただし，この接頭辞の d の部分が後に続く単語の先頭文字に同化する（同
　じ文字になってしまう）という習性があるので，そのことを知らないと見破
　ることは難しい。

　　したがって，accredit や afflict, aggrieve のように，acc-, aff-, agg- など
　のつづりを見つけたら，ad- ではないかと思ってみるとよい。

adjust	に適合させる
adopt	を採用する
adverse	反対の
accompany	に同行する
affirm	を断言する
aggression	攻撃
allocate	を割り当てる
announce	を知らせる
approve	賛成する
arrest	を逮捕する
assure	を保証する
attract	を引きつける

② **com-**

「共に」,「まったく」の2つの異なった意味を持つので要注意。この接頭辞も ad- と同様に,自分の姿を変える。l の前では col-,r の前では cor-,b, p, m などの前では com-,その他のつづりの前では con-,あるいは co- となる。

company	仲間
combine	を結び合わせる
complete	完全な
coauthor	共著者
collide	衝突する
confuse	混同する
correspond	一致する

③ **sub-**

「下の」,「副の」,「後の」という意味。後ろにくる単語のつづりによって,suc-, suf-, sug-, sup-, sum-, sur-, sus- などの形に変化することが多い。

subdue	を服従させる
subway	地下鉄
succeed	成功する
suffer	苦しむ
suggest	を提案する
support	を支持する
suspect	怪しいと思う

(3) その他の接頭辞

前後

ante-	前へ	antecedent	先行詞
post-	後の	postwar	戦後の
pre-	前に	predict	予言する
pro-	前に	proceed	前進する
retro-	後方へ	retrospect	回顧
fore-	前の, 先の	foresee	を予見する

数量

bi-	2, 複	bicycle	自転車
cent-	100, 100分の1	century	100年, 一世紀

dec-	10	decade	10年間
di-	2, 二重	dilemma	板ばさみ
poly-	多くの	polygon	多角形
semi-	半分	semiconductor	半導体
multi-	多くの, 様々な	multimedia	マルチメディア
uni-	単一の	unify	を統一する

善悪

bene-	良い	benefit	利益
mis-	誤った, 悪い	mislead	を誤解させる
mal-, male-	悪, 不完全	maltreat	を虐待する

反対・除外

anti-	反対	antipathy	反感
contra-	反対	contradict	と矛盾する
counter-	反対	counteract	を妨げる
ex-, e-, ef-	外へ	exclude	を除外する
non-	否定	nonverbal	言葉によらない
ob-, op-	反対, 向かって	object	反対する
		oppress	を圧迫する
un-	非, 反対	unnecessary	不必要な

大小

macro-	長・大	macroscopic	巨視的な
micro-	微小	microscope	顕微鏡
mini-	小型	minimize	を最小限にする

優劣

equi-	等しい	equivalent	等しい
hypo-	下位の, 不完全な	hypothesis	仮説
out-	外へ, より優れて	outlive	より長く生きる
over-	過度に, 超えて	overdo	やり過ぎる
super-	上, 超	supervise	監督する
ultra-	超, 限外の	ultraviolet	紫外線の
under-	下の, 劣った	underestimate	過小評価する
vice-	副, 代理	vice-chairman	副議長

位置関係

ab-	離れて	abnormal	異常な
circum-	周囲	circumstance	環境
extra-	範囲外の	extraordinary	異常な
homo-	同一の	homogeneous	同種の
inter-	相互の, 中間の	interact	影響し合う
intro-	中へ	introduce	を紹介する；を取り入れる
se-	離して	select	を選ぶ
sym-, syn-	共に, 同時に	sympathize	同情する
		synchronize	同時に起こる
tele-	遠い	telephone	電話
trans-	別の状態へ	transfer	移す

その他

ambi-, amphi-	双方	ambivalent	両面価値の
		amphibian	両生類の
auto-	自身の	autonomy	自治
geo-	土地の, 地球の	geology	地質学
mono-	単一の	monotone	単調さ
per-	完全に	perform	演じる
pseudo-	疑似の	pseudonym	ペンネーム

STAGE 1

 推測しよう！ ℓ.5 weave　　　　　　　　　　(!) 推測原則 **1**

1　　What makes us specifically human? The **complexity** of our
language? Our problem-solving strategies? You may be shocked by my
suggestion that, in some very deep sense, language and some aspects of
human problem solving are no more or less complex than the behaviors
5 of other species. Complexity as such is not the issue. Spiders **weave**
complex webs, bees **transmit** complex information about sources and
quality of **nectar**, ants interact in complex **colonies**, beavers build
complex dams, chimpanzees have complex problem-solving strategies,
just as humans use complex language. Nor are our problem-solving
10 skills so **remarkable**: there are human beings who have perfectly
normal human mental abilities, but who nevertheless are unable to
solve certain problems that a chimpanzee can solve. There is, however,
one extremely important difference between human and non-human
intelligence, a difference which distinguishes us from all other species.
15 Unlike the spider, which stops at web weaving, the human child — and,
I maintain, only the human child — has the potential to take its own
representations as objects of **cognitive** attention. Normally, human
children not only become efficient users of language; they also have
the capacity to become little **grammarians**. By contrast, spiders, ants,
20 beavers, and probably even chimpanzees do not have the potential to
analyze their own knowledge.　　　　　　　　　　(211 words)

人を特に人らしくしているものは何だろうか。人が使用している言語の<u>複雑性</u>だろうか。あるいは問題を解決する戦略か。私の意見には驚くかもしれないが，言語や人間の問題処理のいくつかの面においては，その複雑性は他の種が取っている行動の複雑性と，根本的な意味においてたいして差がないのである。そのような複雑性そのものが問題ではないのだ。人が複雑な言語を使うのと同じように，クモは複雑な巣<u>を張り</u>，ハチは<u>花の蜜</u>のありかとその質に関する複雑な情報<u>を伝え</u>，アリは複雑な<u>コロニー</u>の中で情報を交換し，ビーバーは複雑なダムを建設し，チンパンジーは複雑な方法を用いて問題を解決する。それに，人間の問題解決の技量がそんなに<u>優れている</u>わけでもない。人間としてごく普通の知的能力を完全に備えている人でも，ものによってはチンパンジーに解ける問題を解けないことがあるのだ。しかしながら，人間と人間以外の生物の知能の間には，人間と他の種とを明確に区別している非常に重要な相違点がある。クモの巣を張る以外のことには知能が発達しないクモとは違って，人間の子供は，というより私の考えでは人間の子供だけだと思うのだが，自分の<u>言語表現</u>を，<u>認識</u>の関心の対象としてとらえることができるのである。一般に人間の子供は言葉を巧みに使うことができるようになるだけでなく，ちょっとした<u>文法学者</u>にもなれる能力を持っている。対照的に，クモもアリもビーバーも，そしておそらくチンパンジーも，自分たちの持っている知識を分析する潜在能力は持っていない。

🖊 推測しよう！ ―考え方―

⚠ 推測原則 1

文の形に注目しよう。 Spiders weave complex webs は典型的な **SVO の形になっている。** 主語の「クモ」，目的語の「巣」をSVOに当てはめて「クモがクモの巣を○○する」とすれば，weave は「作る，張る」という意味だと推測できる。

1 complexity [kəmpléksəti]	名 複雑さ □ the **complexity** of the problem (問題の複雑さ) ○ **complex** [kà:mpléks] 形 複雑な;複合的な
2 weave [wíːv]	他 (巣) を張る;を織る;(計画など) を作り上げる □ **weave** a beautiful rug (美しいじゅうたんを編む) 関 **spin** [spín] 自 (クモ・カイコが) 糸を吐く,巣を作る;回転する;(頭が) くらくらする 他 を回転させる
3 transmit [trænsmít, trænz-]	他 (情報など) を伝える;を通す;を送る;(病気) を伝染させる □ **transmit** a message (メッセージを伝える) ○ **transmission** [trænsmíʃən] 名 伝達 (される物);伝染
4 関 diffuse 動 [dɪfjúːz] 形 [-fjúːs]	他 を放散させる;を流布させる 自 広まる 形 発散 [流布] した □ **diffuse** light throughout the room (部屋中に光を発散させる)
5 関 disperse [dɪspə́ːrs]	他 を分散させる,散布する;(知識など) を広める 自 分散する,(雲・霧などが) 消散する □ **disperse** the crowd in an orderly fashion (群衆を整然と分散させる)
6 nectar [néktər]	名 (花の) 蜜 □ drink sweet **nectar** from the flowers (花から甘い蜜を吸う)
7 colony [ká:ləni]	名 コロニー,(生物の) 群体,(同一人種などの) 集団,居住地;植民 (地) □ a former French **colony** (フランスの旧植民地) ○ **colonial** [kəlóuniəl] 形 植民地の;群生の
8 remarkable [rɪmá:rkəbl]	形 注目すべき □ make **remarkable** progress (めざましい進歩をとげる) ○ **remarkably** [rɪmá:rkəbli] 副 目立って,著しく
9 関 awesome [ɔ́:səm]	形 すごい;畏敬の念を起こさせる;荘厳な;恐ろしいほどの □ have an **awesome** dinner (すばらしい夕食を取る)
10 ○ awe [ɔ́:]	名 畏れ,畏敬の念 他 《通例受身で》に畏敬の念を抱く □ be overcome by a feeling of **awe** (畏敬の念に襲われる) 関 **awful** [ɔ́:fl] 形 (光景などが) 恐ろしい;ひどい ○ **awfully** [ɔ́:fli] 副 ものすごく,大変悪く

28

11 representation [rèprɪzentéɪʃən]

图 表現，描写；代表（権）

□ the **representation** of feelings and emotions（感情や気持ちの表現）

○ **represent** [rèprɪzént] 他 を表す，描く；を代表する

12 閔 depict [dɪpíkt]

他 を描写する

□ **depict** Tom as a hero（トムをヒーローとして描写する）

○ **depiction** [dɪpíkʃən] 图 描写；叙述

13 閔 sketch [skétʃ]

他 の概要を述べる；をスケッチする
自 スケッチする　图 概略；スケッチ

□ **sketch** portraits of the model in ink（インクでそのモデルの肖像をスケッチする）

14 cognitive [ká:gnətɪv]

形 認識〔認知〕の

□ **cognitive** science（認知科学）

○ **cognition** [ka:gníʃən] 图 認識

15 grammarian [grəméəriən]

图 文法家，文法学者

□ a distinguished **grammarian**（著名な文法家）

○ **grammar** [grǽmər] 图 文法

まとめてチェック	❶ 言語	♫15 grammarian

16 linguistics [lɪŋgwístɪks]

图 言語学

□ study applied **linguistics**（応用言語学を学ぶ）

○ **linguistic** [lɪŋgwístɪk] 形 言語上の；言語学の

○ **linguist** [líŋgwɪst] 图 言語学者

閔 **syntax** [síntæks] 图 統語論

閔 **pragmatics** [prægmǽtɪks] 图 語用論

閔 **semantics** [səmǽntɪks] 图 意味論

閔 **phonetics** [fənétɪks, fou-] 图 音声学

1 The clearest evidence for the role of color in sexual attraction among butterflies comes from studies of species in which males and females have **distinctly** different **appearances**. Obviously, to mate successfully, individuals must be able to determine whether other **conspecific** butterflies are of their own or of the opposite sex. The rest, it can be argued, is **fine**-tuning.

2 A **gorgeous** butterfly species whose males and females differ in color is the Little Yellow, *Eurema lisa*. Both sexes appear an identical yellow to the human eye, the shade being produced by **pigments** in the tiny scales that cover the butterflies' **translucent** wings. Males and females look quite different to butterflies, however, which perceive light at **wavelengths** beyond the human visible range and into the **ultraviolet**. Yellow wing scales on the upper surface of the males' wings reflect ultraviolet light, and those of females do not.　　(144 words)

1　蝶が異性の気を引く際の色が果たす役割についての最も明白な証拠は，オスとメスの<u>外見</u>が<u>はっきりと</u>異なった種の研究からもたらされる。当然のことながら，交尾を成功させるにはそれぞれの個体が<u>同一種の</u>他の蝶の性別が自分と同じか違うかを判別できなければならない。それ以外は<u>微調整</u>とも言えるだろう。

2　オスとメスで異なる色をした<u>華やかな</u>蝶の一種に，リトルイエロー（学名 *Eurema lisa*）という蝶がいる。この蝶はオスもメスも，人間の眼にはまったく同一の黄色に見える。<u>半透明の</u>翅（はね）をおおう微細な鱗粉の<u>色素</u>によって色合いに濃淡が生じてはいるが。しかし，蝶の眼には，オスとメスはまったく違って見える。蝶は人間の可視範囲を超えた<u>波長</u>の光や<u>紫外線</u>まで見ることができるからである。オスの翅の上層に付いている黄色い鱗粉は紫外線を反射するが，メスの鱗粉は反射しないのだ。

❓ 推測しよう! ―考え方―

⚠ 推測原則5

接頭辞の意味に注目。con- には「**一緒に，同じで**」という意味がある。specific については，最初の文に出てくる species（種）とつづりが似ている点に注目しよう。この2つから「**同種の**」という意味だと推測できる。

17 **distinctly** [dɪstíŋktli]	副 はっきりと, 明確に；本当に □ speak **distinctly** (はっきりと話す) ○ **distinct** [dɪstíŋkt] 形 明白 (明確) な；(～と) 異なった (from)
18 関 **explicit** [ɪksplísɪt, eks-]	形 明白な, 明確な □ **explicit** instructions (明確な指示) ○ **explicitly** [ɪksplísɪtli] 副 明白に, 明確に
19 関 **manifest** [mǽnəfèst]	形 明白な 自 現れる 他 を明らかにする, 明示する □ **manifest** failure (明らかな失敗) ○ **manifestly** [mǽnəfèstli] 副 明らかに；はっきりと ○ **manifestation** [mæ̀nəfestéɪʃən] 名 現れ；表明, 明示
20 関 **articulate** 形 [ɑːrtíkjələt] 動 [ɑːrtíkjəlèɪt]	形 明瞭な；理路整然とした 他 をはっきりと表現する；をはっきりと発音する □ a highly **articulate** speaker (非常に理路整然とした演説者) ○ **articulately** [ɑːrtíkjələtli] 副 はっきりと, 明瞭に 関 **clarity** [klérəti] 名 明快さ；鮮明さ
21 **appearance** [əpíərəns]	名 外見, 外観, 見せかけ；出現 □ be different in **appearance** (外見が異なっている)
22 関 **hypocrisy** [hɪpá:krəsi]	名 偽善 (行為)；見せかけ □ sheer **hypocrisy** (まったくの偽善) ○ **hypocrite** [hípəkrìt] 名 偽善者；猫かぶり
23 **conspecific** [kɑ̀nspəsífɪk]	形 (動植物が) 同種の □ a **conspecific** adult (同種の成体)
24 **fine** [fáɪn]	形 細かい, 微妙な；すばらしい, 上等な；元気な；晴れの 名 罰金 □ a **fine** adjustment (微調整)
25 関 **eminent** [émənənt]	形 優れた, 高名な, 著名な, 卓越した □ an **eminent** historian (優れた歴史家)
26 関 **vintage** [víntɪdʒ]	形 極上の, ビンテージものの；年代物の 名 (ある物の製造などの) 時期, …年製, (ある特定の年・地域で醸造された) ワイン □ an amazing **vintage** leather jacket (素敵なビンテージものの革のジャケット)

27 **gorgeous** [gɔ́ːrdʒəs]	形 華やかな；すばらしい □ look **gorgeous** in the dress（そのドレスを着ると華やかに見える）
28 関 **splendid** [splɛ́ndɪd]	形 豪華な；すばらしい □ the **splendid** weather in Costa Rica（コスタリカのすばらしい天候）
29 関 **superb** [su(ː)pə́ːrb]	形 壮麗な；すばらしい □ the **superb** quality of his paintings（彼の絵のすばらしい資質）
30 関 **luxurious** [lʌgʒúəriəs]	形 豪華な，ぜいたくな □ the **luxurious** decorations in the condominium（分譲マンションの豪華な装飾）
31 関 **magnificent** [mægnífəsənt]	形 壮大な；豪華な；すてきな □ a **magnificent** view of the waterfall（その滝の壮大な景観） ○ **magnificence** [mægnífəsəns] 名 壮大さ；すばらしさ

32 **pigment** [pígmənt]	名 色素；顔料 □ a deep blue **pigment**（深い青の色素）
33 関 **stain** [stéɪn]	名 染料；（〜についた）しみ (on)；きず □ a **stain** on the carpet（カーペットについたしみ）

34 **translucent** [trænslúːsnt]	形 半透明の □ **translucent** plastic（半透明のプラスチック）

35 **wavelength** [wéɪvleŋkθ]	名 （光・音などの）波長 □ **wavelength** of light（光の波長）
36 関 **lengthy** [léŋkθi]	形 長い，長たらしい □ ask a **lengthy** question（長たらしい質問をする） ○ **length** [léŋkθ] 名 （物や時間の）長さ

37 **ultraviolet** [ʌ̀ltrəváɪələt]	名 紫外線　形 紫外線の □ **ultraviolet** rays（紫外線） 関 **infrared** [ìnfrəréd] 名 赤外線　形 赤外線の

STEP 1：接尾辞の推測 次の語から -ly の意味を推測してみよう。

| distinctly (→ 17) | carefully |

■ 接尾辞 -ly は，形容詞の後に付いて副詞を作ります。

distinct (明確な) ＋ ly → **distinctly** (明確に，はっきりと)

careful (注意深い) ＋ ly → **carefully** (注意深く)

STEP 2：未知語の推測 -ly の意味を意識して，太字の語の意味を推測しよう。

(1) She wrote **critically** of the service at the restaurant.

(2) **Initially**, he was against my idea.

訳 (1) 彼女はそのレストランのサービスについて**批判的に**書いた。

critical (批判的な) ＋ ly → **critically** (批判的に)

(2) **当初**，彼は私のアイデアに反対だった。

initial (初めの) ＋ ly → **initially** (初めのうちは)

---

38 critically
[krítɪkəli]

副 批評的に，非常に；決定的に，(病気・けがなどが) 危険なほどに

□ write **critically** of the service at the restaurant (そのレストランのサービスについて批判的に書く)

○ **critical** [krítɪkl] 形 (〜に) 批判的な (of)；重大な；危機的な；批評の

---

39 formerly
[fɔ́ːrmərli]

副 かつては，以前は

□ a **formerly** wealthy man (かつては裕福だった男)

○ **former** [fɔ́ːrmər] 形 以前の；前 (者) の 名 《the 〜》(2つのうちの) 前者

---

40 initially [ɪníʃəli]

副 初めのうちは；最初に

□ **Initially**, he was against my idea. (当初，彼は私のアイデアに反対だった)

○ **initial** [ɪníʃəl] 形 初めの 名 頭文字

---

41 radically [rǽdɪkli]

副 根本的に；過激に

□ be **radically** different from others (他のものと根本的に異なっている)

○ **radical** [rǽdɪkl] 形 根本的な；過激な

コラム ▶ 接尾辞の主なはたらき

　英語の接尾辞は，主に品詞を変えるのに使います（名詞の複数形を表す -s や動詞の過去形を表す -ed，形容詞の比較級や最上級を表す -er, -est などはその例外です）。たとえば，形容詞の real を副詞に変えたい場合は -ly を付けて really に，名詞に変えたい場合は -ity を付けて reality にします。接尾辞は種類も少ないので，本書に掲載されているものを覚えておけば，容易に品詞を推測することができるようになります。

　問題は，未知の単語に接尾辞が付いている場合です。その場合，品詞はわかっても意味がわからないということになります。そんな時には，もとの単語の意味を推測できるかがカギになります。未知の単語が出てきても落ち着いて対処できるよう，本書で意味の推測トレーニングをしっかりと積んでいきましょう。

推測で学ぶ接頭辞・接尾辞 **2** con- (1)

STEP 1：接頭辞の推測 次の語から con- の意味を推測してみよう。

conspecific (→ 23)   contact

❗ 接頭辞 con- は「共に，一緒に」という意味を表します。

con- (共に) + specific (特有の)　　　→ **conspecific** (同種の)

con- (一緒に) + tact (触る)　　　→ **contact** (接触する，連絡をとる)

STEP 2：未知語の推測 con- の意味を意識して，太字の語の意味を推測しよう。

(1) She **conceded** that she was wrong.

(2) He tried to **console** her with a box of chocolates.

訳 (1) 彼女は自分が間違っていたことを**認めた**。

con- (共に) + cede (行く)　　　→ **concede** (仕方なく認める)

(2) 彼はチョコレートを 1 箱持ってきて彼女を**慰め**ようとした。

con- (一緒に) + sole (慰める)　　　→ **console** (慰める)

42 **concede** [kənsíːd]	他 を仕方なく認める　自 (試合などで) 敗北を認める，(事・要求などを) 仕方なく認める □ **concede** that she was wrong (彼女が間違っていたことを認める) ○ **concession** [kənséʃən] 名 (〜への / 〜に関する) 譲歩，許容 (to/on, about)；(当局が与える) 認可；特権
43 **conserve** [kənsɚ́rv]	他 を保存する；を保護する □ **conserve** one's strength (体力を温存する) ○ **conservation** [kὰːnsərvéiʃən] 名 (資源) 保護
44 **console** [kənsóʊl]	他 を慰める □ **console** one another (慰め合う) ○ **consolation** [kὰːnsəléiʃən] 名 慰め (になるもの (人))

45 constituent [kənstítʃuənt]

名 (生体〔化学〕物質などの) 構成要素；有権者

形 (ある物の全体を) 構成している，選挙権のある

□ an important **constituent** in the baking of bread (パンを焼くのに重要な構成要素)

○ **constituency** [kənstítʃuənsi] 名 選挙区；有権者

・・

動 **confront** [kənfrʌ́nt] 他 に立ち向かう；(危険などが) に立ちはだかる

○ **confrontation** [kὰːnfrəntéɪʃən] 名 対立

・・

動 **congregate** [kɑ́ːŋɡrəgèɪt] 自 集まる，集合する

○ **congregation** [kὰːŋɡrəgéɪʃən] 名 集まった人々；(教会の) 会衆

・・

動 **consolidate** [kənsɑ́ːlədèɪt] 他 を固める，強固にする

自 固まる，強固になる

○ **consolidation** [kənsὰːlədéɪʃən] 名 強化，強固；合併

・・

動 **conspire** [kənspáɪər] 自 共謀する，陰謀を企てる

○ **conspiracy** [kənspírəsi] 名 共謀，陰謀

1 On encountering a female, a Little Yellow male <u>flutters</u> about her <u>briefly</u> before landing and attempting to <u>copulate</u>. On confronting another male, he speeds away and continues his search. These simple behaviors allowed me to develop a test for the <u>cues</u> males use to recognize females. I first <u>glued</u> Little Yellow wings to cards and <u>presented</u> them to males. Males landed on, and even attempted to <u>copulate</u> with, female wings. But male study subjects paid <u>scant</u> attention to male wings similarly mounted.

2 The next phase of the experiment showed that color was responsible for this choice. I prepared a card with two sets of male wings. A <u>quartz</u> slide that transmits both visible and ultraviolet light covered one set of wings, and a <u>filter</u> that blocks ultraviolet wavelengths <u>overlaid</u> the other. Males now attempted to mate with the male wings under the filter — wings that appeared to be female. (150 words)

1 リトルイエローのオスはメスに出会うと，メスの周りを<u>しばらくの間</u> <u>ひらひらと飛んで</u>から，とまって交尾しようとする。別のオスと鉢合わせしたときは急いで飛び去り，メス探しを続けるのである。リトルイエローのオスがこのような単純明快な行動をとることから，私はオスがメスを認識するのに使う<u>手掛かり</u>を調べる実験を考案することができた。まず，リトルイエローの翅を台紙<u>に貼りつけて</u>オスに<u>見せた</u>。オスはメスの翅に対してはとまって交尾しようとさえしたのだが，同じように台紙に貼られたオスの翅に対しては<u>ほとんど</u>関心を示さ<u>なかった</u>のである。

2 実験の次の段階は，オスの蝶のこの選別に色が関わっていることを示すものだった。私はオスの翅を 2 組貼りつけた台紙を用意した。可視光と紫外線の両方を透過させる<u>水晶</u>板で一方の組を覆い，もう一方の組は紫外線の波長をさえぎる<u>フィルター</u>で<u>覆った</u>。すると今度は，オスはフィルターで覆ったオスの翅と交尾しようとしたのである。それがメスの翅のように見えたからである。

❓推測しよう！ ─考え方─   **❗推測原則1**

文脈から推測する。 文頭に On encountering a female（メスに出会うとすぐに）とあるので，オスの蝶がメスに近づく目的を考えれば，「交尾する」という意味ではないかと推測できる。つづりが couple（カップル，夫婦）に似ている点もヒントになる。

39

46 **flutter** [flʌ́tər]	圓 はばたきする；はためく；どきどきする
	囮 を振る　图 はばたき；動揺
	□ The flag **fluttered** in the breeze. (その旗はそよ風にはためいた)

47 **briefly** [brí:fli]	圖 少しの間；簡潔に
	□ to put it **briefly** (手短に言えば)
	○ **brief** [brí:f]　图 短時間の；簡潔な

48 圈 **temporal** [témpərəl]	圈 時間の；現世の；束の間の
	□ think only of **temporal** gain (現世的な私利だけを考える)

49 **copulate** [ká:pjəlèit]	圓 交尾〔性交〕する
	□ **copulate** with a female (メスと交尾する)

50 **cue** [kjú:]	图 合図；きっかけ；ヒント
	□ take one's **cue** from the book (その本からヒントを得る)

51 **glue** [glú:]	囮 を貼りつける；を接着剤でつける　图 接着剤
	□ **glue** photographs into the album (写真をアルバムに貼りつける)
	圏 **affix** [əfíks]　囮 を貼る, 添付する
	圏 **paste** [péist]　囮 をのりで貼る；(文字など) をペーストする　图 のり；(食品の) ペースト
	圏 **adhesive** [ædhí:sɪv]　图 接着剤　圈 粘着性の；べたべたする

52 圈 **cling** [klíŋ]	圓 (〜に) くっつく；固執する (to)
	□ **cling** to one's belief (自分の信念に固執する)

53 **present** 圐 [prɪzént, prə-] 图圈 [préznt]	囮 を見せる；を提出〔発表〕する；を贈る
	圈 現在の；出席して　图 贈り物；《the 〜》現在
	□ **present** the report to the meeting (報告書を会議に提出する)

54 圈 **bestow** [bɪstóu]	囮 (人に) を授ける, 与える (on, upon)
	□ **bestow** one's books to the library (本を図書館に寄贈する)

55 **scant** [skǽnt]	圈 乏しい, 足りない
	□ pay **scant** attention to the problem (その問題にあまり注意を払わない)
	○ **scanty** [skǽnti]　圈 乏しい, 足りない

56	**quartz** [kwɔ́ːrts]	图 水晶, 石英 ; クォーツ □ a **quartz** clock (水晶時計)

57	**filter** [fíltər]	图 フィルター, 濾過器 　自 染み出る 他 を濾過する, 取り除く □ use a water **filter** (濾過器を使う)

58	関 **leak** [líːk]	自 漏れる 　他 を漏らす, (秘密・情報など)をリークする 图 (気体・液体の)漏れ ; ひび, 割れ □ The roof is **leaking**. (屋根から水が漏れている)

59	関 **drain** [dréin]	他 を排出させる ; を空にする, 使い果たす 自 水がはける ; 徐々に尽きる □ **drain** the water out of the pool (プールから水を抜く) ○ **drainage** [dréinidʒ] 图 排水設備 ; 排水路, 排水(法)

60	**overlay** [òuvərléi]	他 《通例受身で》を(薄く)覆う ; を上塗りする □ a glass vase **overlaid** with silver (銀で上張りされたガラスの花瓶)

まとめてチェック	**2 震える, 揺れる** 　　🎧46 flutter

61	**shiver** [ʃívər]	自 (寒さなどで) 身震いする □ **shiver** with cold (寒さで震える)

62	**quake** [kwéik]	自 (恐怖・怒り・寒さなどで)震える ; おののく ; (地面が)揺れる, 振動する 　图 地震 ; (恐れからの)震え □ **quake** with fear (恐怖で震える)

63	**quiver** [kwívər]	自 おののく, (細かく)震える 　他 を震わせる □ **quiver** with anger (怒りで震える)

64	**shudder** [ʃʌ́dər]	自 (恐怖・喜び・寒さなどで)身震いする 图 身震い ; 震え □ **shudder** with horror (恐怖で震える)

65	**tremble** [trémbl]	自 震える, 振動する 　图 震え, 振動 □ **tremble** with rage (怒りで震える)

66	**sway** [swéi]	自 揺れる ; 傾く 　他 を揺り動かす □ **sway** from side to side (体を左右に揺らす)

関 **swing** [swíŋ] 自 揺れ動く, ぶらぶらする
関 **vibrate** [váibreit] 自 震える, 振動する 　他 を震わせる
○ **vibration** [vaibréiʃən] 图 振動 ; 心の動揺

41

1 It comes near to stating the obvious that all languages have developed to **express** the needs of their users, and that in a sense all languages are equal. All languages meet the social and psychological needs of their speakers, are equally deserving of scientific study, and
5 can provide us with valuable information about human nature and society.

2 There are, however, several widely held **misconceptions** about languages which stem from a failure to recognize this view. The most important of these is the idea that there are such things as 'primitive'
10 languages — languages with a simple grammar, a few sounds, and a vocabulary of only a few hundred words, whose speakers have to **compensate** for their language's **deficiencies** through gestures.

(119 words)

1　これはほとんど言うまでもないことであるが，すべての言語はその言語を使う人々のさまざまな要求を<u>表現する</u>ために発達し，言語はある意味すべて対等である。すべての言語はその話し手の社会的および心理的な要求を満たしており，同様に科学的な研究対象にも値するものであり，また人間の特質や社会について価値ある情報を提供してくれるものである。

2　しかしながら，言語をめぐっては，このような考え方を認めることができないために，多くの人がいくつか<u>誤解</u>をしている。誤解の中で最も重大なのは，「原始的な」言語のようなものが<u>存在する</u>という考え方である。それは，文法は単純で，音の種類も少なく，語彙も 200 ～ 300 語しかなく，話し手は言語に<u>欠けているもの</u>を身振り言語で<u>補わ</u>なければならないというものだ。

❓ 推測しよう! ─考え方─　　　　　　　　　　　　　**⚠ 推測原則 5**

接頭辞の意味に注目。mis- には「**誤った**」という意味がある。conception は，concept（概念，考え）と形が似ていることから意味が推測できるだろう。この 2 つから misconception は「誤解」という意味だと推測できる。

67 **express** [ɪksprés, eks-, əks-]	他 を表現する 名 急行列車 形 急行の □ **express** one's opinion (意見を表明する)

68 関 **eloquent** [éləkwənt]	形 雄弁な;(感情などを)よく表す (of) □ an **eloquent** speech (雄弁なスピーチ) ○ **eloquence** [éləkwəns] 名 雄弁 (術)

69 関 **fluent** [flúːənt]	形 流暢な, 達者な;(言葉・楽器などがよどみなく)巧みな; (動きなどが)滑らかな □ be **fluent** in French (フランス語が流暢である) ○ **fluently** [flúːəntli] 副 流暢に, すらすらと, よどみなく ○ **fluency** [flúːənsi] 名 (話し方・文章などの)流暢さ;(動作などの)滑らかさ

70 **misconception** [mìskənsépʃən]	名 誤解, 誤った考え ◆ mis-「誤った, 悪い」 □ a popular **misconception** (よくある誤解) 関 **conception** [kənsépʃən] 名 概念;考え 関 **conceptual** [kənsépʧuəl] 形 概念上の, 概念的な

71 関 **fallacy** [fæləsi]	名 誤り, 誤った考え □ a total **fallacy** (まったくの誤信)

72 関 **mischief** [mísʧɪf]	名 (子供の悪意のない)いたずら;(人・物による)害;い たずらっ子 □ get into **mischief** (いたずらをする) ○ **mischievous** [mísʧɪvəs] 形 いたずら好きな

73 関 **mislead** [mɪslíːd]	他 を誤解させる, を誤って導く □ be **misled** by appearances (外見に惑わされる) ○ **misleading** [mɪslíːdɪŋ] 形 誤解を招きやすい, まぎら わしい 関 **misinterpret** [mìsɪntɚːprət] 他 を誤解する, 誤って解 釈する ○ **misinterpretation** [mìsɪntɚːprətéɪʃən] 名 誤解;誤訳 関 **misunderstand** [mìsʌndɚstǽnd] 他 を誤解する 自 誤解する ○ **misunderstanding** [mìsʌndɚstǽndɪŋ] 名 誤解;不 和

74 compensate [ká:mpənsèit, -pen-]	圓 (〜の) 埋め合わせをする；補償をする (for) 他 に (〜の) 補償をする，(〜を) 償う (for)；の埋め合わせをする □ **compensate** for the delay of the train (列車の遅延の補償をする) ○ **compensation** [kà:mpənséiʃən, -pen-] 图 賠償金；慰め；埋め合わせになるもの
75 閣 offset [動 [ɔ(ː)fsét] 图 [ɔ́(ː)fsèt]	他 を相殺する，を埋め合わせする 图 埋め合わせ □ **offset** the costs of building the hospital (病院の建設費を相殺する)
76 閣 supplement [图 [sʌ́pləmənt] 動 [sʌ́pləmènt]	图 (〜への) 補足，付録 (to) 他 を補う □ a **supplement** to a magazine (雑誌の付録) ○ **supplementary** [sʌ̀pləméntəri] 形 (〜への) 補充の (to)
77 deficiency [dɪfíʃənsi]	图 (〜の) 不足；欠陥 (in, of) □ **deficiencies** in the company's plan (その会社の計画の欠陥) ○ **deficient** [dɪfíʃənt] 形 (〜が) 不十分な (in)；欠陥のある
78 ○ deficit [défəsit]	图 不足 (額)；赤字；欠損 □ run a **deficit** (赤字を出す)
79 閣 barren [bǽrən]	形 (〜の) 欠けた (of)；(土地が) やせた，不毛の □ His lecture was **barren** of excitement. (彼の講義は刺激に欠けていた)
80 閣 devoid [dɪvɔ́id]	形 《be devoid of 〜で》〜を欠いている；まったく持っていない □ The planet is **devoid** of life. (その惑星には生命体がない) 閣 **scarcity** [skéərsəti] 图 (食料・物資の) 不足，欠乏 ○ **scarce** [skéərs] 形 (食料・物資が) 不足して，乏しい
81 ⇔ sufficiency [səfíʃənsi]	图 十分 (なこと)；十分な状態 □ a **sufficiency** of time (十分な時間)

45

推測で学ぶ接頭辞・接尾辞　3　com- (1)

STEP 1：接頭辞の推測　次の語からcom- の意味を推測してみよう。

compensate (→ 74)　　　　compare

■ 接頭辞com- は，con- (→ p.36) と同じく「共に，一緒に」という意味を表します。あとに続く語がm, p, b で始まる時にcom- になります。

com- (一緒に) + pensate (重さを量る)　→ **compensate** (埋め合わせをする)

com- (共に) + pare (等しい状態)　　　→ **compare** (比較する)

STEP 2：未知語の推測　com- の意味を意識して，太字の語の意味を推測しよう。

(1) The United States is **composed** of fifty states.

(2) The poetry anthology **comprises** poems by five famous poets.

訳 (1) アメリカ合衆国は50の州で**構成**されている。

com- (共に) + pose (置く)　　　　→ **compose** (構成する)

(2) その詩集は5人の有名な詩人の詩を**含む**。

com- (一緒に) + prise (つかむ)　　→ **comprise** (含む)

---

82 **compact** [kəmpǽkt]	形 ぎっしりつまった；こぢんまりした；簡潔な 他 を凝縮させる；を圧縮させる；を固める □ a **compact** car (小型自動車)
83 **compassionate** [kəmpǽʃənət]	形 (〜に対して) 哀れみ〔情け〕深い (toward) □ on **compassionate** grounds (温情的な見地から) ○ **compassion** [kəmpǽʃən] 名 (弱者に対する) 同情，哀れみ
84 **compose** [kəmpóuz]	他 を構成する；を作曲する □ be **composed** of fifty members (50名の会員で構成されている) ○ **composer** [kəmpóuzər] 名 作曲家；作者
85 **composite** [kəmpázɪt]	形 異なる要素から成る；複合的な，合成の 名 合成物；複合物 □ a **composite** photograph (合成写真) ○ **composition** [kà:mpəzíʃən] 名 構成；(音楽などの) 作品； 作文

86 ☐	**comprise** [kəmpráɪz]	他 を含む, から成る ☐ **comprise** five departments（5つの部門から成る） 動 **complicate** [ká:mpləkèɪt] 他 を複雑にする；を悪化させる ○ **complication** [kà:mpləkéɪʃən] 名 状況を複雑にする問題； 　　困難化；合併症

コラム　接頭辞の語形変化（1）

　英語の接頭辞は, 後に続く語のつづりによって, 発音のしやすさなどの理由から形が変化することがあります。ここでは, con- を例に, どのように変化するかを具体的に見ていきましょう。

(1) m, p, b で始まる語に付く場合：com-　例) command, commission
(2) l で始まる語に付く場合：col-　例) collect, colleague
(3) r で始まる語に付く場合：cor-　例) correspond, correlative
(4) 母音, h, gn で始まる語に付く場合：co-　例) coauthor, cohabit
(5) その他の場合：con-　例) conceal, context

　これらをすべて覚えるのは大変なので, まずは基本的な接頭辞をしっかりと覚えておきましょう。そうすれば, たとえばcollectを見たら「あっ, col- は con- に似ているから, con- の変化形かも」と推測できるようになります。

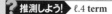

1　**1** Speakers of 'primitive' languages have often been thought to exist, and there has been a great deal of **speculation** about where they might live, and what their problems might be. If they relied on gestures, how would they be able to **communicate** at night? Without abstract **terms**,
5　how could they possibly develop moral or **religious** belief? In the 19th century, such questions were common, and it was widely thought that it was only a matter of time before explorers would discover a **genuinely** primitive language.

　　2 The fact of the matter is that every culture which has been
10　investigated, no matter how 'primitive' it may be in cultural terms, turns out to have a **fully** developed language, with a complexity comparable to those of the so-called '**civilized**' nations. There are no '**bronze** age' or 'stone age' languages. 　　　　　　　　　　(136 words)

1 「原始的な」言語の話し手というのはしばしば実際に存在すると考えられてきたし、いるとすれば、どこにいて、どんな問題を抱えているのだろうかといった<u>憶測</u>が数多くなされてきた。そして、もし身振りに頼っているのであれば、夜間にはどのようにして<u>コミュニケーションをとる</u>ことができているのだろうか。抽象的な概念を表す<u>言葉</u>がないとしたら、道徳とか<u>宗教的な</u>信仰などを一体どのように発達させているのだろうか。19世紀にはそういった疑問は珍しいものではなかった。そして、探検家が<u>純粋に</u>原始的な言語を発見するのは時間の問題だろうと、多くの人々が考えていたのだった。

2 しかし実際には、調査されたすべての文化が、文化的な見地から言えばいかにそれが「原始的」であろうと、<u>十分に</u>発達した、いわゆる「<u>文明的な</u>」国の言語にも匹敵するほどの複雑さを持った言語を持っていることが判明したのである。つまりこの世には、「<u>青銅器時代</u>」や「石器時代」の言語というものは一切存在しないのである。

❓推測しよう！　―考え方―　　　　　　　　　　**⚠推測原則 2**

多義語の意味は文脈から推測しよう。 ここは言語について考察しているのだから、term は language の言い換えだと考え、ここでは「言葉」の意味で使われていると推測できる。続く文の動詞 develop の目的語になっているのが「道徳的な信念、宗教的な信念」であり、これらが抽象的な概念である点も参考にするとよいだろう。

---

87 **speculation** [spèkjəléɪʃən]	名 推測；思索；投機
	□ pure **speculation**（まったくの推測）
	○ **speculate** [spékjəlèɪt] 自 推測する；思索する；投機する 他 と推測する
	○ **speculative** [spékjəlèɪtɪv] 形 推測の；純理論的な；危険を含む

88 **communicate** [kəmjúːnəkèɪt]	自（〜と）意図〔意思〕を伝え合う (with)
	他 を伝える
	□ **communicate** with each other（お互いに連絡を取り合う）

89 ○ **communicative** [kəmjúːnəkèɪtɪv]	形 話好きの；伝達の
	□ **communicative** skills（コミュニケーション技術）

90 関 **talkative** [tɔ́ːkətɪv]	形 話好きの，おしゃべりな
	□ a **talkative** person（おしゃべりな人）

91 **religious** [rɪlídʒəs, rə-]	形 宗教（上）の，宗教的な；信心深い
	□ **religious** freedom（信教の自由）

92 **genuinely** [dʒénjuɪnli]	副 本当に，実に；心から，純粋に
	□ **genuinely** love one's work（仕事を心から愛している）
	○ **genuine** [dʒénjuɪn] 形 本物の，真の；心からの，誠実な

93 **fully** [fúli]	副 十分に，完全に
	□ be **fully** aware of the importance of English（英語の重要性を十分に認識している）

94 関 **thorough** [θɔ́ːroʊ]	形 完全な；まったくの
	□ do a **thorough** investigation（徹底した調査を行う）
	○ **thoroughly** [θɔ́ːroʊli] 副 徹底的に；完全に

95 関 **downright** [dáʊnràɪt]	副 まったく 形 まったくの；率直な
	□ be **downright** exhausted（すっかり疲れ果てる）

96 関 **sheer** [ʃíər]	形 まったくの；険しい 副 まったく；垂直に
	□ by **sheer** luck（まったくの幸運で）

	関 **totally** [tóʊtli] 副 完全に
	関 **utterly** [ʌ́tərli] 副 完全に，まったく

97	**civilize** [sívəlàɪz]	他 を文明化する □ a **civilized** society（文明社会） ○ **civilization** [sìvəlɪzéɪʃən] 名 文明（化）；文明世界

98	**bronze** [brάːnz]	名 青銅　形 青銅（色）の □ win a **bronze** medal（銅メダルを獲得する）

カタカナ語チェック A-B

　次の英単語は日本語でカタカナ語になっているものです。カタカナ語との発音の違いとつづりを確認しよう。

□ **accessory** [əksésəri, æk-, ɪk-]　　　□アクセサリー, 装飾品

□ **aluminium** [əlúːmənəm]　　　□アルミニウム

□ **amateur** [ǽmətʃùər]　　　□アマチュア, 素人

□ **antique** [æntíːk]　　　□アンティーク, 骨董品

□ **archive** [άːrkaɪv]　　　□アーカイブ, 記録文書

□ **arena** [əríːnə]　　　□アリーナ, 競技場

□ **auction** [ɔ́ːkʃən]　　　□オークション, 競売

□ **backup** [bǽkʌ̀p]　　　□バックアップ, 予備

□ **ballet** [bæléɪ]　　　□バレエ《フランス語》

□ **bargain** [bάːrgən]　　　□バーゲン, 格安品

□ **beam** [bíːm]　　　□ビーム, 光線

□ **blend** [blénd]　　　□ブレンド, 混合物

□ **bolt** [bóʊlt]　　　□ボルト, 締めくぎ

□ **bonus** [bóʊnəs]　　　□ボーナス, 賞与

□ **boot** [búːt]　　　□ブーツ, 長靴

□ **brake** [bréɪk]　　　□ブレーキ, 制動装置

□ **broadband** [brɔ́ːdbæ̀nd]　　　□ブロードバンド, 広域帯

□ **browser** [bráʊzər]　　　□ブラウザ, 閲覧ソフト

□ **bubble** [bʌ́bl]　　　□バブル, 泡

まとめてチェック	**❸** 推測, 推論　　　 `C.87` speculation

99 **conjecture** [kəndʒéktʃər]	名 推測 □ make a **conjecture** on the problem (その問題について推測する)
100 **contemplate** [ká:ntəmplèit, -tem-]	他 を熟考する；を想定する；を凝視する □ **contemplate** marrying him (彼と結婚するか熟考する) ○ **contemplation** [kɑntəmpléiʃən] 名 熟考；瞑想
101 **deduce** [dɪd(j)úːs]	他 を推論〔推定, 演繹〕する；(結論) を出す □ **deduce** the meaning of a word (単語の意味を推測する) ○ **deduction** [dɪdʌ́kʃən] 名 推論；演繹 (法)
102 **meditate** [médətèit]	自 じっくり考える；瞑想する 他 をもくろむ；を企てる □ **meditate** upon the meaning of life (人生の意味についてじっくり考える) ○ **meditation** [mèdɪtéiʃən] 名 《通例〜 s》(〜についての) 瞑想；熟考 (on)
103 **ponder** [pá:ndər]	他 を熟考する；かと考えをめぐらせる 自 じっくり考える □ **ponder** the exam question (試験問題を熟考する)
104 **reckon** [rékən]	他 を思う；を推測する, (金額・数など) をざっと数える 自 数える；計算する □ What do you **reckon**? (あなたはどう思う？)
105 **bet** [bét]	自 賭ける；確かだとあてにする　他 を賭ける；と予期する　名 賭け；考え □ **bet** fifty dollars on the race (そのレースに 50 ドル賭ける) ○ **deliberate** [dɪlíbərət] 形 故意の；慎重な 圞 **conceive** [kənsíːv] 他 (考え・計画など) を考えつく；だと想像する；(考え・計画など) を言い表す 自 (〜を) 想像する (of) 圞 **deem** [díːm] 他 (である) と考える (that 節) 圞 **infer** [ɪnfɔ́ːr] 他 自 推論する 圞 **presume** [prɪz(j)úːm] 他 を推定する；あえて (〜) する (to do) ○ **presumption** [prɪzʌ́mpʃən] 名 (〜という) (十分な根拠に基づく) 想定, 仮定；前提, 確信 (that 節) 圞 **surmise** [sərmáɪz] 他 自 推量〔推測〕する

| まとめてチェック | ❹ 宗教 | C.91 religious |

| 106 | pious [páɪəs] | 形 信心深い；宗教的な
□ pious Catholic (敬虔なカトリック教徒)
⇔ impious [ɪmpáɪəs] 形 不信心な |

| 107 | divine [dɪváɪn] | 形 神聖な；神の
□ a divine creation (神の創造物) |

| 108 | theology [θi(:)áːlədʒi] | 名 神学；(特定の宗教の) 神学体系, 教義
□ study theology at college (大学で神学を学ぶ) |

| 109 | preacher [príːtʃər] | 名 説教者；牧師
□ a street preacher (路上説教師) |

| 110 | monk [mʌ́ŋk] | 名 修道僧, 僧
□ a Buddhist monk (仏教僧) |

| 111 | nun [nʌ́n] | 名 修道女, 尼僧
□ a Catholic nun (カトリック修道女) |

| 112 | hymn [hím] | 名 賛美歌
□ sing a hymn (賛美歌を歌う) |

| まとめてチェック | ❺ 誠実な | C.92 genuinely |

| 113 | sincere [sɪnsíər] | 形 正直な, 心からの；偽りのない；誠実な, 真剣な
□ give one's sincere thanks (心からの感謝を述べる)
○ sincerely [sɪnsíərli] 副 心から；誠実に, 本当に
○ sincerity [sɪnsérəti] 名 誠実さ；誠意, 正直さ |

| 114 | sober [sóʊbər] | 形 まじめな；酔っていない
□ conduct a sober analysis (まじめな分析を行う) |

| 115 | solemn [sáːləm] | 形 厳粛な；まじめな
□ in a solemn voice (重々しい声で) |

| 116 | authentic [ɔːθéntɪk] | 形 本物の, 信頼できる, 確実な
□ authentic Thai food (本格的なタイ料理) |

| 117 | loyal [lɔ́ɪəl] | 形 忠義な, 誠実な
□ remain loyal to one's country (国に忠誠を尽くす) |

| 118 | integrity [ɪntégrəti] | 名 誠実, 高潔；完全
□ a person of integrity (高潔な人) |

1 **1** Humans couldn't always easily produce "f" and "v" sounds, according to a surprising new study. The reason we can now enjoy words like "flavor" and "**effervescent**," say the researchers, has to do with changes to the <u>ancestral</u> human diet and the introduction of
5 soft foods — a development that <u>altered</u> the way we bite, and by consequence, the way we talk.

2 Human speech involves all sorts of <u>**wacky**</u> noises, from the <u>**ubiquitous**</u> "m" and "a" sounds found in virtually all languages to the rare <u>**click**</u> <u>**consonants**</u> expressed in some South African dialects.
10 <u>**Anthropologists**</u> and linguists have traditionally assumed that the <u>**inventory**</u> of all possible speech sounds used by humans has remained <u>**unchanged**</u> since our species emerged some 300,000 years ago, but new research published today in *Science* is challenging this long-held assumption.　　　　　　　　　　　　　　　　(132 words)

1 驚くべき新しい研究によると，人類はfとvの音をいつでも容易に発声できたわけではなかった。研究者たちが言うには，私たちが今，flavor（味）やeffervescent（陽気な）のような単語を使える理由は，<u>先祖代々受け継いできた</u>人間の食事への変更と，軟らかい食べ物の導入と関係がある――それは，私たちがものを噛む方法と，その結果として私たちが話す方法<u>を変化させた</u>発展だ。

2 人間の発話は，事実上すべての言語に見られる<u>普遍的な</u>mやaの音から，いくつかの南アフリカの方言で使われる珍しい<u>クリック</u> <u>子音</u>まで，あらゆる種類の<u>風変わりな</u>音を含んでいる。<u>人類学者</u>と言語学者は伝統的に，人間が使うすべての可能な発話音声の<u>一覧リスト</u>が，約30万年前に私たちの種（しゅ）が出現して以来ずっと，<u>変わらず</u>にきたと想定してきたが，『サイエンス』で本日公表された新しい研究調査は，この長年の想定に異議を唱えている。

❓推測しよう！ —考え方— **⚠推測原則1**

直前の文に produce "f" and "v" sounds とあり，発声の際に音を作り出すことがテーマになっていることに注目しよう。effervescent（陽気な）は，**fとvの音を含む語の具体例**として挙げられているだけなので，単語の意味は考えなくてもよい。このように，**単語の意味を知らなくても先に読み進めることができる場合もある**ことを知っておこう。

119 □	**ancestral** [ænséstrəl]	形 先祖伝来の;先駆者の;原型をなす □ visit the **ancestral** home (先祖代々の家を訪れる) ○ **ancestry** [ǽnsestri] 名 《集合的》祖先 ○ **ancestor** [ǽnsestər] 名 先祖
120 □	**alter** [ɔ́ːltər]	他 を変える 自 変わる □ **alter** one's attitude to the problem (その問題に対する態度を変える)
121 □	関 **alternate** 形 [ɔ́ːltərnət] 動 [ɔ́ːltərnèit]	形 代わりとなる;代わる代わるの;1つおきの 自 交替する;交互に現れる 他 を交互にする □ on **alternate** days (1日おきに) ○ **alternative** [ɔːltə́ːrnətiv] 名 代わり;選択肢 形 別の;型にはまらない;二者択一の
122 □	関 **successor** [səksésər]	名 (人・地位などの) 後任 (者), 後継者, 継承者, 取って代わるもの, (順番などが) 次のもの □ a worthy **successor** (立派な後継者)
123 □	関 **heir** [éər]	名 (財産などの) 相続人;(王位・称号などの) 継承者, 後継者, (地位・職務などの) 後継者 □ the **heir** to the throne (王位継承者)
124 □	**wacky** [wǽki]	形 風変わりな, ばかげた □ a **wacky** idea (奇抜なアイデア)
125 □	関 **eccentric** [ikséntrik]	形 風変わりな □ an **eccentric** behavior (とっぴな行動) ○ **eccentricity** [èksəntrísəti] 名 風変わり, 奇癖
126 □	**ubiquitous** [ju(ː)bíkwətəs]	形 (同時に) 至る所に存在する;遍在する;どこにでも現れる □ Smartphones are now nearly **ubiquitous**. (スマートフォンは今やほぼ至る所に存在する)
127 □	**click** [klík]	名 かちっという音;(マウスの) クリック;舌打ち音 自 かちっと音がする;クリックする □ **Click** here for more information. (詳細はここをクリック)

128 **consonant** [ká:nsənənt]	名 子音 (字) □ **consonant** letters (子音字)	
129 関 **vowel** [váʊəl]	名 母音 (字) □ a long **vowel** (長母音)	
130 **anthropologist** [æ̀nθrəpá:lədʒɪst]	名 人類学者 □ a social **anthropologist** (社会人類学者) ○ **anthropology** [æ̀nθrəpá:lədʒi] 名 人類学	
131 **inventory** [ínvəntɔ̀:ri]	名 (商品・財産などの) 目録, 明細表 □ make an **inventory** of the stock (在庫品の目録を作る)	
132 **unchanged** [ʌntʃéɪndʒd]	形 変化していない, 元のままの □ remain **unchanged** (変わっていない)	

推測で学ぶ接頭辞・接尾辞　**4**　-ist

STEP 1：接尾辞の推測 　次の語から -ist の意味を推測してみよう。

anthropolog<u>ist</u> (→ 130)　　　optim<u>ist</u>

■ 接尾辞 -ist は，「…をする人，専門家」「主義者」という意味を表します。

anthropology (人類学) + -ist (専門家)　→ **anthropologist** (人類学者)
optimism (楽観主義) + -ist (主義者)　→ **optimist** (楽観主義者，楽天家)

STEP 2：未知語の推測 　-ist の意味を意識して，太字の語の意味を推測しよう。

The man was viewed as **racist**.

訳 その男は**人種差別主義者**だと見られていた。

racism (人種差別) + -ist (主義者)　→ **racist** (人種差別主義者)

133 **communist** [ká:mjənɪst]	名 共産主義者 □ the **Communist** Party (共産党) ○ **communism** [ká:mjunìzm] 名 共産主義
134 **racist** [réɪsɪst]	名 人種差別主義者 □ a **racist** attack (人種差別攻撃) ○ **racism** [réɪsìzm] 名 人種差別 (主義)；民族主義
	関 **capitalist** [kǽpətəlɪst] 名 資本主義者；資本家 ○ **capitalism** [kǽpətəlìzm] 名 資本主義
	関 **columnist** [ká:ləmnɪst] 名 コラム執筆者，コラムニスト ○ **column** [ká:ləm] 名 コラム；円柱
	関 **extremist** [ɪkstrí:mɪst] 名 極端論者，過激派 ○ **extremism** [ɪkstrí:mɪzm] 名 極端論，過激主義
	関 **feminist** [fémənɪst] 名 男女同権論者 ○ **feminism** [fémənìzm] 名 男女同権論
	関 **socialist** [sóuʃəlɪst] 名 社会主義者 ○ **socialism** [sóuʃəlìzm] 名 社会主義

推測で学ぶ接頭辞・接尾辞 （5） un-

STEP 1：接頭辞の推測 次の語から un- の意味を推測してみよう。

<u>un</u>changed (→ 132)　　　　<u>un</u>usual

❗ 接頭辞 un- は，「反…，非…」という意味を表します。

un- (非…) + changed (変わった)　　→ **unchanged** (変わっていない)

un- (非…) + usual (いつもの)　　→ **unusual** (普通でない)

STEP 2：未知語の推測 un- の意味を意識して，太字の語の意味を推測しよう。

(1)　This song is **unpopular** among young people.

(2)　Would you trust me and **unfold** your plan to me?

訳 (1) この歌は若者に**人気がない**。

　　un- (非…) + popular (人気がある)　→ **unpopular** (人気がない)

(2) 私を信じて計画を私に**打ち明けて**みませんか。

　　un- (非…) + fold (折りたたむ)　　→ **unfold** (明らかにする，打ち明ける)

135	**unpopular** [ʌnpɑ́:pjələr]	形 (人に) 人気がない，不評の (with, among)；はやらない □ be **unpopular** among young people (若者に人気がない) 🔄 **popular** [pɑ́:pjələr] 形 人気のある；流行の
136	**unfold** [ʌnfóuld]	他 を明らかにする；を打ち明ける　自 展開する □ **unfold** one's plan (計画を打ち明ける) 🔄 **fold** [fóuld] 他 を包む；を折りたたむ；(手足など) を組む
137	**undo** [ʌndú:]	他 (ボタンなど) をはずす；(紐・結び目など) をほどく，を元通りにする；を帳消しにする；を破滅させる □ **undo** one's jacket (上着のボタンをはずす)
		🔷 **unavoidable** [ʌnəvóidəbl] 形 避けられない，やむを得ない 🔄 **avoidable** [əvóidəbl] 形 避けられる

17　発音と食事の関係 (2) ［言語］

❓ 推測しよう！ ℓ.6 labiodental　　　　**💡 推測原則 1**

1　**1** An **interdisciplinary** research team led by Damian Blasi from
the University of Zurich is claiming that "f" and "v" sounds were only
recently introduced into the human **lexicon**, emerging as a side effect
of the agricultural revolution. These sounds, which are now present
5　in the vast majority of all human languages, are what linguists call
labiodental consonants — sounds produced by **pressing** our upper
teeth to our lower lip.

2 Here's the story, as presented in the new study: Around 8,000 years
ago, as humans **transitioned** from **predominantly** meat-eating
10　lifestyles to agriculture, the foods our ancestors ate became softer,
which had a pronounced effect on the human bite. Instead of the edge-
on-edge bite **exhibited** by hunter-gatherers, who had to tear into
tough meat, agricultural humans **retained** the **juvenile** overbite* that
usually disappears by adulthood. With the upper teeth **slightly** in front
15　of the lower teeth, it became much easier to make labiodental sounds.
Gradually, and quite by accident, these sounds were **integrated** into
words, which eventually spread across time and **space**, most **notably**
within the last 2,500 years.

(177 words)

---

* overbite：被蓋咬合 (ひがいこうごう)《被せるような (被蓋) かみ合わせ (咬合)》

1 チューリヒ大学のダミアン・ブラシをリーダーとする<u>学際的研究チーム</u>
<u>1</u>
が，f と v の音はつい最近になって人間の<u>語彙目録</u>に導入されたもので，農業革
<u>2</u>
命の副産物として登場したのだと主張している。これらの音は，今やすべての
人間言語の大多数に存在しており，言語学者が唇歯子音と呼ぶもの―上の歯を
下唇に<u>押し付ける</u>ことで発せられる音―である。
<u>3</u>

2 新しい研究で提示された物語は次の通りである。約 8,000 年前，人間が<u>主</u>
<u>に</u>肉を食べる生活様式から農耕へと<u>移行した</u>際に，私たちの先祖が食べる食物
<u>5</u>　　　　　　　　　　　　　　　　<u>4</u>
は以前より軟らかくなり，そのことが人間の噛み方に著しい影響を与えた。<u>硬</u>
<u>い</u>肉に歯を噛み入れなければならなかった狩猟採集民が<u>見せていた</u>，歯の先端
<u>7</u>　　　　　　　　　　　　　　　　　　　　　　　　　　<u>6</u>
と先端を合わせる噛み方ではなく，農耕を行う人間は，通常は大人になるまで
に消滅する<u>若い時期の被蓋咬合をそのまま保った</u>。上の歯が下の歯よりも<u>少し</u>
<u>9</u>　　　　　　　<u>8</u>　　　　　　　　　　　　　　　　　　　　<u>10</u>
前にあるため，唇歯音を発音することがはるかに容易になった。次第に，そし
てまったく偶然に，これらの音は単語の中に<u>含められ</u>，ついには時間と<u>空間</u>を
<u>11</u>　　　　　　　　<u>12</u>
渡って，<u>特に</u>過去 2,500 年以内の時期に，広がったのである。
<u>13</u>

> **❓ 推測しよう！** ―考え方― **❗推測原則1**
>
> labiodental consonants の直後に説明が続いていることに気づけば，「上の歯を
> 下唇に押し付けることで発せられる音」が labiodental consonants（唇歯子音）
> だとわかる。このように，**未知語の直後に注釈同然の説明が続いているこ**
> **とがよくある**ことを知っておこう。

138 **disciplinary** [dísəplənèri]	形 規律の, 規律に関する ; 学科の □ **disciplinary** action (懲戒処分) 関 **interdisciplinary** [ìntərdísəpləneri] 形 学際的な, 他分野にまたがる
139 **lexicon** [léksəkà:n]	名 語彙 (集) ; 辞書 □ the **lexicon** of economics (経済学用語集) 関 **vocabulary** [voʊkǽbjəlèri] 名 語彙, 用語数 ; 用語集
140 **press** [prés]	他自 押す, 押しつける ; 強要する 名 報道機関 ; 新聞 ; 印刷 □ **press** him to change his mind (彼に考えを変えるよう強要する)
141 関 **thrust** [θrʌ́st]	他 をぐっと押す ; (責任など) を押しつける ; に強いる 自 押す, 突く ; (物が水平・垂直方向に) 突き出る □ **thrust** one's hands into one's pocket (ポケットに手を突っ込む)
142 **transition** [trænzíʃən, -síʃən]	自 移り変わる, 移行する 名 移り変わり ; 過渡期 □ make the **transition** from youth to adulthood (青年から大人へ移行する) ○ **transit** [trǽnsət, -zət] 名 (人・荷物の) 輸送, 運送
143 関 **transient** [trǽnʃənt, -ʒənt]	形 一時的な, 束の間の 名 浮浪者, 短期滞在客 □ the **transient** nature of the environment (環境の移ろいやすさ)
144 **predominantly** [prɪdá:mənəntli]	副 主に, たいてい □ **predominantly** black cities (圧倒的に黒人が多い都市) ○ **predominant** [prɪdá:mənənt] 形 主な, 目立つ ; 優勢な, 有力な

145 **exhibit** [ɪgzíbɪt, egz-]	他 を展示する；(感情・能力) を示す　名 展示 (品) □ **exhibit** her paintings in the gallery (彼女の絵をギャラリーに展示する) ○ **exhibition** [èksəbíʃən] 名 展示；展示会，博覧会
146 関 **decoration** [dèkəréɪʃən]	名 飾り；飾り付け；装飾品 □ Christmas **decorations** (クリスマスの飾り付け) ○ **decorate** [dékərèɪt] 他 を飾る，装飾する
147 関 **ornament** [ɔ́ːrnəmənt]	名 (室内・庭園の) 装飾品；置物　他 を飾る □ a Christmas tree with dozens of **ornaments** (たくさんの装飾品のついたクリスマスツリー) 関 **adorn** [ədɔ́ːrn] 他 を装飾する，飾る
148 関 **accessory** [əksésəri]	名 《複数形で》付属品，関連用品；装飾品，アクセサリー 形 補助的な；付随する □ computer **accessories** (コンピューター関連用品)
149 関 **furnish** [fɔ́ːrnɪʃ]	他 に家具などを備え付ける；(必要品) を用意する □ **furnish** the office building (オフィスビルに家具を備え付ける)

150 **tough** [tʌ́f]	形 (肉などが) 固い；丈夫な，頑丈な；難しい，困難な □ have a **tough** time (つらい思いをする)
151 関 **hardy** [hɑ́ːrdi]	形 頑丈な；耐寒性の □ a **hardy** horse (頑丈な馬)
152 関 **robust** [roʊbʌ́st]	形 (人・体質などが) 強靭な，壮健な，頑丈な；(組織・制度などが) 強力な，健全な □ be in **robust** health (壮健である) 関 **stiff** [stíf] 形 堅い，曲がりにくい；(筋肉などが) こった
153 対 **feeble** [fíːbl]	形 (人・体などが) 弱い □ a **feeble** little man (弱々しい小さな男)

154 **retain** [rɪtéɪn]	他 を保つ，保持する □ **retain** one's receipt (領収書をとっておく)

155 juvenile [dʒúːvənàil]	形 青少年の, 若い; 未熟な　名 青少年
	□ juvenile delinquency (少年非行)
	類 immature [ìmət(j)úər, -tʃúər]　形 未熟な; 未完成な
	⇔ mature [mət(j)úər, -tʃúər]　形 成熟 (成長) した　自 成熟する

156 slightly [sláitli]	副 わずかに
	□ have a slightly different meaning (少し違う意味を持つ)
	○ slight [sláit]　形 わずかな

157 関 petty [péti]	形 ささいな
	□ petty disagreements (ささいな意見の食い違い)

158 integrate [íntəɡrèit]	他 を統合する; (人種) を平等にする 自 まとまる; 一本化する
	□ integrate them into French society (彼らをフランス社会に溶け込ませる)
	○ integration [ìntəgréiʃən]　名 統合, 完成; 人種的に無差別な待遇

159 関 unity [júːnəti]	名 結束; 統合; 単一 (性); 一貫性
	□ a feeling of unity (一体感)
	関 solidarity [sàːlədǽrəti]　名 団結, 結束

160 space [spéis]	名 空間; 場所; 宇宙
	□ send a rocket into space (宇宙にロケットを送りこむ)

161 ○ spatial [spéiʃəl]	形 空間の, 空間的な
	□ have excellent spatial awareness (優れた空間認識を持っている)

162 関 vacant [véikənt, -knt]	形 空いている; 欠員の
	□ explore the vacant house (その空き家を探検する)
	関 vacancy [véikənsi]　名 空室, 空き地; (職・地位などの) 空席, 欠員 (for, in, on)

163 notably [nóʊtəbli]	副 特に，とりわけ；目立って，著しく
	□ increase **notably** (著しく増加する)
	○ **notable** [nóʊtəbl] 形 注目すべき；著名な

| 164 圏 significantly [sɪɡnífɪkəntli] | 副 著しく；意味ありげに |
| | □ nod **significantly** (意味ありげにうなずく) |

| 165 圏 renowned [rɪnáʊnd] | 形 著名な，名声ある |
| | □ a **renowned** theater actor (著名な舞台俳優) |

圏 **noticeably** [nóʊtəsəbli] 副 顕著に，著しく

まとめてチェック	**6** 語彙 ⌁139 lexicon

| 166 spelling [spélɪŋ] | 名 (語の) つづり，スペル；(語を正しく) つづること，つづる能力 |
| | □ a **spelling** mistake (つづりのミス) |

167 synonym [sínənɪm]	名 類義語，同義〔同義〕語；類義表現
	□ **synonyms** for 'beautiful' (「beautiful」の類義語)
	○ **synonymous** [sənάːnəməs] 形 (～と) 同意の，類義の (with)

168 singular [síŋɡjələr]	名 単数形 形 単数形の；奇妙な；非凡な；単独の
	□ a **singular** noun (単数名詞)
	○ **singularity** [síŋɡjəlérəti] 名 奇異；奇癖；単独

| 169 plural [plúərəl] | 名 複数形 形 複数形の |
| | □ a **plural** noun (複数名詞) |

圏 **noun** [náʊn] 名 名詞
圏 **pronoun** [próʊnaʊn] 名 代名詞
圏 **article** [άːrtɪkl] 名 冠詞；記事；品物；条項
圏 **verb** [vάːrb] 名 動詞
圏 **adjective** [ædʒɪktɪv] 名 形容詞
圏 **adverb** [ædvəːrb] 名 副詞
圏 **preposition** [prèpəzíʃən] 名 前置詞
圏 **conjunction** [kəndʒʌ́ŋkʃən] 名 接続詞；関係；連絡
圏 **prefix** [príːfɪks] 名 接頭辞
圏 **suffix** [sʌ́fɪks] 名 接尾辞
圏 **slang** [slæŋ] 名 俗語

推測で学ぶ接頭辞・接尾辞　**6** inter-

STEP 1：接頭辞の推測　次の語から inter- の意味を推測してみよう。

interdisciplinary (→ 138)　　　　international

❗ 接頭辞 inter- は，「…の間，相互に」という意味を表します。

　inter-(相互に) + disciplinary (学科の)　→ **interdisciplinary** (学際的な)

　inter-(…の間) + national (国家の)　→ **international** (国際的な，国家間の)

STEP 2：未知語の推測　inter- の意味を意識して，太字の語の意味を推測しよう。

(1) The two roads **intersect** at this point.

(2) The crisis came to an end before a military **intervention** was launched.

訳 (1) 2つの道路はこの地点で**交差している**。

　inter-(相互に) + sect (切る)　　　　　→ **intersect** (交わる，交差する)

(2) 軍事**介入**が実行される前に危機は終息した。

　inter-(…の間) + vention (来ること)　→ **intervention** (介入)

---

170 **intersect**
[ìntərsékt]

自 (線・面などが) (~で / ~と) 交わる，交差する (at/with)　他 を横切る，区分する；と交差する

□ The two roads **intersect** at this point. (2つの道路はこの地点で交差している)

---

171 **intervention**
[ìntərvénʃən]

名 介入；仲裁；干渉

□ a military **intervention** (軍事介入)

○ **intervene** [ìntərvíːn] 自 間に入る；仲裁する；干渉する

📖 **interface** [íntərfèɪs] 名 (異なるものの) 境界面；接点

📖 **intermission** [ìntərmíʃən] 名 休止，中断，合間

📖 **interrelation** [ìntərɪléɪʃən] 名 相互関係

STEP 1：接頭辞の推測　次の語から re- の意味を推測してみよう。

underline{re}tain（→ 154）　　　　underline{re}verse

❗接頭辞 re- は、「**反対に，下に，後ろに**」という意味を表します。

re-（後ろに）＋ tain（保持する）　　　→ **retain**（保つ）

re-（後ろに）＋ verse（回す）　　　　→ **reverse**（逆にする，一変させる）

STEP 2：未知語の推測　re- の意味を意識して，太字の語の意味を推測しよう。

(1) The flood began to **recede**.

(2) She decided to **reside** permanently in Paris.

訳(1) 洪水が**引き**始めた。

re-（後ろに）＋ cede（行く）　　　→ **recede**（去って行く）

(2) 彼女はパリに永**住する**と決心した。

re-（後ろに）＋ side（座る）　　　→ **reside**（住む）

172	**recede** [rɪsíːd]	自 (音・物などが) 去っていく；(見込み・感情などが) 薄れる；弱まる
		□ The flood began to **recede**. (洪水が引き始めた)

173	**reside** [rɪzáɪd]	自 住む
		□ **reside** permanently in Paris (パリに永住する)
		○ **residence** [rézədəns, -ədèns] 名 住宅, 邸宅；居住
		○ **resident** [rézədənt, -ədènt] 名 住民；滞在者
		○ **residential** [rézədénʃəl] 形 住宅の；住居の

	関 **refuge** [réfjuːdʒ] 名 避難, 保護；避難所
	○ **refugee** [rèfjʊdʒíː] 名 難民
	関 **remainder** [rɪméɪndər] 名 残り, 残りのもの〔人〕
	関 **reminder** [rɪmáɪndər] 名 思い出させるもの〔人〕
	関 **residue** [rézɪd(j)ùː] 名 残り；残されたもの
	関 **recipient** [rɪsípiənt] 名 (資金・サービスなどの) 受取人, 受賞者, (臓器などの) 受容者

1
2
3
4
5
6
7
8
9
10
11
12
13
14
15
16
17
18
19
20
21
22
23
24
25
26
27
28
29
30
31
32
33
34
35
36
37
38
39
40
41
42
43
44
45
46
47
48

推測しよう! ℓ.8 co-worker　　　　　　　　　　(!) 推測原則 **5**

1 **1** Anger is "an emotional state that varies in **intensity** from mild **irritation** to intense **fury** and **rage**," according to Charles Spielberger, a psychologist who specializes in the study of anger. Like other emotions, it is accompanied by **physiological** and biological changes;
5 when you get angry, your heart rate and blood pressure go up, as do the levels of your energy **hormones** and **adrenalin**.

2 Anger can be caused by both external and internal events. You could be angry at a specific person (such as a **co-worker** or **supervisor**) or event (a traffic jam or a **canceled** flight), or your anger
10 could be caused by worrying about your personal problems. Memories of **traumatic** or **enraging** events can also trigger angry feelings.

3 The instinctive, natural way to express anger is to respond **aggressively**. Anger is a natural, **adaptive** response to **threats**; it inspires **powerful**, often aggressive, feelings and behaviors, which
15 allow us to fight and to **defend** ourselves when we are attacked. A certain amount of anger, therefore, is necessary to our survival. On the other hand, we can't physically attack every person or object that irritates us; laws, social norms, and common sense place limits on how far our anger can take us.

(201 words)

1　怒りとは「軽い<u>いらだち</u>から猛烈な<u>激怒</u>や<u>憤怒</u>に至るまで，<u>強さ</u>がさまざ
₂　　　　　　　　　　　　　₃　　₄　　　　　　₁
まに異なる感情の状態である」というのは，怒りの研究を専門とする心理学者，
チャールズ・スピールバーガーの言葉である。他の感情と同様に，怒りは<u>生理</u>
<u>学的</u>および生物学的変化を伴う。すなわち，怒ると心拍数と血圧は上昇し，同
₅
じくエネルギー<u>ホルモン</u>と<u>アドレナリン</u>の濃度も上昇する。
　　　　　　　₆　　　　₇

2　怒りは，外部的事象と内部的事象の両方によって生じ得る。ある特定の人
（<u>同僚</u>や<u>上司</u>など）や出来事（交通渋滞や飛行機の<u>欠航</u>）に対して怒ることもあ
　₈　　₉　　　　　　　　　　　　　　　　　₁₀
れば，個人的な問題について心配することによって怒りが生じることもあるだ
ろう。<u>深く傷ついた</u>り<u>ひどく腹が立った</u>りした出来事の記憶が，怒りの感情を
　　　₁₁　　　　₁₂
引き起こす場合もある。

3　怒りを表現するための本能的で自然な方法は，<u>攻撃的に</u>反応することであ
　　　　　　　　　　　　　　　　　　　　　　　　₁₃
る。怒りは，<u>脅威</u>に対する自然な<u>適応</u>反応である。つまり怒りは，<u>強力</u>でしば
　　　　　　₁₅　　　　　　　₁₄　　　　　　　　　　₁₆
しば攻撃的な感情と行動を引き起こし，この感情と行動のおかげで，我々は攻
撃されたときに戦ったり自分の身<u>を守ったり</u>することができるのである。した
　　　　　　　　　　　　　　　₁₇
がって，ある程度の怒りは我々の生存のためには必要なのである。他方で，い
らだたしい人や物のすべてを物理的に攻撃できるわけではない。どの程度まで
怒りに身を任せてよいかに関しては，法律や社会規範や常識によって制限がか
けられている。

❓ 推測しよう！ ▶ ─考え方─　　　　　　　　　　　　　**⚠ 推測原則5**

単語の構造を分析することで意味がわかる例。接頭辞の co- には「**一緒に，
共同の，共通の**」などの意味があるので，「一緒に働く人」→「**同僚**」という
意味だと推測できる。

174 □	**intensity** [ɪnténsəti]	名 強烈(さ);熱心さ □ the **intensity** of her anger (彼女の怒りの強烈さ) ○ **intense** [ɪnténs] 形 (熱などが) 強烈な;(感情・行動などが) 激しい ○ **intensive** [ɪnténsɪv] 形 集中的な;強い, 激しい
175 □	関 **earnest** [ə́ːrnɪst]	形 熱心な;真剣な;重大な;厳粛な □ write an **earnest** fan letter (熱心なファンレターを書く) ○ **earnestly** [ə́ːrnɪstli] 副 まじめに, 真剣に
176 □	関 **enthusiastic** [enθ(j)ùːziǽstɪk]	形 熱狂的な □ become **enthusiastic** about music (音楽に熱中するようになる) ○ **enthusiastically** [enθ(j)ùːziǽstɪkəli] 副 熱狂的に ○ **enthusiast** [enθ(j)úːziæst] 名 熱狂している人, 熱狂者
177 □	関 **ardent** [áːrdnt]	形 熱烈な, 熱心な □ an **ardent** fan of the team (そのチームの熱烈なファン) ○ **ardently** [áːrdntli] 副 熱烈に, 熱心に
178 □	**irritation** [ìrɪtéɪʃən]	名 いらだち □ express (one's) **irritation** (いらだちを示す) ○ **irritate** [írətèɪt] 他 をいらいらさせる ○ **irritated** [írətèɪtɪd] 形 腹の立った, (声・態度・表情などが) 怒りに満ちた ○ **irritable** [írətəbl] 形 怒りっぽい, 短気な
179 □	関 **frown** [fráʊn]	自 (〜に) (怒り・不機嫌・困惑などで) 眉をひそめる (at) 他 を渋い顔をして示す 名 眉をしかめること;しかめ面 □ **frown** on smoking (喫煙を認めない)
180 □	**fury** [fjúəri]	名 激怒, 憤激 □ fly into a **fury** (激怒する) ○ **furious** [fjúəriəs] 形 激怒した;猛烈な

181 rage [réɪdʒ]	名 激怒；猛威；熱狂 自 激怒する；猛威をふるう ☐ be in a **rage** (激怒している)
182 関 surge [sɔ́ːrdʒ]	名 動揺；大波；殺到 ☐ feel a **surge** of excitement (興奮がこみあげてくるのを感じる)
183 physiological [fɪziəláːdʒɪkl]	形 生理学 (上) の ☐ **physiological** changes (生理学上の変化) ○ **physiology** [fɪziáːlədʒi] 名 生理学；《the ~；集合的に》生理, 生理機能 ○ **physiologist** [fɪziáːlədʒɪst] 名 生理学者
184 hormone [hɔ́ːrmoʊn]	名 ホルモン ☐ male **hormone** (男性ホルモン)
185 adrenalin [ədrénələn]	名 アドレナリン ☐ get the **adrenalin** going (興奮させる)
186 co-worker [kóʊwə̀ːrkər]	名 仕事仲間, 同僚　◆ co-「一緒に, 共同の, 共通の」 ☐ ask one's **co-worker** for help (同僚に助けを求める) 🔁 **colleague** [káːliːg] 名 同僚
187 関 cooperate [koʊáːpərèɪt]	自 (~と) 協力する, 協同する (with) ☐ **cooperate** closely with each other (お互いに緊密に協力し合う) ○ **cooperative** [koʊáːpərətɪv] 形 協力的な, 協同の
188 関 coordinate [koʊɔ́ːrdənèɪt]	他 を調整する；を調和させる　自 調和して働く ☐ **coordinate** fiscal policy (財政政策を調整する) ○ **coordination** [koʊɔ̀ːrdənéɪʃən] 名 調整

| 189 **supervisor** [súːpərvàɪzər] | 名 監督者，管理者 |
| □ a construction **supervisor** (建築工事監督) |
| ○ **supervise** [súːpərvaɪz] 他 を監督 (管理) する，監視する |
| ○ **supervision** [sùːpərvíʒən] 名 監督，管理 |

| 190 園 **oversee** [òuvərsíː] | 他 (労働者・仕事・活動など) を監督する；を監視する |
| □ **oversee** the installation of new equipment (新しい機器の設置を監督する) |
| 園 **surveillance** [sərvéɪləns] 名 監視，見張り |
| 園 **guardian** [gáːrdiən] 名 守護者，番人；保護者 |

| 191 **cancel** [kǽnsl] | 他 を取り消す，中止する |
| □ **cancel** one's reservation (予約を取り消す) |
| ○ **cancellation** [kæ̀nsəléɪʃən] 名 中止，取りやめ |

| 192 園 **cease** [síːs] | 他 をやめる 自 やむ，終わる |
| □ **cease** production (製造を中止する) |

| 193 園 **refrain** [rɪfréɪn] | 自 差し控える，やめる |
| □ **refrain** from smoking (喫煙を控える) |

| 194 園 **suspend** [səspénd] | 他 を一時中断する；をつるす |
| □ **suspend** the production of cars (車の製造を停止する) |
| ○ **suspension** [səspénʃən] 名 一時停止；未決定；つるす〔つるされる〕こと |

| 195 園 **abolish** [əbáːlɪʃ] | 他 を廃止〔撤廃〕する |
| □ **abolish** the death penalty (死刑を廃止する) |
| ○ **abolition** [æ̀bəlíʃən] 名 (制度・慣習などの) 廃止，撤廃 |

| 196 **traumatic** [trəmǽtɪk] | 形 トラウマになる；ショッキングな |
| □ **traumatic** experiences (トラウマになる経験) |
| ○ **trauma** [tráʊmə] 名 心的外傷，トラウマ |

| 197 **enrage** [ɪnréɪdʒ] | 他 をひどく怒らせる |
| □ be **enraged** by his remarks (彼の発言に激怒する) |

| 198 **aggressively** [əgrésɪvli] | 副 攻撃的に；積極的に |
| □ react **aggressively** (攻撃的に反応する) |
| ○ **aggressive** [əgrésɪv] 形 攻撃的な；積極的な |

199 adaptive [ədǽptɪv]	形 適応性のある，適応できる	

形 適応性のある，適応できる
□ **adaptive** behavior（適応行動）
○ **adapt** [ədǽpt] 自 (〜に) 適応する (to) 他 を適応させる；を合わせる

200 関 **socialize** [sóuʃəlàɪz]

自 社交的に活動する；(〜に) 溶け込む (with)
他 (人) を社会生活に適合させる；(子供など) をしつける
□ **socialize** with one's colleagues（同僚と交際する）

201 threat [θrét]

名 脅威；脅迫
□ be faced with the **threat** of famine（飢饉の脅威に直面している）
○ **threaten** [θrétn] 他 をおどす，おびやかす；(〜する) 恐れがある (to *do*)

202 関 **menace** [ménəs]

名 脅威；おどし 他 に脅威を与える；を脅迫する
□ a **menace** to freedom（自由に対する脅威）

203 関 **intimidate** [ɪntímədèɪt]

他 をおどす
□ be **intimidated** by the atmosphere（雰囲気に圧倒される）
○ **intimidation** [ɪntìmədéɪʃən] 名 おどし，威嚇

204 powerful [páʊərfl]

形 強力な；影響力のある，有力な
□ have a **powerful** influence on children（子供に強い影響力を持つ）

205 関 **masculine** [mǽskjəlɪn]

形 男性的な，男らしい；力強い
名 男性；男性形 (の語)
□ distinction between **masculine** and feminine roles（男性的な役割と女性的な役割の区別）

206 defend [dɪfénd]

自 他 守る；防御する
□ **defend** her against the charge（その告発に対して彼女を弁護する）

207 関 **avert** [əvə́rt]

他 (事故・危険など) を避ける，防ぐ；(目・考えなど) をそらす 自 (目・注目・顔を) そらす；そむける
□ **avert** one's eyes from the scene（その光景から目をそらす）

208 関 **evade** [ɪvéɪd]

他 を避ける，回避する
□ **evade** paying taxes（脱税する）

推測で学ぶ接頭辞・接尾辞　**8**　-ity

STEP 1：接尾辞の推測　次の語から -ity の意味を推測してみよう。

intensity (→ 174)　　　　　probability

■ 接尾辞 -ity は，「**性質，状態**」などの意味を表す名詞を作ります。

intense (強烈な) + -ity (性質)　　　→ **intensity** (強烈さ)
probable (ありそうな) + -ity (状態)　→ **probability** (見込み)

STEP 2：未知語の推測　-ity の意味を意識して，太字の語の意味を推測しよう。

My mother always shows **generosity** to others.

訳 私の母はいつでも他の人に対して寛容です。

generous (寛大な) + -ity (性質)　　　→ **generosity** (寛大さ)

²⁰⁹ **variability** [vèəriəbíləti]	名 変わりやすいこと，変異性	
	□ natural **variability** in the climate (気候の自然変動)	
	○ **variable** [véəriəbl] 形 変わりやすい 名 変数	
²¹⁰ **dignity** [dígnəti]	名 威厳；尊厳	
	□ a person of **dignity** (威厳のある人)	
	○ **dignify** [dígnəfài] 他 に威厳をつける；を立派にみせかける	
²¹¹ **generosity** [dʒènərá:səti]	名 寛大さ；気前のよさ	
	□ show **generosity** to others (他人に対して寛大さを見せる)	
	○ **generous** [dʒénərəs] 形 寛大な；気前のよい	
	関 **mobility** [moubíləti] 名 移動性，動きやすさ	
	○ **mobile** [móubl, -bi:l] 形 動きやすい；移動式の；流動的な	
	関 **hostility** [ha:stíləti] 名 敵意，反感	
	○ **hostile** [há:stl] 形 敵意〔反感〕を持った；相反する	
	関 **reliability** [rɪlàɪəbíləti] 名 信頼性，信頼度	
	○ **reliable** [rɪláɪəbl, rə-] 形 信頼できる	
	関 **sexuality** [sèkʃuǽləti] 名 性的関心，性欲	
	○ **sexual** [sékʃuəl] 形 性の；男女間の	

STEP 1：接頭辞の推測 次の語から en- の意味を推測してみよう。

enrage（→ 197）	encourage

■ 接頭辞 en- は，名詞に付いて「**…の中に入れる，…を与える**」という意味の動詞を作ります。

en-（…の中に入れる）＋ rage（怒り）　　→ **enrage**（ひどく怒らせる）

en-（…を与える）＋ courage（勇気）　　→ **encourage**（励ます）

STEP 2：未知語の推測 en- の意味を意識して，太字の語の意味を推測しよう。

(1) I **enrolled** in the online course.

(2) We have to **enforce** the law strictly.

訳 (1) 私はそのオンラインコースに**登録した**。

en-（…の中に入れる）＋ roll（名簿）　　→ **enroll**（登録する）

(2) 我々はその法律を厳正に**施行し**なければならない。

en-（…を与える）＋ force（力）　　　　→ **enforce**（施行する）

212	**enforce** [ɪnfɔ́ːrs]	他 を施行する；を遵守させる □ **enforce** the law strictly（その法律を厳正に施行する） ○ **enforcement** [ɪnfɔ́ːrsmənt] 名 施行，実施；強制
213	**enroll** [enróul, -róuwəl]	自 入学〔入会〕する，登録する 他 を入学〔入会〕させる □ **enroll** in the online course（オンラインコースに登録する） ○ **enrollment** [enróulmənt] 名 入学，入会，登録
214	**endeavor** [ɪndévər]	自 （～しようと）努める（to *do*） □ **endeavor** to reach the South Pole（南極にたどり着こうと努める）

圏 **enact** [ɪnǽkt] 他 （法律）を制定する

圏 **encompass** [ɪnkʌ́mpəs] 他 を含む，包含する；を取り囲む

圏 **ensue** [ɪns(j)úː] 自 結果として起こる，続く

圏 **empower** [ɪmpáuər] 他 に権限〔能力〕を与える

1 **1** Being funny is possibly one of the best things you can do for your health. You can almost think of a sense of humor as your mind's immune system. People at risk for **depression** tend to fall into **depressive episodes** when exposed to some kind of negative stimuli, 5 and afterwards, it becomes easier and easier for them to **relapse** into depression. However, **reframing** a negative event in a humorous light acts as a kind of emotional filter, preventing the **negativity** from triggering a depressive episode.

2 Humor doesn't just guard against depression. It also improves 10 people's overall quality of life. Researchers have found that people who score highly in certain types of humor have better self-**esteem**, more positive affect, greater self-**competency**, more control over anxiety, and better performance in social interactions. Not all kinds of humor are made equal, however. In the same study, the researchers identified 15 four types of humor: **affiliative** humor, or humor designed to strengthen social bonds; self-enhancing humor, which is **akin** to having a humorous view of life in general; aggressive humor, such as **mocking** others; and self-defeating humor, in which individuals encourage jokes that self-**deprecate** or have themselves as the target. （195 words）

1 おもしろおかしくふるまうことは, ひょっとしたら, あなたが健康のために行える最善のことの1つかもしれない。ユーモアのセンスは心の免疫系であるとほぼ考えてもよい。<u>うつ病</u>の危険がある人々は, ある種の否定的な刺激にさらされたとき, <u>うつ病エピソード</u>に陥る傾向があり, その後, どんどんうつ病を<u>再発し</u>やすくなる。しかし, 否定的な出来事をユーモラスな光の下で<u>見直す</u>ことは, 一種の感情的フィルターとして働き, <u>否定的なこと</u>がうつ病エピソードを引き起こすのを防いでくれる。

2 ユーモアは, うつ病に対して防御してくれるだけではない。それは, 人々の生活の質全体を向上させてもくれる。研究者たちは, 特定の種類のユーモアに関して高い値を示す人々が, よりよい<u>自尊心</u>と, より前向きな感情と, より大きな自分が<u>有能であるという意識</u>, より強い不安制御力と, 社会的交流におけるよりよい実行能力を持っていることを発見している。しかし, すべての種類のユーモアが等価とされるわけではない。同じ研究で, 研究者たちは4つの型のユーモアを特定した。<u>親和的</u>ユーモア, つまり社会的きずなを強めることを意図したユーモア。自己高揚的ユーモア, これは人生一般についてユーモラスな見方をしていることと<u>同類の</u>もの。攻撃的ユーモア, 例えば他人を<u>ばかにする</u>ことなど。自虐的ユーモア, これは個人が自分を<u>卑下したり</u>自分を対象にしたりする冗談を好んで言うようなもの, という4つである。

❓推測しよう！—考え方—　　　　　　**！推測原則2**

文の形に注目しよう。 relapse into depression は, その前にある fall into depressive episodes と文の形がよく似ているので, relapse は fall と同じような意味なのではないかと推測できる。「よく似た文の形」を活用して未知語の意味を推測するのはとても有用なので, 覚えておこう。

215 **depression** [dɪpréʃən]	名 憂うつ；うつ病；不景気　◆ press「押す」 □ fall into a **depression**（ふさぎ込む） ○ **depress** [dɪprés] 他 を落胆させる ○ **depressing** [dɪprésɪŋ] 形 意気消沈させる，気を重くさせる
216 圓 **slump** [slʌ́mp]	自 前かがみになる；どすんと落ちる；衰える 名 スランプ，不調 □ **slump** over in the chair（いすにぐったり座り込む）
217 **depressive** [dɪprésɪv]	形 憂うつな；うつ病の　◆ press「押す」 □ treat **depressive** illness（うつ病を治療する）
218 圓 **gloomy** [glúːmi]	形 暗い；陰うつな；悲観的な □ the **gloomy** economic forecasts（悲観的な経済予測） ○ **gloom** [glúːm] 名 憂うつ，陰うつ；暗がり
219 圓 **melancholy** [mélənkàːli]	形 憂うつな，もの悲しい　名 憂うつ；哀愁 □ be in a **melancholy** mood（憂うつな気分である）
220 圓 **oppressive** [əprésɪv]	形 重苦しい，過酷な；圧制的な；暑苦しい □ stand up to an **oppressive** regime（圧政に立ち向かう） ○ **oppress** [əprés] 他 を圧迫する；を悩ませる ○ **oppression** [əpréʃən] 名 圧迫，圧制，憂うつ
	圓 **repressive** [rɪprésɪv] 形 抑圧的な；弾圧的な ○ **repress** [rɪprés] 他 を抑制する；を鎮圧する ○ **repression** [rɪpréʃən] 名 抑圧；鎮静
	圓 **compress** [kəmprés] 他 を圧縮する；（文章など）を縮める ○ **compression** [kəmpréʃən] 名 圧縮；要約
221 **episode** [épəsòud]	名 （特別な）出来事，エピソード；（連続小説（ドラマ）の）1話　◆ epi-「上に」 □ forget the whole **episode**（その出来事をすべて忘れる）
	圓 **epilogue** [épəlɔ̀(ː)g] 名 結語《上につけ加えた言葉》
222 **relapse** [rɪlǽps]	自 （元の状態へ）逆戻りする；（病気が）再発する □ **relapse** into silence（再び黙り込む）

---

223 **reframe**
[rɪfréɪm]

他 を組み立て直す

□ **reframe** the question（質問を言い換える）

---

224 **negativity**
[nègətívəti]

名 否定的態度，消極性

□ have an attitude of **negativity**（消極的な態度をとる）

○ **negative** [négətɪv] 形 否定的な；消極的な；悪い

---

225 **esteem**
[ɪstíːm]

名 尊敬，尊重，評価　他 を尊ぶ；と見なす〔思う〕

□ hold the novelist in high **esteem**（その小説家を高く評価する）

---

226 **competency**
[ká:mpɪtnsi]

名 能力，適性　⬥ competence のほうがふつう

□ basic English **competency**（基本的な英語能力）

---

227 **affiliate**
[əfílièɪt]

他 自 加入させる〔する〕；提携させる〔する〕

□ **affiliate** oneself to the party（その政党に加入する）

○ **affiliative** [əfíliətɪv] 形 仲間意識を高める，親和的な

○ **affiliation** [əfìliéɪʃən] 名 加入；提携

---

228 関 **ally** [ǽlaɪ]

自 結びつく；連合する　他《～ oneself》同盟する，協力する　名 同盟者〔国〕

□ military **ally**（軍事的同盟）

○ **alliance** [əláɪəns] 名 同盟，連合（関係）

---

229 関 **align** [əláɪn]

他 を一列に並べる，整列させる；《～ oneself》提携〔連合〕する

□ **align** themselves to each other（互いに足並みをそろえる）

---

230 **akin**
[əkín]

形 同様の，同種の；類似した

□ Pity is **akin** to love.（《ことわざ》あわれみと恋は紙一重）

---

231 **mock**
[má:k]

他 をあざける；をまねしてばかにする

自（～を）あざける（at）

□ **mock** his accent（彼のなまりをばかにする）

79

232 □ **deprecate** [déprəkèit]	他 を非難する；に反対を唱える □ **deprecate** war (戦争に反対する)
233 □ 関 **denounce** [dɪnáʊns]	他 を非難する；を責める □ **denounce** him as a traitor (彼を裏切り者と非難する)
234 □ 関 **deplore** [dɪplɔ́ːr]	他 を非難する, 遺憾に思う；を嘆き悲しむ □ **deplore** his bad manners (彼の行儀の悪さを遺憾に思う) 関 **depreciate** [dɪpríːʃièit] 他 を見くびる, 軽視する；の価値を下げる

まとめてチェック	**7** 軽蔑 C, 231 mock
235 □ **despise** [dɪspáɪz]	他 を軽蔑する □ **despise** oneself (自己嫌悪に陥る)
236 □ **disdain** [dɪsdéin]	名 軽蔑 他 を軽蔑する □ feel **disdain** for the politician (その政治家を軽蔑する) ○ **disdainful** [dɪsdéinfl] 形 軽蔑的な, 軽視する, 尊大な
237 □ **scorn** [skɔ́ːrn]	名 軽蔑 他 を軽蔑する, (軽蔑して) を拒絶する □ look at the politician with **scorn** (その政治家を軽蔑の目で見る) ○ **scornful** [skɔ́ːrnfl] 形 (〜に) 軽蔑的な (of)
238 □ **cynical** [sínɪkl]	形 軽蔑する；冷笑的な, 皮肉な, ひねくれた □ be **cynical** about electoral promises (選挙公約に対して冷笑的である) ○ **cynicism** [sínəsìzm] 名 皮肉 (な態度)
239 □ **contempt** [kəntémpt]	名 (〜に対する) 侮辱, 軽蔑 (for) □ have **contempt** for smokers (喫煙者を軽蔑している) ○ **contemptuous** [kəntémptʃuəs] 形 軽蔑するような；(〜を) 軽蔑して (of) ○ **contemptible** [kəntémptəbl] 形 軽蔑されるべき, 卑劣な

次の英単語は日本語でカタカナ語になっているものです。カタカナ語との発音の違いとつづりを確認しよう。

□ **cabin** [kǽbɪn] □キャビン, 船室, 客室

□ **cabinet** [kǽbənət] □キャビネット, 戸棚

□ **cable** [kéɪbl] □ケーブル

□ **catalogue** [kǽtəlɔ̀ːg] □カタログ

□ **circuit** [sə́ːrkət] □サーキット, 回路

□ **clip** [klíp] □クリップ, 切る (こと)

□ **cluster** [klʌ́stər] □クラスター, 房, かたまり, 集団

□ **collar** [kάːlər] □カラー, えり

□ **coordinate** [kouɔ́ːrdənèɪt] □コーディネートする, 調和させる, まとめる

□ **copyright** [kάːpɪràɪt] □コピーライト, 著作権

□ **cottage** [kάːtɪdʒ] □コテージ, 小別荘, 山荘

□ **cotton** [kάːtn] □コットン, 綿

□ **coupon** [kúːpɑːn] □クーポン, 割引券, 引換券

□ **cult** [kʌ́lt] □カルト, 新興宗教団体, 熱狂

□ **curriculum** [kəríkjələm] □カリキュラム, 教育課程

□ **cynical** [sínɪkl] □シニカルな, 冷笑的な

□ **deadline** [dédlàɪn] □デッドライン, 締切

□ **debut** [deɪbjúː] □デビュー, 初舞台 《フランス語》

□ **deck** [dék] □デッキ, 甲板

□ **decoration** [dèkəréɪʃən] □デコレーション, 飾りつけ

□ **dilemma** [dɪlémə, daɪ-] □ジレンマ, 板ばさみ

□ **dynamic** [daɪnǽmɪk] □ダイナミックな, 活動的な, 精力的な

推測で学ぶ接頭辞・接尾辞 **10** re- (2)

STEP 1：接頭辞の推測 次の語から re- の意味を推測してみよう。

<u>re</u>lapse (→ 222)　　　　　<u>re</u>frame (→ 223)

■ 接頭辞 re- には,「反対に, 下に, 後ろに」という意味 (→ p.67) のほかに「再び」という意味もあります。

re- (再び) + lapse (下落する)　　　　→ **relapse** (逆戻りする)

re- (再び) + frame (組み立てる)　　　→ **reframe** (組み立て直す)

STEP 2：未知語の推測 re- の意味を意識して, 太字の語の意味を推測しよう。

(1) The economy has started to show signs of **recovery**.

(2) She **regained** her strength slowly.

訳 (1) 経済は**回復**の兆しを見せ始めた。

re- (再び) + covery (欠けたところを覆うこと)　→ **recovery** (回復)

(2) 彼女はゆっくりと体力を**回復した**。

re- (再び) + gain (手に入れる)　　　　　　　　→ **regain** (回復する)

240 **reconcile** [rékənsàɪl]	他 を (~と) 和解させる；を (~と) 調和させる (with)；を調停する　自 和解する □ **reconcile** one's ideals with reality (理想と現実を一致させる) ○ **reconciliation** [rèkənsɪliéɪʃən] 名 和解
241 **recovery** [rɪkʌ́vəri]	名 回復；取り戻すこと；復旧 □ show signs of **recovery** (回復の兆しを見せる) ○ **recover** [rɪkʌ́vər, rə-] 自 (~から) 回復する (from) 他 を取り戻す
242 **regain** [rɪɡéɪn]	他 を (~から) 回復する, 取り戻す (from)；に戻る, 帰り着く □ **regain** one's strength (体力を回復する)
243 **retrieve** [rɪtríːv]	他 を (~から) 取り戻す, 回収する；を回復する；を (~から) 救う (from) □ **retrieve** most of the data (ほとんどのデータを復旧する) ○ **retrieval** [rɪtríːvl] 名 回収, 回復；(情報) 検索

revive [rɪváɪv]

他 を蘇生させる；の息を吹き返させる，(制度・習慣など)を復活させる　自 生き返る；意識を回復する

□ **revive** old memories (古い記憶をよみがえらせる)

○ **revival** [rɪváɪvəl]　名 生き返ること；復活；再上演 (上映)

関 **rebuild** [rìːbíld]　他 を建て直す；を再建 (再興) する

関 **reconstruct** [rìkənstrʌ́kt]　他 を再建する；を再現する

○ **reconstruction** [rìkənstrʌ́kʃən]　名 再建；復興；再現

関 **recount** [rɪkáʊnt]　他 をくわしく (順を追って) 話す

関 **renew** [rɪn(j)úː]　他 を再び新しくする；を更新する

○ **renewal** [rɪn(j)úːəl]　名 再開，復活；更新

関 **renown** [rɪnáʊn]　名 名声，賞賛

関 **reproduce** [rìːprəd(j)úːs]　他 を複製 (複写) する；を繁殖させる

○ **reproduction** [rìːprədʌ́kʃən]　名 複製 (複写) (したもの)；繁殖

関 **revenge** [rɪvéndʒ]　他 に仕返しする　名 報復，仕返し

1 **1** The positive **contributions** mentioned above only occurred when
individuals scored highly in affiliative and self-enhancing humor, while
aggressive and self-defeating humor was associated with poorer overall
well-being and higher anxiety and depression. So, when cultivating
5 your sense of humor, it's important to strive for the right kind —
besides, it's a **crummy** thing to make fun of others **anyhow**.

2 In addition to working as a mental immune system, research has
shown that humor can actually improve your physical immune system.
Laughter can also improve **cardiovascular** health and lowers heart
10 rates, blood pressure, and muscular **tension**.

3 **Aside** from improving your health, laughter can be a productivity
tool as well. A study from Northeastern University found that
volunteers who watched a comedy were **measurably** better at
solving a word association puzzle that relied on creative thinking as
15 compared to **control groups** that watched **horror** films or **quantum**
physics lectures. Another study measured people's performance on a
brainstorming task and found that participants who were asked to
come up with a New Yorker-style **caption** generated 20% more ideas
than those who did not.   (180 words)

1 上述の有益な<u>寄与</u>は，個々人が親和的ユーモアと自己高揚的ユーモアにおいて高い値を示すときにだけ発生する一方で，攻撃的ユーモアと自虐的ユーモアは，全般的な幸福感が低いことや，不安とうつ状態が強いことに関連していた。だから，ユーモアのセンスを養成するときには，正しい種類（のユーモア）を目指して励むことが重要だ―それに，他人をばかにするのは，<u>いずれにせよつまらない</u>ことだ。

2 研究によれば，心の免疫系として働くのに加え，ユーモアは体の免疫系を実際に改善することもできる。笑いは，<u>心臓血管の</u>健康を改善することができ，心拍数と血圧と筋肉の<u>緊張</u>を抑える。

3 健康を改善すること<u>に加えて</u>，笑いは生産性を高める<u>道具</u>にもなり得る。ノースイースタン大学の研究によると，喜劇を見たボランティア〔自発的な被験者〕は，<u>ホラー</u>映画や<u>量子</u>物理学の講義を見た<u>統制群</u>と比べて，創造的思考に依存する単語連想パズルを解くのが，<u>かなり</u>うまかった。別の研究は，<u>ブレインストーミング</u>の課題における人々の成績を測定し，ニューヨーカー風の<u>キャプション</u>を考え出すよう依頼された参加者は，そうでない参加者よりも20％多くのアイデアを生み出すことを発見した。

❓推測しよう！ ―考え方―　　**(!)推測原則1**

文脈から推測しよう。直前の文に「正しい種類のユーモアを目指して励むことが重要だ」とあるので，to make fun of others（他人をばかにすること）が正しいユーモアかどうかを考えればよい。そうすれば，a crummy thing は a bad thing くらいの意味になると推測できるだろう。

85

245 contribution [kὰːntrɪbjúːʃən]	名 貢献, 寄与, 一因となるもの; 寄付 (金); (血液・臓器などの) 提供
	□ make a large **contribution** to society (社会に大きく貢献する)
	○ **contribute** [kəntríbjuːt] 自 貢献する, 寄与する 他 を寄付する; を寄稿する
	○ **contributive** [kəntríbjətɪv] 形 寄与する
	○ **contributory** [kəntríbjətɔːri] 形 寄付の; 一因の

246 関 donation [doʊnéɪʃən]	名 寄贈 (寄付); (血液・臓器などの) 提供
	□ make a large **donation** to a charity (慈善団体に多額の寄付をする)
	○ **donate** [dóʊneɪt] 他 を寄贈 (寄付) する; (血液・臓器など) を提供する 自 寄付する
	○ **donor** [dóʊnər] 名 寄贈者; ドナー

247 関 endow [ɪndáʊ]	他 に寄付する; 《通例受身で》に (才能・能力などを) 授ける (with)
	□ be **endowed** with musical talent (音楽の才能に恵まれている)
	○ **endowment** [ɪndáʊmənt] 名 (組織などへの) 寄付金, 基金 (for); 寄付行為; (生まれながらの) 資質; 能力

248 関 feat [fíːt]	名 功績; (熟練・体力を要する) 妙技, 離れ業; 偉業
	□ perform a remarkable **feat** (偉業を成し遂げる)

249 crummy [krámi]	形 いやな; 薄汚れた
	□ stay at a **crummy** hotel (薄汚いホテルに泊まる)

250 anyhow [énihàʊ]	副 ともかく, いずれにせよ; いいかげんに
	□ Try it **anyhow**. (とにかくやってみよう)

251 cardiovascular [kὰːrdioʊvǽskjələr]	形 心臓血管の
	□ **cardiovascular** disease (心臓血管疾患)

252 tension [ténʃən]	名 緊張; (個人・国家間の) 緊張状態
	□ reduce military **tensions** (軍事的緊張を緩和する)

253 関 strife [stráɪf]	名 不和, 口論
	□ put an end to civil **strife** (内戦を鎮める)

254 関 **friction** [fríkʃən]	名 摩擦, 不和 □ cause **friction** between the two countries (二国間に摩擦を起こす)
255 **aside** [əsáid]	副 わきに；離して □ set money **aside** for an emergency (緊急時に備えてお金をとっておく)
256 関 **aloof** [əlúːf]	副 離れて；よそよそしくて □ remain **aloof** from the man (その男性によそよそしくする)
257 **tool** [túːl]	名 道具；手段 □ a powerful **tool** for collecting information (情報収集のための強力な手段)
258 関 **apparatus** [æ̀pərǽtəs, -réitəs]	名 装置, (一組の) 器具 □ wear breathing **apparatus** (呼吸装置を装着する)
259 関 **measurably** [méʒərəbli]	副 かなり, 目に見えて □ be **measurably** better than before (以前より目に見えてよくなっている) ○ **measurable** [méʒərəbl] 形 測定できる；かなりの, 目に見えるほどの
260 関 **comparative** [kəmpérətɪv]	形 比較の；かなりの □ make a **comparative** study of religion (宗教の比較研究をする) ○ **comparatively** [kəmpérətɪvli] 副 比較的；かなり 関 **decent** [díːsnt] 形 きちんとした；かなりの；親切な 関 **significant** [sɪgnífikənt] 形 重要な；(数・量が) かなりの；(統計) 有意の
261 **control group** [kəntróʊl grùːp]	名 (実験の) 対照群, 統制群 □ compare the difference between an experimental group and a **control group** (実験群と対照群の差を比較する)

| 262 **horror** [hɔ́(:)rər] | 名 恐怖；嫌悪
□ freeze with **horror**（恐怖で凍りつく） |
| 263 園 **fright** [fráɪt] | 名 (突然の・一時的な) 恐怖 (感)
□ suffer from stage **fright**（舞台で緊張する） |

| 264 **quantum** [kwá:ntəm] | 名 量子；(特定の) 量
□ **quantum** mechanics（量子力学）
園 **bulk** [bʌ́lk] 名 容積, 大きさ；《the ～》(～の) 大部分 (of)
○ **bulky** [bʌ́lki] 形 大きい, かさばった；大きくて扱いにくい |

| 265 **brainstorming** [bréɪnstɔ̀ːrmɪŋ] | 名 ブレインストーミング《自由にアイデアを出し合う問題解決法》
□ have a **brainstorming** session（ブレインストーミング会議を行う）
○ **brainstorm** [bréɪnstɔ̀ːrm] 名 ひらめき, 突然思いついた名案 |

| 266 **caption** [kǽpʃən] | 名 (写真・挿絵などの) 説明文, キャプション；字幕　◆ cap-「とらえる」
□ a picture with a **caption**（説明文付きの絵） |
| 267 園 **captivate** [kǽptəvèɪt] | 他 を魅了する, の心を奪う
□ be **captivated** by her story（彼女の物語に魅了される）
○ **captive** [kǽptɪv] 形 捕虜になった, 捕えられた；とりこになった
○ **captivity** [kæptívəti] 名 捕らわれていること；監禁 |

8 人体　　　　　　　　　🔊 251 cardiovascular

268 ☐ **vessel** [vésl]	名 (血液などを通す) 管；(大型の) 船 ☐ blood **vessel** (血管)
	関 **artery** [ɑ́ːrtəri]　名 動脈 関 **vein** [véin]　名 静脈, 血管
269 ☐ **tract** [trǽkt]	名 器官系；(神経組織の) 索；束, 土地〔海・空など〕の広がり ☐ the digestive **tract** of cows (牛の消化管)
270 ☐ **liver** [lívər]	名 肝臓, レバー ☐ develop **liver** disease (肝臓病になる)
	関 **kidney** [kídni]　名 腎臓 関 **lung** [lʌ́ŋ]　名 肺 関 **trachea** [tréikiə]　名 気管 関 **gullet** [gʌ́lət]　名 食道 関 **duodenum** [d(j)ùːədíːnəm]　名 十二指腸 関 **intestine** [intéstin]　名 腸
271 ☐ **abdominal** [æbdɑ́ːmənl]	形 腹部の　名 《通例〜 s》腹筋 ☐ develop **abdominal** pain (腹痛を起こす)
	関 **anatomy** [ənǽtəmi]　名 解剖学；解剖学的構造

カタカナ語チェック E-G

次の英単語は日本語でカタカナ語になっているものです。カタカナ語との発音の違いとつづりを確認しよう。

□ **elbow** [élboʊ] 　　　　　　　　　□ エルボー, ひじ

□ **electronics** [ɪlèktrάːnɪks] 　　　□ エレクトロニクス, 電子工学

□ **elite** [ɪlíːt, eɪ-] 　　　　　　　　□ エリート, 選ばれた人たち

□ **escalate** [éskəlèɪt] 　　　　　　□ エスカレートする, 段階的に上昇〔増大〕する

□ **format** [fɔ́ːrmæt] 　　　　　　　□ フォーマット, 形式, 構成

□ **forum** [fɔ́ːrəm] 　　　　　　　　□ フォーラム, 公開討論会

□ **gamble** [gǽmbl] 　　　　　　　□ ギャンブル, 賭け

□ **gang** [gǽŋ] 　　　　　　　　　　□ ギャング, 暴力団

□ **gasoline** [gǽsəlìːn] 　　　　　　□ ガソリン

□ **gay** [géɪ] 　　　　　　　　　　　□ ゲイ, 同性愛者

□ **gear** [gíər] 　　　　　　　　　　□ ギア, 歯車

□ **generic drug** [dʒənérɪk drʌ́g] 　□ ジェネリック〔後発〕医薬品

□ **genre** [ʒάːnrə] 　　　　　　　　□ ジャンル, 種類《フランス語》

□ **gentleman** [dʒéntlmən] 　　　　□ ジェントルマン, 紳士

□ **gossip** [gάːsəp] 　　　　　　　　□ ゴシップ, うわさ話

□ **graphic** [grǽfɪk] 　　　　　　　□ グラフィック, 画像, 図表

□ **guerrilla** [gərílə] 　　　　　　　□ ゲリラ (兵), 不正規兵

□ **guts** [gʌ́ts] 　　　　　　　　　　□ ガッツ, 根性, 勇気

STAGE 2

1　　People generally know soon enough when they are **dehydrated**, in
need of food, or exposed to some kind of **noxious** stimulus. They start
experiencing **unpleasant subjective** feelings such as **thirst**, hunger,
and pain which **goad** them into taking appropriate **corrective** action.
5 Messages of this kind have also evolved to **notify** us when we are
separated from and in need of close, **affectionate** contact with others.
These messages are often **collectively** referred to as "loneliness".
Loneliness is something that nearly everyone experiences at some stage
during their lives and it can be caused by almost any event involving
10 a change in the quality or number of one's social **relationships**. The
death of a close friend or relative, or a divorce or **separation**, are
extreme examples, although even relatively minor **upheavals** can also
create profound distress.　　　　　　　　　　　　　　　　(134 words)

一般に，人は<u>脱水状態になった</u>り，食べ物を必要としたり，何らかの<u>有害</u>刺
激にさらされたりすると，すぐにそのことに気づくものだ。<u>のどの渇き</u>や空腹
感，痛みといった<u>不快な</u> <u>主観的</u>感覚を覚え始め，それにより適切な<u>是正</u>措置を
とる<u>ことになる</u>のである。このような（自分に危険を知らせる）メッセージは，
私たちが他者との親密で<u>愛情に満ちた</u>接触から切り離されたり，そういう接触
を必要としたりしている時に，そのことを<u>知らせて</u>くれるようにも発達してき
た。このようなメッセージは，しばしば<u>まとめて</u>「孤独感」と呼ばれる。孤独感
は，ほとんど誰もが人生のある時期に経験するものであり，それは人との社会
的<u>関係</u>が質的・量的に変化する場合には必ずと言っていいほど生じ得るもの
なのである。親しい友人や身内の死，離婚や<u>別離</u>などは極端な例であるが，比
較的小さな<u>変化</u>であっても，深い苦悩をもたらすことがあり得る。

推測しよう！ ―考え方―

推測原則⑤

単語の構造から推測しよう。 接頭辞 de- には「**反…，脱…**」の意味がある。ま
た，hydrate は，hydrogen（水素）を参考に，hydr- が「**水**」に関係しているので
はないかと気づければ，「**脱水する**」という意味が推測できるだろう。あとに
thirst などの単語があることからも，推測が正しかったことが判断できる。

272 **dehydrate** [di:háɪdreɪt]	他 を脱水する，（野菜など）から水分を抜く □ become severely **dehydrated**（深刻な脱水状態に陥る） ⇔ **hydrate** [háɪdreɪt] 他 に水分を与える 名 水和物
273 関 **moist** [mɔ́ɪst]	形 しっとりとした，湿った □ keep the soil **moist**（土の湿り気を保つ） ○ **moisture** [mɔ́ɪstʃər] 名 湿気，水分
274 関 **humid** [hjú:mɪd]	形 湿気のある □ a hot and **humid** climate（高温多湿の気候） ○ **humidity** [hju:mídəti] 名 湿気，湿度 関 **damp** [dǽmp] 形 湿った，じめじめした
275 関 **drought** [dráʊt]	名 ひでり，干ばつ □ suffer severe **drought**（ひどい干ばつに苦しむ）

276 **noxious** [ná:kʃəs]	形 有害な，有毒な □ give off **noxious** fumes（有害なガスを出す）
277 関 **hazardous** [hǽzərdəs]	形 危険な，冒険的な □ throw away **hazardous** waste（有害廃棄物を捨てる） ○ **hazard** [hǽzərd] 名 危険；偶然

278 **unpleasant** [ʌnpléznt]	形 不愉快な □ have an **unpleasant** experience（不愉快な思いをする） ⇔ **pleasant** [pléznt] 形 楽しい；心地よい
279 関 **cozy** [kóʊzi]	形 居心地のよい □ a **cozy** little restaurant（居心地のよいこぢんまりしたレストラン）

280 **subjective** [səbdʒéktɪv]	形 主観的な（⇔ objective） □ have a **subjective** view（主観的な見解を持つ）

281	thirst [θə́ːrst]	名 のどの渇き；(〜に対する) 渇望 (for) □ quench one's **thirst** (のどの渇きをいやす) ○ **thirsty** [θə́ːrsti] 形 のどの渇いた；渇望する；乾燥した 関 **aspire** [əspáiər] 自 あこがれる；熱望する ○ **aspiration** [æ̀spəréiʃən] 名 熱望、野望
282	関 **pant** [pǽnt]	自 あえぐ；あえぎながら動く 他 をあえぎながら言う 名 あえぎ，息切れ □ **pant** for breath (息を切らしてあえぐ)
283	goad [góud]	他 を駆り立てる，駆り立てて (〜) させる (into *doing* / to *do*) 名 駆り立てるもの；突き棒 □ **goad** her into telling the truth (彼女を駆り立てて真実を言わせる)
284	corrective [kəréktɪv]	形 改める，正す □ take **corrective** action (是正措置をとる) ○ **correct** [kərékt] 形 正しい，ふさわしい 他 を訂正する ○ **correction** [kərékʃən] 名 訂正，矯正 ○ **correctness** [kəréktnəs] 名 正確さ，(言動の) 適切さ 関 **amend** [əménd] 他 を修正する ○ **amendment** [améndmənt] 名 (法律の) 修正，改正
285	notify [nóutəfài]	他 に (〜を) 知らせる，通知する (of) □ **notify** her of the result (彼女に結果を通知する)
286	affectionate [əfékʃənət]	形 愛情のこもった，やさしい □ send her an **affectionate** letter (彼女に愛情のこもった手紙を送る)
287	collectively [kəléktɪvli]	副 集合的に；共同で □ be **collectively** known as GAFA (総称して GAFA として知られている) ○ **collective** [kəléktɪv] 形 集合的な；共通の

288 relationship [rɪléɪʃənʃɪp, rə-]	名関係；親密な関係
	□ the close **relationship** between the two countries （二国間の緊密な関係）

289 関 linkage [líŋkɪdʒ]	名関連；連鎖
	□ the **linkage** between wages and prices（賃金と物価の 連動性）

290 separation [sèpəréɪʃən]	名分離
	□ the **separation** of church and state（政教分離） ○ **separate** 動 [sépərèɪt] 形 [sépərət] 他 を分ける 形 離れた

291 関 diverge [dəvə́ːrdʒ]	自 (~から) 分岐する, 分かれる (from)；(意見・関心など が) 分裂する；(~と) 異なる (from)
	□ **diverge** from the planned route（予定していたルート から外れる）

292 upheaval [ʌphíːvl]	名大変動, 激変
	□ face political **upheaval**（政治の激変に直面する） 関 **conversion** [kənvə́ːrʒən, -ʃən] 名 転換, 変化；転向 ○ **convert** [kənvə́ːrt] 他 （機能上）を変える

❾ 愛憎 ↺286 affectionate

293 ☐	**adore** [ədɔ́ːr]	他 を心から愛する，が大好きである ☐ **adore** one's cat（飼い猫を心から愛する） 囲 **charity** [tʃérəti, tʃǽr-] 名（キリスト教的な）愛；施し物； 慈善（団体） 囲 **patriot** [péɪtriət] 名 愛国者 ○ **patriotic** [pèɪtriɑ́ːtɪk] 形 愛国の ○ **patriotism** [péɪtriətìzm] 名 愛国心
294 ☐	**tender** [téndər]	形 優しい；同情的な；柔らかい，(体の一部が)敏感な，きゃしゃな ☐ **tender** loving care（優しく思いやりのある世話）
295 ☐	**yearn** [jɔ́ːrn]	自 あこがれる，慕う；(～することを) 切望する (to *do*) ☐ **yearn** to travel abroad（海外旅行をしたがっている）
296 ☐	**hatred** [héɪtrɪd]	名 憎しみ，憎悪，嫌悪 ☐ feel a deep **hatred** for the criminal（犯人に強い憎しみを覚える）
297 ☐	**abhor** [æbhɔ́ːr]	他 を忌み嫌う，憎悪する ☐ **abhor** all forms of racism（あらゆる人種差別を憎悪する） ○ **abhorrence** [æbhɔ́ːrəns] 名 嫌悪 ○ **abhorrent** [æbhɔ́ːrənt] 形 とても嫌な
298 ☐	**jealous** [dʒéləs]	形 (～を / ～であることを) ねたんで，嫉妬して (of / that 節)，嫉妬深い ☐ be **jealous** of other people's success（他人の成功をねたむ） ○ **jealousy** [dʒéləsi] 名 (～に対する) 嫉妬，やきもち，ねたみ (of, over)；強い警戒心
299 ☐	**envious** [énviəs]	形 うらやんで；うらやましそうな ☐ be **envious** of his happiness（彼の幸せをうらやむ） ○ **envy** [énvi] 名 嫉妬；羨望の的 他 をうらやましく思う，ねたむ

97

推測で学ぶ接頭辞・接尾辞 11 sub-

STEP 1：接頭辞の推測 次の語から sub- の意味を推測してみよう。

subjective (→ 280)　　　　subway

■ 接頭辞 sub- は，「下，(序列の) 下位，副」という意味を表します。

sub- (下に) + jective (投げられて)　　　→ **subjective** (主観的な)

sub- (下の) + way (道)　　　→ **subway** (地下鉄；地下道)

STEP 2：未知語の推測 sub- の意味を意識して，太字の語の意味を推測しよう。

(1) Please **submit** your art history essay by Friday.

(2) **Subtract** 10 from 100 and you get 90.

訳 (1) 金曜までに美術史のレポートを**提出して**ください。

sub- (下に) + mit (置く)　　　→ **submit** (受け入れる；提出する)

(2) 100 から 10 を**引く**と 90 になる。

sub- (下に) + tract (引く)　　　→ **subtract** (減じる，引く)

300	**submit** [səbmít]	他 を受け入れる；を服従させる；を提出する □ **submit** an art history essay (美術史のレポートを提出する) ○ **submission** [səbmíʃən] 名 服従，従順；提出
301	**subtract** [səbtrǽkt]	他 を減じる，引く □ **subtract** 10 from 100 (100 から 10 を引く)

関 **subordinate** [səbɔ́ːrdənət] 形 下位の；従属した

関 **subsidy** [sʌ́bsədi] 名 補助金，助成金

推測で学ぶ接頭辞・接尾辞 **12** -ify

STEP 1：接尾辞の推測　次の語から -ify の意味を推測してみよう。

notify (→ 285)　　　　　classify

■ 接尾辞の -ify は，「…にする」「…になる」という意味の動詞を作ります。

not（知る）＋ -ify（…にする）　　　　→ **notify**（知らせる）

class（分類）＋ -ify（…にする）　　　→ **classify**（分類する）

STEP 2：未知語の推測　-ify の意味を意識して，太字の語の意味を推測しよう。

(1) You should **clarify** your position.

(2) Her statement was **verified** by the witness.

訳 (1) あなたは自分の立場を**明らかにする**べきだ。

clar（明るい）＋ -ify（…にする）　　→ **clarify**（明らかにする）

(2) 彼女の発言はその証人によって**証明**された。

ver（真実の）＋ -ify（…にする）　　→ **verify**（証明する）

---

302 **clarify** [klǽrɪfàɪ]　他 を明らかにする　自 明らかになる
□ **clarify** one's position（自分の立場を明らかにする）

- 関 **intensify** [ɪnténsəfàɪ]　他 を強くする；を増大する
  自 強くなる
- 関 **specify** [spésəfàɪ]　他 を明記する，の明細を述べる
- 関 **testify** [téstəfàɪ]　自 （法廷で）証言する；証明する
  他 だと証言する
- 関 **unify** [júːnəfàɪ]　他 を一体化する，統一する
- 関 **verify** [vérəfàɪ]　他 が正しいか確認する，を証明〔立証〕する
- 関 **exemplify** [ɪgzémpləfàɪ, egz-]　他 のよい例となる；を例示する
- 関 **amplify** [ǽmpləfàɪ]　他 を増幅する；の音量を大きくする；（話など）をさらに詳述する

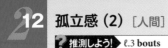

1   Moving to a new neighborhood, a new school or a new job, even a change in status such as a promotion at work can result in **moderate** to severe **bouts** of loneliness. People vary **markedly** in how **susceptible** they are to the feelings of isolation associated with
5 loneliness. When human subjects have been isolated in **featureless** rooms as part of psychological experiments, some have managed to remain for periods of up to eight days without feeling anything more than slight **nervousness** or **unease**. Others have been ready to **batter** the door down within a few hours. Loneliness must also be
10 clearly distinguished from the state of being alone. The latter may be **actively** sought out and enjoyed. The former is always a negative concept. **Hence**, it is possible for a person to be alone yet **contented** hundreds of miles from the nearest human being, while the same individual may feel **desolate** with loneliness in the middle of a large
15 crowd of people. In this respect, loneliness differs from the **symptoms** of physical **deprivation**.

(173 words)

初めての土地への引っ越し，転校や転職，あるいは昇進などの地位の変化でさえも，<u>軽度</u>から重度までさまざまな<u>一時的</u>孤独感を引き起こすことがある。孤独感に伴う孤立感をどの程度<u>感じやすい</u>かは，人によって<u>大きく</u>異なる。心理学の実験の1つとして，<u>何の特徴もない</u>部屋に被験者に1人で入ってもらう。すると，最大8日間ちょっとした<u>いらいら</u>や<u>不安感</u>しか感じないでいられる人がいる一方で，数時間のうちにドアを<u>たたき破り</u>そうになる人もいる。孤独感はまた，人がひとりきりでいるという状態とは明確に区別されなければならない。後者 (being alone) は，<u>積極的</u>にそれを求めたり，そういう状態を楽しんだりすることもあるだろう。だが，前者 (loneliness) はつねにマイナスの概念なのである。<u>したがって</u>，周囲何百マイルもの空間に誰ひとりいないというひとりきりの状態であっても<u>満足感</u>を得られることがある一方で，その同じ人が大群衆の真っ只中でも孤独を感じ，<u>寂しい</u>思いをすることもありうるのである。この点において，孤独感は物理的<u>喪失</u>の<u>症状</u>とは異なっている。

推測しよう! ─考え方─　　　　　　　　　　　　　　　(!) 推測原則 **1**

文の形に注目しよう。直前の result in は cause（～を引き起こす）に言い換えられるので，この文は SVO の形になっていることがわかる。そこで，目的語の部分の loneliness だけで考えてみると，「（何らかの）変化は孤独感を引き起こす」という意味になることがわかり，bouts を含む部分は単に loneliness の程度を示している修飾語句だと判断することができる。

303 **moderate** 形 [máːdərət] 動 [máːdərèit]	形 (量・程度が) 普通の；(能力などが) あまり高くない；穏やかな 他 を抑える 自 穏やかになる □ do **moderate** exercise (無理のない運動をする)
304 國 **commonplace** [káːmənplèis]	形 ごく普通の；陳腐な 名 ごく普通の〔よくある〕こと〔もの〕, ありきたりの〔陳腐な〕発言〔意見〕 □ Smartphones are now **commonplace** in Japan. (日本では今やスマートフォンはありふれたものだ)
305 國 **neutral** [n(j)úːtrəl]	形 中立の, 公平な；はっきりしない □ remain **neutral** (中立を保つ) ○ **neutrality** [n(j)uːtrǽləti] 名 中立 ○ **neutralize** [n(j)úːtrlàiz] 他 を中立化させる
306 **bout** [báut]	名 短い期間；(病気などの) 発症 □ suffer from a **bout** of flu (インフルエンザにかかる)
307 **markedly** [máːrkidli]	副 目立って；明らかに □ be **markedly** different from the others (他とは明らかに異なっている) ○ **marked** [máːrkt] 形 目立った；明らかな
308 **susceptible** [səséptəbl]	形 受けやすい, 感じやすい □ be **susceptible** to the virus (そのウイルスに感染しやすい)
309 **featureless** [fíːtʃərləs]	形 特色のない, 平凡な □ a **featureless** landscape (平凡な風景) ○ **feature** [fíːtʃər] 名 特徴；《~s》顔立ち；呼び物 他 を呼び物とする 自 重要な役割を果たす 國 **trivial** [tríviəl] 形 ささいな；平凡な 國 **mediocre** [mìːdióukər] 形 平凡な；二流の
310 **nervousness** [náːrvəsnəs]	名 神経質；いらいらすること；臆病 □ cover one's **nervousness** (緊張を隠す) ○ **nervous** [náːrvəs] 形 神経の；神経質な；心配した
311 國 **coward** [káuərd]	名 臆病者 □ denounce him as a **coward** (彼を臆病者だと非難する) ○ **cowardice** [káuərdis] 名 臆病

312 timid [tímɪd]	形 臆病な □ have a **timid** dog (臆病な犬を飼っている) ○ **timidity** [tɪmídəti] 名 臆病
313 unease [ʌníːz]	名 不安，心配 □ feel a considerable amount of **unease** (相当な不安を感じる) ○ **uneasy** [ʌníːzi] 形 不安な，落ち着かない ⇔ **ease** [íːz] 名 容易さ；安楽さ 他 を和らげる；を取り除く
314 apprehension [æprɪhénʃən]	名 (未来のことについての) 心配；理解 (力)；逮捕 □ feel **apprehension** for one's safety (身の安全に不安を覚える) ○ **apprehensive** [æprɪhénsɪv] 形 心配な，不安な ○ **apprehend** [æprɪhénd] 他 を心配する；を理解する；を捕える
315 insecurity [ìnsɪkjúərəti]	名 不安 (感)，不安定 (なもの) □ overcome a feeling of **insecurity** (不安感に打ち勝つ) 関 **unrest** [ʌnrést] 名 (社会・政治的な) 不安，不満
316 batter [bætər]	他 を叩き壊す (down)；を乱打する □ **batter** a door down (ドアを叩き壊す)
317 demolish [dɪmɑ́ːlɪʃ]	他 を破壊する，粉砕する □ **demolish** the old building (古い建物を壊す) ○ **demolition** [dèməlíʃən] 名 破壊，粉砕
318 smash [smǽʃ]	他 を壊す，粉々にする，割る；を激しく打ちつける 自 粉々に砕ける；激しくぶつかる □ **smash** a vase into pieces (花瓶を粉々に壊す) 関 **devastate** [dévəstèɪt] 他 を荒廃させる；を圧倒する ○ **devastating** [dévəstèɪtɪŋ] 形 破壊的な；圧倒する，すごい ○ **devastation** [dèvəstéɪʃən] 名 荒らすこと；荒廃 (状態)
319 actively [ǽktɪvli]	副 積極的に，活発に □ be **actively** involved in teaching (指導に積極的に関わる) ○ **active** [ǽktɪv] 形 積極的な；活動的な

320 **hence** [héns]	副《文修飾》したがって

□ **Hence**, I shall have to stay here. (それゆえに, 私はここに留まらなければいけないだろう)

therefore [ðéərfɔːr] 副 したがって
thus [ðʌs] 副 したがって;このように (して)

| **321** **contented** [kənténtɪd] | 形 満足した |

□ have a **contented** look (満足した表情をしている)
○ **content** 形 [kəntént] 名 [káːntent] 形《叙述》満足して 名 内容;《~s》目次

| **322** **desolate** [désələt] | 形 寂しい, 孤独な;(土地が) 荒れ果てた;みじめな 他 を寂しくさせる;を荒廃させる |

□ walk down a **desolate** street (寂しい通りを歩く)

dreary [dríəri] 形 もの寂しい, 憂鬱な;退屈な
isolated [áɪsəlèɪtɪd] 形 孤独な;孤立した, 隔離された
○ **isolate** [áɪsəlèɪt] 他 を (~から) 孤立させる (from)
uninhabited [ʌ̀nɪnhǽbətɪd] 形 人が住んでいない, 無人の
○ **inhabit** [ɪnhǽbɪt] 他 に住む

| **323** **symptom** [símptəm] | 名 徴候;症状 |

□ show **symptoms** of a cold (かぜの症状が出る)

| **324** **deprivation** [dèprəvéɪʃən] | 名 喪失, 欠乏;はく奪 |

□ suffer from severe sleep **deprivation** (ひどい睡眠不足にさいなまれる)
○ **deprive** [dɪpráɪv] 他 から (~を) 奪う (of)

| **325** 関 **plunder** [plʌ́ndər] | 他 (金・財産) を (~から) 略奪する (from);(金・財産を) から強奪する (of) 自 (財産を) 略奪する;強奪する |

□ **plunder** the town (その町を略奪する)

まとめてチェック ⑩ 〜しやすい ♻ 308 susceptible

326 fragile [frǽdʒəl]
形 壊れやすい, はかない
□ **Fragile**. Handle with care. (壊れ物, 取扱注意)

327 naive [nɑːíːv]
形 だまされやすい, 単純な；純真な, 無邪気な
□ It's **naive** of you to think so. (そんなふうに考えるなんてあなたは単純だ)

328 vulnerable [vʌ́lnərəbl]
形 攻撃されやすい, 受けやすい, 傷つきやすい
□ be **vulnerable** to infection (感染症にかかりやすい)
○ **vulnerability** [vʌ̀lnərəbíləti] 名 もろさ

329 liable [láɪəbl]
形 (〜) しやすい, (〜) しがちな (to do)；(〜に対して) 法的責任のある (for)
□ be **liable** to catch cold (かぜをひきやすい)
○ **liability** [làɪəbíləti] 名 (法的) 責任；不利な点；(〜に) 陥りやすいこと (to)；《複数形で》負債；債務

330 prone [próun]
形 (好ましくないことを) する傾向のある, (〜) しがちな (to do)
□ be **prone** to get angry (怒りっぽい)

331 apt [ǽpt]
形 (〜) しがちである, (〜する) 傾向がある (to do)；(言葉・名前などが) ふさわしい
□ be **apt** to make mistakes (間違いをしがちである)

332 inclined [ɪnkláɪnd]
形 (〜する) 傾向がある；(〜したい) 気分で (to do)
□ be **inclined** to help him (彼を手伝おうという気になる)
○ **incline** [ɪnkláɪn] 他 を (〜する) 気にさせる (to do)；を傾ける 自 傾向がある；傾く；心が向く
○ **inclination** [ìnklənéɪʃən] 名 意向, 好み；傾向；傾き

まとめてチェック	⑪ 病状	⌐323 symptom

333 ☐ **cough** [kɔ́(:)f]	圓 せき（払い）をする　名 せき（払い） ☐ start to **cough** violently（激しくせきこみ始める） 関 **influenza** [ìnfluénzə]　名 インフルエンザ, 流行性感冒 関 **diarrhea** [dàɪəríːə]　名 下痢 関 **diabetes** [dàɪəbíːtiːz]　名 糖尿病
334 ☐ **tumor** [t(j)úːmər]	名 腫瘍, はれ　◆《英》では tumour とつづる ☐ the **tumor** in one's brain（脳にある腫瘍） 関 **bruise** [brúːz]　名 あざ, 打撲傷　他 にあざ〔打撲傷〕を つける 関 **sprain** [spréɪn]　名 捻挫　他 を捻挫する 関 **dementia** [dɪménʃə]　名 認知症
335 ☐ **syndrome** [síndroʊm]	名《複合語で》〜症候群；（一般に）行動様式 ☐ suffer from metabolic **syndrome**（メタボリック症候 群を患う）
336 ☐ **chronic** [krάːnɪk]	形 (病気が) 慢性の, 長引く, 慢性的な ☐ prevent **chronic** diseases（慢性疾患を予防する）

推測で学ぶ接頭辞・接尾辞 **13** -less

STEP 1：接尾辞の推測　次の語から -less の意味を推測してみよう。

featureless (→ 309)　　　　useless

❗ 接尾辞 -less は，「…のない」「…できない」などの意味を表します。

feature (特色) + -less (…のない)　　→ **featureless** (特色のない)
use (使いみち) + -less (…のない)　　→ **useless** (役に立たない)

STEP 2：未知語の推測　-less の意味を意識して，太字の語の意味を推測しよう。

(1) He has made **ceaseless** efforts for the improvement of education.

(2) We are **helpless** against nature.

訳 (1) 彼は教育の改善のために**絶え間ない**努力をしてきた。

cease (終わる) + -less (…のない)　　→ **ceaseless** (絶え間ない)

(2) 私たちは自然に対して**無力**だ。

help (助ける) + -less (…できない)　　→ **helpless** (無力な)

337 ceaseless [síːsləs]	形 絶え間ない □ make **ceaseless** efforts (絶え間ない努力をする)	
338 helpless [hélpləs]	形 無力な □ be **helpless** against nature (自然に対して無力である)	
339 reckless [rékləs]	形 無謀な，向こう見ずな □ be guilty of **reckless** driving (無謀運転で有罪である)	
340 restless [réstləs]	形 落ち着きのない，不安な；絶え間ない □ feel **restless** all day long (1日じゅう心が落ち着かない)	

圏 **powerless** [páʊərləs] 形 権力のない，無力な
圏 **ruthless** [rúːθləs] 形 手段を選ばない；容赦ない
圏 **thoughtless** [θɔ́ːtləs] 形 軽率な，配慮に欠ける；薄情な

1　**1**　Violence results from humanity's feeling of **impotence**.　The **loss** of individual and personal meaning in our age **ensures** a corresponding violence from those who are deprived of their identities; for violence, whether spiritual or physical, is a **quest** for identity and
5　the meaningful.　The less identity, the more violence.

2　It's why they have to kill in order to find out whether they are real. This is where the violence comes from.　This **meaningless** killing around our streets is the work of people who have lost all identity and who have to kill in order to know if they are real or if the other person
10　is real.

3　Violence as a form of quest for identity is one thing that people who have been **ripped** off feel the need of.　Such a person is going to show who he is, or that she's tough.　So anybody on a **psychic** frontier tends to get tough or violent, and it's happening to us on a **mass** scale today.
15　It might even be said that in a society which proceeds at the speed of light, **humankind** has neither goals, **objectives**, nor private identity. A person is an item in a data bank — **software** only, easily forgotten — and deeply **resentful**.　　　　　　　　　　　　(207 words)

Listen! □① 英文を見ずに聞いてみる □② 英文を見ながら聞いてみる
□③ 音を聞きながら音読してみる
▶ 音声

1 暴力は人間の無力感から生まれる。現代における一個の人間としての意味の喪失に応じて，アイデンティティを奪われた人間による暴力が確実に生まれる。なぜなら暴力は，精神的なものにせよ肉体的なものにせよ，アイデンティティと意味あることへの探究だからだ。アイデンティティが失われれば失われるほど，ますます暴力は増大していく。

2 だから，そのような人々は自分が実存しているかどうか確かめるために人を殺さざるを得ない。このようなところから暴力は生まれる。街の至る所で発生する意味のない殺人は，完全にアイデンティティを喪失し，自分が実存しているのかどうか，あるいは，他の人間が実存しているのかどうかを知るために人を殺さずにいられない人々の仕業なのである。

3 アイデンティティの探究の一形態としての暴力は，自分というものを引き裂かれた人間が必要と感じるもののひとつである。そのような人間は自分の本当の姿や自分の強さを示そうとする。だから，精神的な限界にいる人間は誰しも粗暴になるか，暴力的になる傾向がある。そして今日，こうした現象が非常に大きな規模で起きている。光速で進む社会においては，人間は目的も目標も個人的なアイデンティティも持てないとさえ言えるかもしれない。人間は，データバンクの中のひとつの項目，単なるソフトウェアにすぎず，簡単に忘れさられてしまい，そのため，激しい怒りを覚えるのである。

? 推測しよう！ ―考え方―　　　　　　　　　　　　**! 推測原則5**

単語の構造から推測しよう。 psychic の psych が psychology（心理学）の psych と同じであることに気づけば，「心の，精神の」くらいの意味だと推測できるだろう。また，この文では第1段落に出てくる The less identity, the more violence. がさまざまに形を変えて表現されており，anybody on a psychic frontier も the less identity の言い換えになっていることも，意味を推測する際の参考になる。

109

341 **impotence** [ímpətəns]	名 無力，無能；無気力
	□ feel a sense of **impotence**（無力感を感じる）
	○ **impotent** [ímpətənt] 形 無気力な；（～することが）できない (to *do*)
342 関 **incompetent** [ɪnkάːmpətnt]	形 （人などが）無能な；無力な；（～する）能力のない (to *do*) 名 無能力者，不適任者，無資格者
	□ be **incompetent** to lead the party（その党を率いる力がない）

343 **loss** [lɔ́(ː)s]	名 喪失；損失，損害；死
	□ suffer a heavy **loss**（大きな損害を被る）
344 関 **calamity** [kəlǽməti]	名 大災害，災難；不幸
	□ overcome a **calamity**（災難を乗り越える）
345 関 **casualty** [kǽʒuəlti]	名 （事故・戦闘などの）死傷者，人的損害；災難；災害；大事故
	□ cause heavy **casualties**（多数の死傷者を出す）
346 関 **catastrophe** [kətǽstrəfi]	名 大災害，大惨事；災難
	□ face an environmental **catastrophe**（環境破壊に直面する）
	○ **catastrophic** [kὰetəstrάːfɪk] 形 破滅的な，大災害の
	関 **toll** [tóul] 名 犠牲（者）；通行料

347 **ensure** [ɪnʃúər, -ʃɔ́ːr]	他 を確実にする，保証する；（～ということ）を確かめる (that節)
	□ **ensure** success（成功を保証する）
348 関 **ascertain** [ὰesərtéɪn]	他 を確かめる
	□ **ascertain** the cause of the accident（事故の原因を確かめる）

349 **quest** [kwést]	名 探索，探求（物） 自 探し求める
	□ the **quest** for truth（真理の探究）

350 **meaningless** [míːnɪŋləs]	形 無意味な；無益な
	□ ignore the **meaningless** chatter（無意味なおしゃべりを無視する）
351 関 **hollow** [hάːlou]	形 空の；くぼんだ；うつろな
	□ a **hollow** tree（中が空洞の木）

352	rip [ríp]	他 を引き裂く；をはぎ取る，切り取る　自 裂ける
		□ **rip** a coupon out of the newspaper (新聞からクーポン券を切り取る)

353	psychic [sáɪkɪk]	形 精神的な；神霊の，超自然的な
		□ a person with **psychic** powers (超能力を持つ人)

354	mass [mǽs]	名 かたまり；集まり；多数；《the ~es》一般大衆
		gather in a huge **mass** (おびただしい数で集まる)

355	関 lump [lʌ́mp]	名 こぶ，はれ；固まり
		□ a **lump** of sugar (角砂糖1つ)

356	humankind [hjúːmənkàɪnd]	名 《単複両扱い》人類
		□ the history of **humankind** (人類の歴史)

357	関 humanitarian [hjuːmæ̀nətéəriən]	形 名 人道主義 (の)
		□ on **humanitarian** grounds (人道的な理由から)

358	関 amphibian [æmfíbiən]	名 両生動物　形 両生類の
		□ **amphibians** such as frogs (カエルなどの両生動物)

359	関 reptile [réptl]	名 爬虫類
		□ **reptiles** such as snakes (ヘビなどの爬虫類)

360	objective [əbdʒéktɪv]	名 目標　形 客観的な (⇔ subjective)
		□ achieve one's main **objective** (主目的を達成する)

361	software [sɔ́(ː)ftwèər]	名 (コンピューターの) ソフトウェア
		□ install new anti-virus **software** (新しいウイルス対策ソフトをインストールする)
		関 **hardware** [háːrdwèər]　名 (コンピューターの) ハードウェア

362	resentful [rɪzéntfl]	形 (~に) 憤慨した (of)
		□ be **resentful** of classmates (同級生に憤慨している)
		○ **resent** [rɪzént]　他 に憤慨する

推測で学ぶ接頭辞・接尾辞 **14** en- (2), -en

STEP 1：接頭辞・接尾辞の推測　次の語から en-, -en の意味を推測してみよう。

ensure (→ 347)　　　　threaten

■ 接頭辞 en- は、「…の中に入れる，…を与える」という意味の動詞 (→ p.75) を作るほかに，名詞・形容詞に付いて「(ある状態) にする」という意味の他動詞を作ります。また，接尾辞 –en にも同じ意味があります。

en- (…にする) ＋ sure (確かに)　　　 → **ensure** (確実にする)
threat (脅迫) ＋ -en (…にする)　　　 → **threaten** (脅迫する)

STEP 2：未知語の推測　en- の意味を意識して，太字の語の意味を推測しよう。

Smoking can **endanger** your health.

訳 たばこは健康**を害する**危険があります。
en- (…にする) ＋ danger (危険)　　　 → **endanger** (危険にさらす)

363 □ **endanger** [endéɪndʒər]	他 を危険にさらす □ **endanger** one's health (健康を害する)	
	関 **enlarge** [enlɑ́ːrdʒ] 他 を大きくする，拡大する 関 **enrich** [enrítʃ] 他 (土地) を肥沃にする；を豊かにする	
364 □ **fasten** [fǽsn]	他 を留める，締める；を固定する □ **fasten** up one's coat (コートのボタンを留める)	
365 □ **soften** [sɔ́ːfn]	他 を和らげる；を柔らかくする 自 和らぐ；柔らかくなる □ **soften** the butter (バターを軟らかくする)	
	関 **awaken** [əwéɪkn] 他 を呼び起こす；に気づかせる；を目覚めさせる 自 目覚める；気づく 関 **lengthen** [léŋkθn] 他 (時間・物など) を長くする，延ばす 自 長くなる，延びる 関 **ripen** [ráɪpn] 自 熟す，実る 他 を熟させる 関 **strengthen** [stréŋkθn] 他 を強くする (⇔ weaken) 関 **toughen** [tʌ́fn] 他 を堅くする；を丈夫にする 自 固くなる；丈夫になる 関 **worsen** [wɔ́ːrsn] 自 悪化する 他 を悪化させる	

STEP 1：接尾辞の推測 次の語から -ful の意味を推測してみよう。

resentful (→ 362)	beautiful

❗ 接尾辞 -ful は，「…に満ちた，…でいっぱいの」という意味を表します。

resent（憤慨する）＋ -ful（…に満ちた）　→ **resentful**（憤慨した）

beauty（美しさ）＋ -ful（…に満ちた）　→ **beautiful**（美しい）

STEP 2：未知語の推測 -ful の意味を意識して，太字の語の意味を推測しよう。

(1) He is **merciful** to others.

(2) She is **skillful** at fishing.

訳 (1) 彼は他人に対して**慈悲深い**。

mercy（慈悲）＋ -ful（…に満ちた）　→ **merciful**（慈悲深い）

(2) 彼女は釣りが**うまい**。

skill（技術）＋ -ful（…に満ちた）　→ **skillful**（熟練した）

366	**merciful** [mə́ːrsɪfl]	形 慈悲深い；情け深い □ be **merciful** to others（他人に対して慈悲深い） ○ **mercy** [mə́ːrsi] 名 慈悲，あわれみ；(不快なことを取り除く) 　ありがたいこと
367	**skillful** [skílfl]	形 熟練した，上手な □ be **skillful** at fishing（釣りがうまい）
368	**sorrowful** [sɑ́ːrəfl]	形 悲嘆に暮れている，悲しい □ **sorrowful** eye（悲しそうな目）

関 **distasteful** [dɪstéɪstfl] 形 不愉快な，嫌な
関 **lawful** [lɔ́ːfl] 形 合法的な；(法的に) 正当な
関 **peaceful** [píːsfl] 形 平和 (的) な，平穏な，平和を好む
関 **regretful** [rɪɡrétfl] 形 後悔している；残念な

❶ A person with **humility** has a **confident** yet **modest** sense of his or her own merits, but also an understanding of his or her **limitations**. The moment you think you have seen everything or know it all, nature senses **arrogance** and gives you a great big **dose** of humility. You must give up on the idea that you can ever become so **enlightened** that you have nothing left to learn; Zen masters know that even for them learning never ends.

❷ Humility is the lesson that **stings**, for along with it usually comes some kind of loss or **downfall**. Nature likes to keep things in balance, so when an **inflated ego** ignores **civility** and patience, it introduces humility as a way to bring the ego back down to Earth. Though the sting feels like a wound at the time, it really is just a **poke** from the higher power to keep you balanced.

❸ Some people experience so much success in life that they take it for granted, expecting things to go their way automatically. When this results in an inflated ego that ignores patience and civility, arrogance is **bred**, and humility has to be taught. That is what happened to Will.

(200 words)

1 <u>謙虚さ</u>のある人は，自分の長所について<u>自信に満ちた</u>，しかし<u>控えめな</u>感覚を持っているが，自分の<u>限界</u>についての理解も持っている。すべてが見えたとかすべてを知っていると思った瞬間に，自然（な心）が<u>傲慢さ</u>を感じ取り，大量の謙虚さを与えてくれるのだ。もう何も学ぶものが残っていないほど<u>賢く</u>なることがあり得るという考えは捨てなければならない。禅の師は，彼らにとってさえ学びは決して終わらないことを知っている。

2 謙虚さは，<u>痛みのある</u>教訓である。というのも，たいていはそれとともに，ある種の喪失や<u>転落</u>が伴うからだ。自然は物事のバランスを保つのを好むので，<u>ふくれ上がった</u> <u>自我が丁重さ</u>と忍耐強さを無視したとき，自然は自我を現実に引き戻す方法として謙虚さを用いるのである。そのとき痛みは傷のように感じられるが，それは実際には，より高いところにいる力を備えた存在が，あなたのバランスを保つために<u>突っついてきた</u>だけなのだ。

3 一部の人々は，人生においてたいへんな成功を経験したために，それを当然のことと思い，物事が自動的に思い通りになることを期待する。このことが，忍耐強さと丁重さを無視するふくれ上がった自我をもたらすことになると，傲慢さが<u>生じ</u>，そして謙虚さが教え込まれなければならないことになる。それが，ウィルの身に起こったことなのだ。

❓推測しよう！ ―考え方― **❗推測原則2**

文の形から推測しよう。 loss or downfall は A or B の形になっている。A or B は，「A と B とが対立する」または「A あるいは B と言った方がよいか」のような意味を表すが，ここでは一貫して，謙虚さのない者がどうなるかと言っているので，後者の意味で使われているとわかる。したがって，**downfall は loss と同じような意味**だと推測できる。また，**downfall が down と fall が結合してできた語**ということから意味を推測することもできる。

369 **humility** [hju:míləti]	名 謙虚さ，謙遜，卑下 □ act with **humility**（謙虚に行動する）

370 **confident** [ká:nfədənt, -dènt]	形 自信のある；確信している □ be **confident** of victory（勝利を確信している） ○ **confidence** [ká:nfədəns, -dèns] 名 自信；信頼 ○ **confidential** [kà:nfədénʃəl] 形 秘密の；信用のおける
371 ⇔ **skeptical** [sképtɪkl]	形 懐疑的な；疑い深い；無神論の □ be **skeptical** about the story（その話について懐疑的である） ○ **skeptic** [sképtɪk] 名 懐疑的な人；無神論者；懐疑論者 ○ **skepticism** [sképtəsìzm] 名 懐疑的態度；無神論；懐疑主義
372 関 **trustworthy** [trʌ́stwə̀:rði]	形 信頼〔信用〕できる；頼りになる；当てになる □ a **trustworthy** friend（信頼できる友人）

373 **modest** [má:dəst]	形 謙虚な；(数・規模などが) 控えめな □ be **modest** in behavior（ふるまいが謙虚である） ○ **modesty** [má:dəsti] 名 謙遜，遠慮，節度
374 関 **humble** [hʌ́mbl]	形 (食事などが) 質素な，乏しい；謙遜した □ in my **humble** opinion（私見では）
375 関 **frugal** [frú:gl]	形 安上がりの；質素な；(~を) 倹約する，無駄遣いしない (with, of)，簡素な □ on a **frugal** budget（少ない予算で）
376 関 **thrifty** [θrífti]	形 質素な；やりくりのうまい，繁盛〔成功〕して □ the **thrifty** young couple（やりくり上手な若い夫婦）
377 関 **stingy** [stíndʒi]	形 けちな；(~を) 出し惜しみする (with, about)；量がわずかな，少ない □ be **stingy** with one's money（お金を出し惜しみする）
378 ⇔ **greedy** [grí:di]	形 欲深い，貪欲な；食い意地の張った，がつがつした □ be **greedy** for money（お金に貪欲である） ○ **greed** [grí:d] 名 欲深さ，貪欲；食い意地

| 379 | **limitation**
[lìmətéɪʃən] | 名 制限；限界
□ know one's **limitations**（自分の限界を知っている）
○ **limit** [límət] 他 を制限する 名 （～に対する）制限（on）；限界 |

| 380 | **arrogance**
[ǽrəɡəns] | 名 傲慢さ，横柄さ
□ show one's **arrogance**（傲慢さを見せる）
○ **arrogant** [ǽrəɡənt] 形 傲慢な，横柄な |

| 381 | 関 **naughty** [nɔ́ːti] | 形 （子供が）わんぱくな；下品な
□ a **naughty** boy（わんぱくな男の子）

関 **conceited** [kənsíːtɪd] 形 うぬぼれた，思い上がった
○ **conceit** [kənsíːt] 名 うぬぼれ，思い上がり
関 **haughty** [hɔ́ːti] 形 傲慢な，横柄な
関 **presumptuous** [prɪzʌ́mptʃuəs] 形 厚かましい，おこがましい |

| 382 | **dose**
[dóʊs] | 名 （薬の）服用量，一服
□ take a **dose** of medicine（薬を1回分服用する） |

| 383 | **enlighten**
[ɪnláɪtn] | 他 を啓発する；を教える，知らせる
□ **enlighten** oneself（自己啓発する）
○ **enlightenment** [ɪnláɪtnmənt] 名 啓発；教化 |

| 384 | 関 **acquaint**
[əkwéɪnt] | 他 を（くわしく）知らせる；を知り合いにさせる
□ **acquaint** him with the facts（彼に事実を知らせる）

関 **preach** [príːtʃ] 自 説教する；説く 他 を説く 名 （退屈な）説教 |

| 385 | **sting**
[stíŋ] | 他自 心に突き刺さる；刺す；ひりひりする
名 刺すこと，刺し傷；痛み，苦痛
□ be **stung** by a bee（ハチに刺される） |

| 386 **downfall** [dáʊnfɔ̀:l] | 名 転落, 没落；破滅の原因 |
| | □ lead to one's **downfall** (破滅を招く) |

| 387 関 **breakdown** [bréɪkdàʊn] | 名 (制度・事業などの) 崩壊, 破綻；(健康の急激な) 悪化；分解, 分析 |
| | □ cause a communication **breakdown** (コミュニケーションの断絶を引き起こす) |

388 **inflate** [ɪnfléɪt]	他 をふくらませる；(物価) をつり上げる
	□ **inflate** a balloon with helium (ヘリウムで風船をふくらませる)
	○ **inflation** [ɪnfléɪʃən] 名 膨張；インフレーション
	⟺ **deflate** [dɪfléɪt] 他 をしぼませる；(物価) を引き下げる
	○ **deflation** [dɪfléɪʃən, dì:-] 名 収縮；デフレーション

| 389 関 **swell** [swél] | 自 ふくらむ 他 をふくらませる |
| | □ make her ankles **swell** (彼女の足首をふくれあがらせる) |

| 390 関 **magnify** [mǽɡnəfàɪ] | 他 を拡大する；を強める；を誇張する |
| | □ a **magnifying** glass (拡大鏡, 虫眼鏡) |

| 391 **ego** [í:ɡoʊ, é-] | 名 うぬぼれ；自我 |
| | □ boost one's **ego** (自尊心を高める) |

| 392 **civility** [səvíləti] | 名 ていねい (さ), 礼儀正しさ |
| | □ act with **civility** (礼儀正しくふるまう) |

393 関 **courteous** [kə́:rtiəs]	形 (人・行為などが) (他人に対して) 礼儀正しい, 思いやりがある, 丁重な
	□ be **courteous** to the guest (客に礼儀正しく接する)
	○ **courtesy** [kə́:rtəsi] 名 礼儀正しさ, 丁重さ, 思いやり, 親切, 親切な (丁重な) 言葉 (行為)

| 394 関 **decency** [dí:snsi] | 名 礼儀正しさ, 良識 |
| | □ have a sense of **decency** (良識がある) |

395 関 **grace** [gréɪs]	名 優雅；優美；猶予；神の恩寵 他 を優雅に飾る，に名誉を与える □ move with **grace**（優雅に動く） ○ **graceful** [gréɪsfl] 形 優美な；礼儀正しい；率直な ○ **gracefully** [gréɪsfəli] 副 優美に；しとやかに ○ **graceless** [gréɪsləs] 形 不格好な，品のない
396 **poke** [póʊk]	名 (先のとがった物で) つつくこと 他 を突く，つつく；(指・棒など) を突っ込む 自 (体・物の) 一部を突き出す；突く；おせっかいをやく □ give her a **poke** in the arm（彼女の腕をつつく）
397 **breed** [bríːd]	他 を引き起こす，生む；(動植物) を育てる 自 子を産む 名 品種 bred > bred □ **breed** poodles（プードルを育てる）
398 関 **cherish** [tʃérɪʃ]	他 を大事に育てる；をかわいがる；を大切に心に抱く □ **cherish** the hope for many years（その希望を長年心に抱く）
399 関 **nourish** [nɔ́ːrɪʃ]	他 に栄養を与える；を育てる □ **nourish** the plants with fertilizer（肥料で植物に栄養を与える） ○ **nourishment** [nɔ́ːrɪʃmənt] 名 食物；栄養 (状態)；助長
400 関 **nurture** [nɔ́ːrtʃər]	他 を養育する，を育成する □ **nurture** young talent（若い才能を育てる）
401 関 **nursing** [nɔ́ːrsɪŋ]	名 保育，看護 □ require **nursing** care（介護を必要としている）
402 関 **nursery** [nɔ́ːrsəri]	名 育児室；養殖場；苗木畑 □ newborn babies in the **nursery**（育児室の新生児）

1 **1** Extremely handsome, <u>tan</u>, and <u>athletic</u>, with penetrating eyes, Will
looked and dressed like a fashion <u>model</u>. Things came easily to him,
and he mastered everything he tried. With his charm, intelligence, and
talents, his business was <u>lively</u> and success was a way of life.

5 **2** So when Will was served a <u>lawsuit</u> one day, he assumed that the
case would work out as easily as everything else in his life and he
didn't worry about it. But it didn't, and the <u>suit</u> eventually led to the
<u>breakup</u> of his company. He tried for months afterward to get a job,
but no one would hire him. His finances became <u>strained</u>, payments
10 fell behind, and finally <u>bankruptcy</u> was his only option. Will couldn't
understand why his "magic" was no longer <u>intact</u>, and after seven years
of various jobs that yielded no magic, he finally faced up to the lesson
of humility. (148 words)

120

Listen! □① 英文を見ずに聞いてみる　　□② 英文を見ながら聞いてみる
　　　　□③ 音を聞きながら音読してみる
　　　　　　　　　　　　　　　　　　　　　　　　▶ 音声

1　ウィルは，きわめてハンサムで<u>よく日焼けしていて</u> <u>体がっしりしていて</u>，鋭い目をしており，見た目も服装もファッション<u>モデル</u>のようだった。いろいろな物事が容易に彼のところへやって来て，彼はやってみることすべてを完全に習得した。魅力と知性と才能があったので，彼のビジネスは<u>活発で</u>，成功が生き方そのものだった。

2　だから，ある日，<u>訴訟</u>を起こされたとき，ウィルは，自分の人生の他のすべてのことと同じくらい容易にその訴訟が進むと思い込んで，それについて心配をしなかった。しかし，そうはならず，その<u>訴訟</u>は最後には彼の会社の<u>破綻</u>を引き起こした。彼はその後何カ月も仕事を得ようとしたが，誰も彼を雇おうとしなかった。彼の懐具合は<u>厳しく</u>なり，支払いが遅れ，遂には<u>破産</u>が唯一の選択肢になってしまった。ウィルは，自分の「魔法」がなぜもう<u>無傷のまま</u>ではないのかを理解できず，何の魔法も生み出さないさまざまな仕事を7年間行った後，ついに謙虚さの教訓を受け入れたのだった。

? 推測しよう! ―考え方―　　　　　　　　　　　　　(!) 推測原則**1**

文脈から推測しよう。この段落では，謙虚さを持たない者が打ちのめされて，以前のように自分の魔法の力で救われようとしても，「もはや○○でない」と述べている。したがって，○○にあたる intact は**肯定的な意味**だと推測できる。

121

403 **tan** [tǽn]	形 小麦色の；日焼けした　他自 日焼けさせる〔する〕　名 日焼け；小麦色
	□ have **tan** skin (日焼けした肌をしている)

404 **athletic** [æθlétɪk]	形 筋骨たくましい；運動の得意な；スポーツの
	□ have no **athletic** ability (運動神経がない)
	○ **athlete** [ǽθliːt] 名 運動選手；スポーツマン

405 **model** [mάːdl]	名 モデル；模型；手本
	□ make a **model** of a ship (船の模型を作る)
	関 **mold** [móʊld] 名 型；型に入れて作ったもの　他 を型に入れて作る；を作る　❶《英》では mould とつづる

406 **lively** [láɪvli]	形 元気な；活発な
	□ a smart and **lively** boy (賢くて元気な男の子)
407 関 **animate** [ǽnəmèɪt]	他 を活気づける；をアニメ化する；を駆り立てる
	□ **animate** a discussion (議論を活性化させる)

408 **lawsuit** [lɔ́ːsùːt]	名 (民事) 訴訟
	□ bring a **lawsuit** against the company (その会社に対して訴訟を起こす)

409 **suit** [súːt]	名 訴訟；スーツ；衣服　他 に好都合である；(服 (の色) が) (人) に似合う
	□ win one's **suit** (訴訟に勝つ)

410 **breakup** [bréɪkʌ̀p]	名 崩壊, 解体；離婚
	□ the **breakup** of the party (その政党の解散)

411 **strain** [stréɪn]	他 を痛める；を酷使する　名 張り；緊張；ストレス
	□ **strain** one's eyes (目を酷使する)

412	**bankruptcy** [bǽŋkrʌptsi]	名 破産

□ drive a company into **bankruptcy** (会社を倒産に追い込む)

○ **bankrupt** [bǽŋkrʌpt, -rəpt] 形 破産した 他 を破産させる

413	関 **asset** [ǽset]	名 (会社・個人の) 資産, 財産 ; 有用なもの, 貴重な存在

□ a valuable **asset** to the company (会社にとって貴重なもの)

414	関 **deposit** [dɪpɑ́:zət]	他 を置く ; を預金する 名 預金 ; 手付金 ; 堆積物

□ **deposit** money in a bank (銀行にお金を預ける)

415	関 **stake** [stéɪk]	名 投資, 掛け金

□ have a **stake** in a company (会社に出資している)

416	**intact** [ɪntǽkt]	形 無傷の, そっくり残って, 完全な

□ remain **intact** (無傷のまま残る)

まとめてチェック	**12** 裁判　　　　　　　　　⤷408 lawsuit

417 ☐ **defendant** [dɪféndənt]	名 被告 (人) ☐ find the **defendant** guilty (被告を有罪とする) 関 **plaintiff** [pléɪntɪf] 名 原告, 告訴人
418 ☐ **attorney** [ətɔ́ːrni]	名 弁護士；検事，(法定) 代理人 ☐ consult an **attorney** (弁護士に相談する) 関 **jury** [dʒúəri] 名 陪審 (員団) 関 **indictment** [ɪndáɪtmənt] 名 起訴, 告発；起訴状 ○ **indict** [ɪndáɪt] 他 を起訴する 関 **prosecution** [prɑ̀ːsəkjúːʃən] 名 起訴, 告訴；検察側；遂行 ○ **prosecute** [prɑ́ːsəkjùːt] 他 を起訴する；を遂行する ○ **prosecutor** [prɑ́ːsəkjùːtər] 名 検察官, 検事 関 **magistrate** [mǽdʒəstrèɪt] 名 下級判事
419 ☐ **testimony** [téstəmòʊni]	名 証拠, 証明；証言 ☐ the **testimony** of the witness (目撃者の証言) 関 **witness** [wítnəs] 名 証人；目撃者 他 を目撃する
420 ☐ **summon** [sámən]	他 に出廷を命じる；を呼び寄せる；に命じる；(助け・支援) を求める；(勇気・力など) を奮い起こす ☐ be **summoned** to court (裁判所に出廷を命じられる) 関 **sentence** [séntns, -tnz] 名 文；判決 他 (刑を) に宣告する 関 **guilt** [gílt] 名 罪悪感；罪 (を犯したこと)；有罪 関 **innocence** [ínəsəns] 名 無罪；無知；無邪気 関 **punishment** [pʌ́nɪʃmənt] 名 罰
421 ☐ **mediate** 動 [míːdièɪt] 形 [-diət]	他 を調停する, 取り次ぐ 自 仲介をする 形 中間の, 仲介の ☐ **mediate** in the conflict between two countries (2国間の争いを調停する) ○ **mediation** [mìːdiéɪʃən] 名 調停, 仲裁 関 **settlement** [sétlmənt] 名 和解；合意；移民すること；居留地

STEP 1：接頭辞の推測 次の語から de- の意味を推測してみよう。

deposit (→414)　　　decline

❗ 接頭辞 de- は，「**下降，悪化**」「**分離**」「**反…，非…**」「**完全**」などの意味を表します。

de-（下に）＋ posit（置かれた）　　→ **deposit**（置く；預金する）

de-（下に）＋ cline（曲げる）　　→ **decline**（断る）

STEP 2：未知語の推測 de- の意味を意識して，太字の語の意味を推測しよう。

(1)　Don't **degrade** yourself by speaking ill of others.

(2)　He is a man of Italian **descent**.

訳 (1) 他人の悪口を言って自分の**品位を下げる**な。

de-（下降）＋ grade（程度）　　→ **degrade**（品位を下げる）

(2) 彼はイタリア**系**の男性だ。

de-（下へ）＋ scent（登る）　　→ **descent**（下降；家系）

422 ☐ **degrade** [dɪɡréɪd]	他 の品位を下げる；(価値・品質)を下げる，の地位を下げる 自 低下する；堕落する ☐ **degrade** oneself by speaking ill of others（他人の悪口を言って自分の品位を下げる） ○ **degradation** [dègrədéɪʃən] 名（品位などの）低下；堕落；(岩石などの) 浸食
423 ☐ **descent** [dɪsént]	名 下降；降下；下り坂；家系 ☐ a person of Italian **descent**（イタリア系の人） ○ **descendant** [dɪséndənt] 名 子孫
	関 **deforestation** [diːfɔ(ː)rɪstéɪʃən] 名（森林の）伐採

1 2 3 4 5 6 7 8 9 10 11 12 13 14 **15** 16 17 18 19 20 21 22 23 24 25 26 27 28 29 30 31 32 33 34 35 36 37 38 39 40 41 42 43 44 45 46 47 48

🔍 **推測しよう!** ℓ.3 overshadowed ⚠️ 推測原則 **5**

1 When he came to see me, Will couldn't understand how so much **misfortune** could come to a "perfect person" like him. He had to learn that his talents were wonderful but were **overshadowed** alongside an attitude of arrogance. He looked down upon people who didn't have his gifts — speaking to them in a **patronizing** manner, treating them with **impatience** and **annoyance**, judging them as **worthless** or stupid. Over time, Will came to understand why life had given him so many intense lessons in humility. The lessons were difficult for him at first but with understanding, Will made sense of his situation and committed to learning his lessons, and he turned his circumstances around.

2 Have pride in who you are and what you have accomplished. However, if you find yourself holding secret thoughts of arrogance or self-importance, remind yourself of the lesson of humility before nature does it for you. It will sting much less that way. (157 words)

1　私に会いに来たとき，ウィルは，自分のような「完璧な人物」のところにそれほど多くの**不幸**がやって来ることがどうしたらあり得るのかを理解できなかった。彼は，自分の才能はすばらしいものだが，傲慢な考えを伴っているために**うまくいかなくなっている**ということを学ばなければならなかった。彼は，自分のような才能を持っていない人々を見下していた——**横柄な**態度で彼らと話し，**いらいらと迷惑そうに**彼らを扱い，彼らを**無価値**か間抜けと判断していた。時がたつと，ウィルは，なぜ人生が謙虚さについてそれほど多くの厳しい教訓を彼に与えたのかを理解するようになった。最初それらの教訓は彼にとって理解困難なものだったが，理解できるようになると，ウィルは自分の状況が分かり，教訓を学ぶことに専心し，状況を一転させた。

2　自分という人間と自分が成し遂げてきたことに誇りを持ちなさい。しかし，自分が傲慢さやうぬぼれという密かな考えを持っていることに気づいたら，あなたのために自然がしてくれる前に，謙虚さの教訓を自分で思い起こしなさい。その方が，痛みははるかに少ないだろう。

❓ 推測しよう！ —考え方—　　　　　　　　　　　**⚠ 推測原則 5**

単語の構造から推測しよう。break out が outbreak という名詞に，take in が intake という名詞になるように，「**動詞＋副詞**」の動詞句は「**副詞＋動詞**」の形の1語の名詞や動詞になることが多い。同様に，overshadow は shadow over が1語の動詞になったと考えれば，意味が推測できるだろう。「**〜に影を落とす**」「**〜を曇らせる，弱くする**」という意味になる。

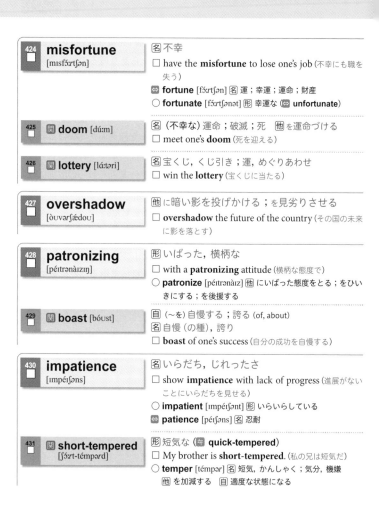

424 misfortune [mɪsfɔ́ːrtʃən]

名 不幸
□ have the **misfortune** to lose one's job (不幸にも職を失う)
⇔ **fortune** [fɔ́ːrtʃən] 名 運；幸運；運命；財産
○ **fortunate** [fɔ́ːrtʃənət] 形 幸運な (⇔ **unfortunate**)

425 doom [dúːm]

名 (不幸な)運命；破滅；死 他 を運命づける
□ meet one's **doom** (死を迎える)

426 lottery [lɑ́ːtəri]

名 宝くじ，くじ引き；運，めぐりあわせ
□ win the **lottery** (宝くじに当たる)

427 overshadow [òuvərʃǽdou]

他 に暗い影を投げかける；を見劣りさせる
□ **overshadow** the future of the country (その国の未来に影を落とす)

428 patronizing [péɪtrənàɪzɪŋ]

形 いばった，横柄な
□ with a **patronizing** attitude (横柄な態度で)
○ **patronize** [péɪtrənàɪz] 他 にいばった態度をとる；をひいきにする；を後援する

429 boast [bóust]

自 (～を)自慢する；誇る (of, about)
名 自慢 (の種)，誇り
□ **boast** of one's success (自分の成功を自慢する)

430 impatience [ɪmpéɪʃəns]

名 いらだち，じれったさ
□ show **impatience** with lack of progress (進展がないことにいらだちを見せる)
○ **impatient** [ɪmpéɪʃənt] 形 いらいらしている
⇔ **patience** [péɪʃəns] 名 忍耐

431 short-tempered [ʃɔ́ːrt-témpərd]

形 短気な (⇔ **quick-tempered**)
□ My brother is **short-tempered**. (私の兄は短気だ)
○ **temper** [témpər] 名 短気，かんしゃく；気分，機嫌
他 を加減する 自 適度な状態になる

432 annoyance [ənɔ́ɪəns]	图 いらだち;悩みの種
	□ cause **annoyance** to neighbors(近所の人をいらいらさせる)
	○ **annoyed** [ənɔ́ɪd] 形 (〜に) 腹を立てて, いらだって (with, at)

433 関 nuisance [n(j)úːsəns]	图 迷惑, 迷惑な人物
	□ make a **nuisance** of oneself(他人に迷惑をかける)

434 worthless [wə́ːrθləs]	形 価値のない;役に立たない
	□ consider the book **worthless**(その本を価値がないとみなす)
	関 **wicked** [wíkɪd] 形 (道徳的に)悪い, よこしまな
	関 **foul** [fáʊl] 形 汚い;不快な;不正な

129

推測で学ぶ接頭辞・接尾辞 **17** over-

STEP 1:接頭辞の推測 次の語から over- の意味を推測してみよう。

overshadow (→ 427)　　　　overweight

❗ 接頭辞 over- は,「過度の」「上の」「上から, 覆って」などの意味を表します。

over- (上から) + shadow (陰にする) → **overshadow** (暗い影を投げかける)

over- (過度の) + weight (重さ) 　　　→ **overweight** (太り過ぎの)

STEP 2:未知語の推測 over- の意味を意識して, 太字の語の意味を推測しよう。

(1) He is **overconfident** in his strength as a swimmer.

(2) She **overflowed** with joy.

訳 (1) 彼は自分の泳ぎ手としての力に**自信過剰だ**。

over- (過度の) + confident (自信がある) → **overconfident** (自信過剰な)

(2) 彼女は嬉しさで**あふれていた**。

over- (過度の) + flow (流れる) 　　　　→ **overflow** (あふれる)

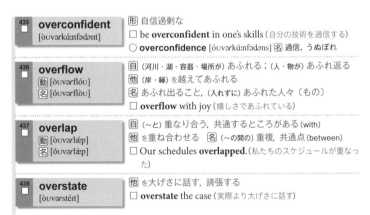

435 ☐ **overconfident** [òʊvərkάːnfədənt]	形 自信過剰な	
	☐ be **overconfident** in one's skills (自分の技術を過信する)	
	○ **overconfidence** [óʊvərkάːnfədəns] 名 過信, うぬぼれ	
436 **overflow** 動 [òʊvərflóʊ] 名 [óʊvərflòʊ]	自 (河川・湖・容器・場所が) あふれる; (人・物が) あふれ返る	
	他 (岸・縁) を越えてあふれる	
	名 あふれ出ること, (入れずに) あふれた人々 〔もの〕	
	☐ **overflow** with joy (嬉しさであふれている)	
437 **overlap** 動 [òʊvərlǽp] 名 [óʊvərlæp]	自 (~と) 重なり合う, 共通するところがある (with)	
	他 を重ね合わせる 名 (~の間の) 重複, 共通点 (between)	
	☐ Our schedules **overlapped**. (私たちのスケジュールが重なった)	
438 ☐ **overstate** [òʊvərstéit]	他 を大げさに話す, 誇張する	
	☐ **overstate** the case (実際より大げさに話す)	

| 439 | overtake
[òuvərtéɪk] | 他 を追い越す；に勝る，をしのぐ
自 前の車〔人〕を追い越す
□ **overtake** the leader (先頭の選手を追い越す) |

| 440 | overthrow
動 [òuvərθróu]
名 [óuvərθròu] | 他 を倒す，崩壊させる；(考え・規制など) を撤廃する
名 崩壊；打倒；転覆
□ **overthrow** the government (政府を転覆する) |

関 **overburden** [òuvərbə́ːrdn] 他 に過度の負担になる
関 **overcast** [òuvərkǽst] 形 雲で覆われた，曇りの
関 **overestimate** [òuvəréstəmèɪt] 自 他 過大評価する
関 **overhear** [òuvərhíər] 他 を漏れ聞く，立ち聞きする
関 **overturn** [òuvərtə́ːrn] 他 自 ひっくり返す；覆す

1   Many teachers and schools, in an attempt to be **color-blind**, do not want to acknowledge cultural or **racial** differences. "I don't see Black or White," a teacher will say, "I see only students." This statement assumes that to be color-blind is to be fair, **impartial**, and objective
5 because to see differences, in this line of **reasoning**, is to see what seems on the surface to be **defects** and **inferiority**. Although this sounds fair and honest and **ethical**, the opposite may actually be true. Color **blindness** may result in refusing to accept differences and therefore accepting the **dominant** culture as the **norm**. It may result
10 in denying the very identity of our students, **thereby** making them **invisible**. What seems on the surface to be perfectly fair may in reality be **fundamentally** unfair. In the classic sense, being color-blind can mean being **nondiscriminatory** in attitude and behavior, and in this sense, color blindness is not a bad thing. However, too often it is used
15 as a way to deny differences that help make us who we are.   (175 words)

教師や学校の多くは，肌の色で差別をしないようにするため，文化や人種の
違いを認めたがらない。「私には黒人とか白人とかいうものはありません。私
の目に映るのは単なる生徒です」と教師は言うことだろう。こういう発言の前
提にあるのは，肌の色の違いを無視することが公明正大で，公平であり，客観
的であるという考えである。この論法においては，違いを認めるということは，
表面的に欠点や劣等性と思われるものを認めるということになるからだ。こう
した考え方は公平で誠実で道義にかなっているように聞こえるが，実はまった
くその逆である可能性がある。肌の色の違いを無視するということは，違いを
認めないということになり，それゆえ支配的な文化を規範として受け入れると
いう結果になるかもしれない。生徒の他ならぬ個性を否定し，それによって，
生徒の真の姿が見えなくなってしまうかもしれない。一見まったく公平のよう
に思えることが，実際には根本的に不公平なことかもしれないのだ。そもそも
の意味から言えば，肌の色の違いを無視することは考え方や行動において人種
差別をしないことになりうるし，その意味においては肌の色の違いが見えない
ことというのは悪いことではない。しかしそれが，私たちの個性を形成するさ
まざまな違いを認めない方便として使われることがあまりにも多い。

❓ 推測しよう！ ―考え方―　　　　　　　　　　　　　⚠ 推測原則 5

単語の構造から推測しよう。 この語は non + discriminatory に分解できる。
また，discriminatory は discriminate の形容詞形であることに気づけば，「差別
的でない」という意味であると推測できるだろう。

441 **color-blind** [kʌ́lərblàɪnd]	形 人種差別のない；色覚異常のある □ a **color-blind** society (人種差別のない社会) ○ **blind** [bláɪnd] 形 目の見えない；(～が) わからない (to) 他 を失明させる；の目をくらませる 名 日よけ，ブラインド
442 関 **dazzle** [dǽzl]	他 の目をくらませる 名 目がくらむこと；輝き □ be **dazzled** by the beam (光線に目がくらむ)
443 **racial** [réɪʃəl]	形 人種 (上) の，民族間の □ eliminate **racial** discrimination (人種差別をやめる) ○ **race** [réɪs] 名 人種；民族；競争
444 関 **tribal** [tráɪbl]	形 種族の，部族の □ a **tribal** conflict (部族紛争) ○ **tribe** [tráɪb] 名 種族，部族
445 **impartial** [ɪmpɑ́ːrʃl]	形 公平な □ give **impartial** advice (公平な助言をする) ⇔ **partial** [pɑ́ːrʃəl] 形 (～に) えこひいきをする，不公平な (to, toward)
446 **reasoning** [ríːznɪŋ]	名 論法；推論，推理 □ lack scientific **reasoning** (科学的な推論を欠いている) ○ **reasonable** [ríːznəbl] 形 道理にかなった；(価格が) 手頃な；適切な ○ **reasonably** [ríːznəbli] 副 かなり；適切に 関 **rational** [rǽʃənl] 形 理性的な；合理的な ○ **rationally** [rǽʃənli] 副 理性的に；合理的に
447 関 **irrational** [ɪrǽʃənl]	形 理性のない；不合理な □ an **irrational** fear of ghosts (幽霊に対する不合理な恐怖) 関 **illogically** [ɪlɑ́ːdʒɪkli] 副 不合理なことに

448 **defect** [díːfekt, dɪfékt]	名 欠点；不足 □ have a major **defect**（重大な欠陥がある） ○ **defective** [dɪféktɪv] 形 欠点のある ○ **defection** [dɪfékʃən] 名 離反；逃亡；欠落
449 関 **flaw** [flɔ́ː]	名 欠点，きず □ find a fatal **flaw**（致命的な欠陥を見つける）
450 **inferiority** [ɪnfìəriɔ́ːrəti]	名 劣等；下位 □ have an **inferiority** complex（劣等感を抱く） ○ **inferior** [ɪnfíəriər] 形 （～より）劣った (to)
451 関 **lesser** [lésər]	形 （価値・程度などが）より劣った，重要でない 🔶 little の二重比較 □ to a **lesser** extent（それほどではないが）
452 ⇔ **superiority** [su(ː)pìəriɔ́ːrəti]	名 優越 □ have a sense of **superiority**（優越感を抱く） ○ **superior** [su(ː)píəriər] 形 優れた；上部(位)の 名 上司
453 **ethical** [éθɪkl]	形 倫理の；道義にかなった □ have an **ethical** problem（倫理的な問題を抱えている） ○ **ethic** [éθɪk] 名 道徳；規範 ○ **ethics** [éθɪks] 名 倫理学；倫理（観）
454 関 **virtuous** [vɔ́ːrtʃuəs]	形 徳の高い，高潔な；自らの徳を誇示した □ lead a **virtuous** life（高潔な生活を送る） 関 **conscientious** [kàːnʃiénʃəs] 形 良心的な，誠実な；念入りの 関 **righteous** [ráɪtʃəs] 形 正しい，高潔な；もっともな
455 **blindness** [bláɪndnəs]	名 盲目；無知，無分別 □ cause **blindness**（失明を引き起こす）

456 **dominant** [dá:mənənt]	形 支配的な，(最も) 有力な □ be **dominant** in the election (選挙で優勢となる) ○ **dominance** [dá:mənəns] 名 優越；支配 (力) ○ **dominate** [dá:mənèit] 他 を支配する；で優位を占める ○ **domination** [dà:mənéiʃən] 名 支配；優位 圞 **prevalent** [prévələnt] 形 広く行きわたっている，流行している 圞 **prevailing** [privéiliŋ] 形 広く行き渡った，一般的な ○ **prevail** [privéil] 自 (〜に) 普及する (in, among)
457 **norm** [nɔ́:rm]	名 標準 (的な状態)；《通例〜s》規範 □ become the **norm** in Europe (ヨーロッパではふつうのことになる)
458 圞 **paradigm** [pérədàim]	名 理論的枠組み；模範；パラダイム《ある分野で共有される思考法》 □ bring a **paradigm** shift (理論的枠組みの抜本的変革をもたらす)
459 **thereby** [ðèərbái]	副 それによって；それに関して □ The beavers dammed the river, **thereby** creating a pond in which to store their food for the winter. (ビーバーは川をせきとめ，それによって，冬期の食料を蓄える池を作る)
460 **invisible** [invízəbl]	形 (〜に) 見えない (to)；隠れた □ **invisible** to the naked eye (肉眼では見えない) ⇔ **visible** [vízəbl] 形 目に見える；明白な
461 **fundamentally** [fʌndəméntəli]	副 基本的に，根本的に □ **fundamentally** different from each other (お互いに根本的に異なる) ○ **fundamental** [fʌndəméntl] 形 基本的な；(〜にとって) 必須の (to) 名《〜s》基本
462 圞 **elemental** [èləméntl]	形 根本的な；自然の；すさまじい □ the **elemental** force of the ocean (海のすさまじい力)

463 関 **integral** [íntəgrəl]	形 なくてはならない, 不可欠の；組み込まれた, 内蔵〔一体〕型の 名 積分
	□ an **integral** part of an athlete's training（運動選手のトレーニングにおいてなくてはならない要素）

464 関 **intrinsic** [ɪntrínsɪk]	形 固有の, 本来備わっている；(ある器官の) 内部にある
	□ the **intrinsic** value of literature（文学の固有の価値）
	関 **requisite** [rékwəzɪt] 形 必要な, 不可欠の

465 **discriminatory** [dɪskrímənətɔ̀ːri]	形 差別的な；識別力のある
	□ abandon **discriminatory** practices（差別的な慣習をやめる）
	⇔ **nondiscriminatory** [nɑːndískrɪmənətɔ̀ːri] 形 差別的でない ❶ non-「非, 不, 無」
	○ **discriminate** [dɪskrímənèɪt] 自 差別をする；(～を) 識別する (between) 他 を見分ける
	○ **discrimination** [dɪskrìmənéɪʃən] 名 差別；識別 (力)
	関 **nonsense** [nɑ́ːnsens] 名 ばかげた考え〔発言, 行動〕, ナンセンス

466 関 **segregate** [ségrəgèɪt]	他 (人種・宗教・性別などで) を (～から) 隔離する (from)
	自 (集団的に) 隔離〔分離〕する, 隔離政策を取る
	□ be **segregated** from society（社会から隔離されている）
	○ **segregation** [sègrəgéɪʃən] 名 分離, 隔離；人種差別

137

推測で学ぶ接頭辞・接尾辞 **18** im-

STEP 1：接頭辞の推測 次の語から im- の意味を推測してみよう。

impartial (→ 445)　　　　import

■ 接頭辞 im- は，形容詞などに付いて「**否定**」の意味を表したり，動詞・名詞に付いて「**中に，中で**」などの意味を表します。im- は in- (→p.145) の異形で，b, m, p で始まる語に付きます。

im- (否定) + partial (不公平な)　　→ **impartial** (公平な)
im- (中に) + port (運ぶ)　　→ **import** (輸入する)

STEP 2：未知語の推測 im- の意味を意識して，太字の語の意味を推測しよう。

May I regard it as his **implicit** consent?

訳 私はそれを彼の**暗黙の**了解と考えていいでしょうか。
　im- (中に) + plicit (たたむ)　　→ **implicit** (暗黙のうちの)

467 **implicit** [ɪmplísɪt]	形 暗黙のうちの，それとなしの；盲目的な □ an **implicit** assumption (暗黙の了解)	
468 **impulsive** [ɪmpʌ́lsɪv]	形 衝動的な，感情にかられた □ reduce **impulsive** behavior (衝動的な行動を抑制する) ○ **impulse** [ímpʌls] 名 衝動；刺激	
469 **impair** [ɪmpéər]	他 (健康など)を害する；(価値など)を減じる □ **impair** one's sight (視力を害する)	

■ **immoral** [ɪmɔ́ːrəl] 形 不道徳な，道徳に反する
■ **immortal** [ɪmɔ́ːrtl] 形 不死の；(名声などが) 不滅の
■ **impolite** [ɪmpəláɪt] 形 無作法な，無礼な，失礼な
■ **imprison** [ɪmprízn] 他 を投獄する；を拘留する
■ **imperative** [ɪmpérətɪv] 形 絶対必要で；命令的な　名 命令；義務；急務
■ **implication** [ɪ̀mplɪkéɪʃən] 名 (～への) (予想される) 影響 (for)；含意
■ **impose** [ɪmpóuz] 他 を課す；を押しつける　自 (～に) つけこむ (on)

STEP 1：接尾辞の推測 次の語から -ness の意味を推測してみよう。

blind<u>ness</u> (→455)　　　　ill<u>ness</u>

❗ 接尾辞 -ness は，形容詞・分詞などに付いて「**状態，性質，程度**」などの意味を表す名詞を作ります。

blind（目の見えない）+ -ness（状態）　→ **blindness**（盲目）

ill（病気の）+ -ness（状態）　　　　　→ **illness**（病気）

STEP 2：未知語の推測 -ness の意味を意識して，太字の語の意味を推測しよう。

He bears a striking **likeness** to his father.

訳 彼は父親にとてもよく**似て**いる。

like（似ている）+ -ness（性質）　　　→ **likeness**（似ていること）

470 □	**likeness** [láɪknəs]	图 似ていること □ bear a striking **likeness** to one's father（父親にとてもよく似ている）
471 □	**responsiveness** [rɪspáːnsɪvnəs]	图 反応がよいこと；反応性，敏感なこと □ levels of student **responsiveness**（生徒の反応のよさの度合い） ○ **responsive** [rɪspáːnsɪv, rə-] 形 反応がよい，敏感な
472 □	**richness** [rítʃnəs]	图 豊富さ；肥沃であること；裕福であること；味の濃厚さ □ the **richness** of wildlife（野生生物の豊かさ）

　　関 **anxiousness** [ǽŋkʃəsnəs] 图 心配；切望

　　関 **eagerness** [íːgərnəs] 图 熱心さ，熱意

　　関 **gratefulness** [gréɪtflnəs] 图 感謝（の気持ち）

　　関 **loneliness** [lóunlinəs] 图 孤独；寂しさ

　　関 **selfishness** [sélfɪʃnəs] 图 自分本位，わがまま

　　関 **usefulness** [júːsflnəs] 图 有益（性），役に立つこと

　　関 **weakness** [wíːknəs] 图 弱さ

1   A good example was provided by the U.S. **Supreme** Court in 1974. The San Francisco School **Department** was **sued** on **behalf** of Chinese-speaking students who, parents and other **advocates** charged, were not being provided with an equal education. The school department, however, argued that they were indeed providing these students with an equal education because they had exactly the same teachers, **instruction**, and materials as all the other students. The U.S. Supreme Court, in a **unanimous** decision, ruled against the school department.

2   The **dictum** "Equal is not the same" is useful here. It means that treating everyone in the same way will not necessarily lead to **equality**; rather, it may end up **perpetuating** the **inequality** that already exists. Learning to **affirm** differences rather than deny them is what a **multicultural** perspective is about.   (133 words)

1 このことの好例が 1974 年に合衆国最高裁判所で示された。サンフランシスコ教育委員会が中国語を話す子供の利益を守るために訴えられたのである。子供たちの両親や支援者の告発によると，中国語を話す子供たちは平等な教育を受けていないという。しかしながら教育委員会は，実際に他のすべての生徒とまったく同じ教師が同じ教授法で同じ教材を使って教えているのだから，確かに平等な教育を受けさせていると主張した。合衆国最高裁判所は全員一致の評決で教育委員会側の敗訴を言い渡した。

2 ここでは「平等と同一は違う」という格言が役に立つ。全員を同じように扱うことが，必ずしも平等ということにはならないということだ。それどころか，すでにある不平等を永続させる結果になるかもしれない。それぞれの違いを否定するのではなく肯定するようになることこそが，多文化的な視点の意味するところなのだ。

❓推測しよう！ ―考え方―　　　　　　　　　　　**⚠推測原則❸**

未知語の意味推測の王道は，文の前後関係〔文脈〕を理解すること。ここでは，equality（平等）と inequality（不平等）が対比されていることに注目する。「全員を同じように扱うこと」は必ずしも平等にはならず，「むしろ不平等を○○することになる」という流れから，perpetuate は「**助長する，盛んにする**」のような意味になるのではないかと推測できるだろう。

| 473 **supreme** [su(:)prí:m] | 形 最高の，最上の |
| | □ reign **supreme** (最高位を占める) |

| 474 関 **utmost** [Átmòust, -məst] | 形 最高の，最大の 名 最大限 |
| | □ exert oneself to the **utmost** (最大限の力を出し切る) |

| 475 **department** [dɪpá:rtmənt, də-] | 名 部門；学科；《D-》《米》省；(百貨店などの) 売り場 |
| | □ a professor in the Literature **Department** (文学科の教授) |

| 476 関 **sector** [séktər] | 名 (事業・産業の) 部門；分野，(ある集団内の) 一部の集団；分野；部門 |
| | □ the technology **sector** of the economy (経済のテクノロジー分野) |

| 477 **sue** [s(j)ú:] | 他 を訴える，を告訴する 自 訴訟を行う |
| | □ **sue** a company for damages (会社に対して損害賠償の訴訟を起こす) |

478 **behalf** [bɪhǽf]	名 利益；支持
	□ on **behalf** of the hospital (病院を代表して)
	関 **beneficial** [bènəfíʃl] 形 (〜に) 有益な (to)
	関 **informative** [ɪnfɔ́:rmətɪv] 形 有益な，情報に富んだ

479 ⇔ **futile** [fjú:tl]	形 無益な，役に立たない，つまらない
	□ make a **futile** attempt (むだな企てをする)
	○ **futility** [fju:tíləti] 名 無用，無益な行為

| 480 ⇔ **vain** [véɪn] | 形 無益な，むだな；うぬぼれの強い，鼻にかけた |
| | □ He tried in **vain** to open the window. (彼は窓を開けようとしたがだめだった) |

481 **advocate** [ǽdvəkèɪt]	名 支援者，主張者 他 を主張する，弁護する
	□ a passionate **advocate** for conservation (自然保護の熱心な支援者)
	○ **advocator** [ǽdvəkèɪtər] 名 主唱者

482 関 **sponsor** [spá:nsər]	名 広告主，スポンサー；後援者；保証人
	□ find **sponsors** for the program (その番組のスポンサーを見つける)
	○ **sponsorship** [spá:nsərʃɪp] 名 後援；資金援助

| 483 | **uphold** [ʌphóʊld] | 他 を支持する，擁護する
□ **uphold** the decision of the court（裁判所の判決を支持する） |

| 484 | **instruction** [ɪnstrʌ́kʃən] | 名 指導；命令；使用説明書
□ follow one's **instructions**（指示に従う）
○ **instruct** [ɪnstrʌ́kt] 他 に指示する；に教える
○ **instructive** [ɪnstrʌ́ktɪv] 形 教育的な，ためになる |

| 485 | **tuition** [t(j)u(:)íʃən] | 名 授業料；指導，教授
□ raise the cost of university **tuition**（大学の授業料を上げる） |

| 486 | **unanimous** [ju(:)nǽnəməs] | 形 全員一致の，同意見の
□ the **unanimous** decision of the judges（審査員の全員一致の決定） |

| 487 | **dictum** [díktəm] | 名 格言；意見
□ a common nineteenth-century **dictum**（19世紀に広く知れ渡った格言）
形 **maxim** [mǽksɪm] 名 金言，格言；処世訓
形 **doctrine** [dɑ́:ktrɪn] 名 教義；（政治上の）主義；学説 |

| 488 | **equality** [ɪkwɑ́:ləti, i:-, -kwɔ́:l-] | 名 平等
□ believe strongly in **equality**（平等の価値を固く信じている） |

| 489 | **perpetuate** [pərpétʃuèit] | 他 を永続させる，を不朽にする
□ **perpetuate** one's ideas through the books（自身の考えを著書を通して不朽のものにする）
○ **perpetual** [pərpétʃuəl] 形 永久の；絶え間のない |

| 490 | **inequality** [ìnɪkwɑ́:ləti] | 名 不平等，不公平
□ protest the **inequality** between rich and poor（貧富の不平等に抗議する） |

143

491 affirm [əfə́ːrm]	他 を肯定する；を断言する 自 肯定する；断言する
	□ **affirm** one's love of nature (自然への愛を肯定する) ○ **affirmative** [əfə́ːrmətɪv] 形 断定的な, 確定の；肯定の ○ **affirmation** [æ̀fərméɪʃən] 名 断定；肯定
	関 **allege** [əlédʒ] 他 を (証拠なしに) 主張する, 断言する

492 関 swear [swéər]	他 を誓う 自 宣誓する
	□ **swear** an oath to god (神への誓いを立てる)

493 関 pledge [pléдʒ]	他 を誓約する 名 誓約
	□ **pledge** one's support (支持を誓う)

494 関 vow [váʊ]	他 (〜すること / 〜ということ) を誓約する (to *do*/that 節)； を誓う 自 誓約する 名 誓い
	□ **vow** to lose weight (体重を減らすことを誓う)

495 multicultural [mʌ̀ltəkʌ́ltʃərəl]	形 多文化 〔民族〕 から成る ◆ multi-「多くの, さまざまな」
	□ live in a **multicultural** city (多文化から成る都市に住む)

496 関 multitude [mʌ́ltət(j)ùːd]	名 多数；《a multitude of 〜》多くの〜
	□ create a **multitude** of problems (多くの問題を引き起こす)
	関 **multinational** [mʌ̀ltɪnǽʃənl] 形 多国籍 (企業) の

STEP 1：接頭辞の推測 次の語から in- の意味を推測してみよう。

inequality（→490）　　　　independent

❗ 接頭辞 in- は，im-（→p.138）と同じく「**否定**」の意味を表します。

in-（否定）＋ equality（平等）　　　→ **inequality**（不平等）

in-（否定）＋ dependent（頼っている）　→ **independent**（頼らない）

STEP 2：未知語の推測 in- の意味を意識して，太字の語の意味を推測しよう。

(1) He is **inattentive** to her needs.

(2) My son is **indifferent** to politics.

訳 (1) 彼は彼女の要求に**無頓着**だ。

in-（否定）＋ attentive（注意深い）　→ **inattentive**（不注意な）

(2) 私の息子は政治に**無関心**だ。

in-（否定）＋ different（違い）　　　→ **indifferent**（無関心な）

497 **inattentive** [ìnəténtɪv]	形 不注意な，怠慢な	
	□ be **inattentive** to her needs（彼女の要求に無頓着である）	
498 **indifferent** [ɪndífərnt, -dífərənt]	形 （〜に）無関心な (to)；冷淡な	
	□ be **indifferent** to politics（政治に無関心である）	
	○ **indifference** [ɪndífərəns] 名 無関心；冷淡	
499 **infamous** [ínfəməs]	形 いまわしい；（〜で）悪名高い (for)	
	□ an **infamous** gangster（悪名高いギャング）	

圏 **incorrect** [ìnkərékt] 形 間違った，不正確な；適切でない

圏 **injustice** [ɪndʒʌ́stɪs] 名 不公平，不当；不当行為

圏 **insufficient** [ìnsəfíʃənt] 形 不足している；不適当な

圏 **insensitive** [ɪnsénsətɪv] 形 無神経な；鈍感な

圏 **indiscernible** [ìndɪsə́:rnəbl] 形 見分けられない

圏 **inflexible** [ɪnfléksəbl] 形 頑固な，融通の利かない；固定の

圏 **incapable** [ɪnkéɪpəbl] 形 （〜の）能力がない (of)

圏 **innumerable** [ɪn(j)úːmərəbl] 形 数え切れない，無数の

圏 **illiterate** [ɪlítərət] 形 読み書きのできない；無学の　◆ l で始
まる語に付く場合は il- になる。

145

推測で学ぶ接頭辞・接尾辞 **21** ad-

STEP 1：接頭辞の推測 次の語から ad- の意味を推測してみよう。

a<u>d</u>vocate (→ 481)　　　　　<u>ad</u>just

❗ 接頭辞 ad- は，「方向，傾向」「変化」「付加」「増加」「強調」など，さまざまな意味を表しますが，他の接頭辞とは異なり，**後ろに続く部分の意味をほとんど変えないので，もとになる語から意味を推測するとよいでしょう。**

　ad- (…に) ＋ vocate (声を出して呼ぶ)　　→ **advocate** (支援者)
　ad- (…に) ＋ just (近く)　　　　　　　　→ **adjust** (調整する)

STEP 2：未知語の推測 ad- の意味を意識して，太字の語の意味を推測しよう。

(1) He always **adheres** rigidly to the rules.
(2) That chemical has an **adverse** effect on health.

訳 (1) 彼はいつも規則を**厳守する**。

　ad- (…に) ＋ here (くっつく)　　　　　→ **adhere** (くっつく，堅く守る)

　(2) その化学物質は健康に**悪い**影響を与える。

　ad- (…に) ＋ verse (向けられた)　　　　→ **adverse** (不利な)

500 ☐ **adhere** [ædhíər]	圓 (〜に) くっつく，粘着する (to)，(信念などを) 堅く守る
	☐ **adhere** rigidly to the rules　(規則を厳守する)
	○ **adherence** [ædhíərəns] 图 執着；信奉；傾倒
	○ **adherent** [ædhíərənt] 形 粘着する，執着した　图 支持者
501 ☐ **adverse** [ædvə́ːrs]	形 不都合な；不利な；有害な；敵対的な
	☐ have an **adverse** effect on health (健康に悪い影響を与える)
	○ **adversity** [ædvə́ːrsəti] 图 逆境，不運；不幸な出来事
	圏 **advent** [ǽdvent] 图 (重要な人・もの・事の) 到来

コラム　接頭辞の語形変化 (2)

　接頭辞が後に続く語のつづりによって形が変化することは, p.47で学びましたね。その中でも, ad- は次のように非常に多くの形に変わります。

(1)　b で始まる語に付く場合：ab-　例) abbreviate

(2)　c, k, q で始まる語に付く場合：ac-　例) accelerate

(3)　f で始まる語に付く場合：af-　例) affirm

(4)　g で始まる語に付く場合：ag-　例) aggregate

(5)　l で始まる語に付く場合：al-　例) allocate

(6)　n で始まる語に付く場合：an-　例) announce

(7)　p で始まる語に付く場合：ap-　例) applaud

(8)　r で始まる語に付く場合：ar-　例) arrest

(9)　s で始まる語に付く場合：as-　例) assemble

(10)　t で始まる語に付く場合：at-　例) attain

　これらをよく見ると, k, q 以外は後に続く語の最初の文字と同じに変わっていることがわかりますね。そこで, 次のようなつづりで始まる語を見たら, 〈ad- + ○○〉ではないかと推測するとよいでしょう。

　abb-, acc-, aff-, agg-, ack-, all-, ann-, app-, acq-, arr-, ass-, att-

　このように, 語形変化をすべて覚えてしまおうとするのではなく, 変化の規則を整理しながら覚えるようにしましょう。

1 **1** At a recent **professional** meeting, a Stanford University researcher discussed the results of a test of the effects of a drug to control **aggression**. The trouble is that the research was carried out on juvenile **inmates** in a California prison, creating a lot of legal and
5 ethical problems.

2 The Stanford research gave groups of juvenile inmates varying doses of an anti-aggression drug and assessed its effect on their behavior. The **controversy** lies in the fact that the researcher **reportedly** admitted setting the dose so low as to be a **placebo**, intentionally denying the
10 subjects any **therapeutic** effect from the drug.

3 Federal regulations allow research in prisons under only very limited **conditions**: when there is a prospect of **direct** therapeutic benefit for the subjects. This means no placebo-controlled trials are allowed.

(131 words)

1 最近行なわれた<u>専門家</u>会議で，スタンフォード大学のある研究者が，<u>攻撃性</u>を抑制する薬の効果を見る実験の結果について論じた。問題は，この研究がカリフォルニア州の刑務所に収容されている未成年の<u>受刑者</u>を対象に行われた点であり，このことが法的・倫理的に大きな問題となっている。

2 そのスタンフォード大学の研究では，複数のグループの未成年受刑者に異なる<u>用量</u>の攻撃性抑制剤を与え，彼らの行動に現れる効果を調べた。<u>物議を醸</u>しているのは，<u>伝えられるところによると</u>，この研究者が服用量を<u>偽薬</u>並に少なく処方し，被験者にこの薬品による<u>治療的</u>効果を意図的に与えなかったことを認めたということだ。

3 連邦の規定では，刑務所における研究は，非常に限定された<u>条件</u>の下で，つまり，被験者に<u>直接の</u>治療効果があると見込まれる場合にのみ許可される。これは，偽薬による統制群実験は一切認められていないということである。

? 推測しよう! —考え方— **! 推測原則1**

condition は典型的な多義語。**多義語が出てきたら，安易に知っている意味をあてはめるのではなく，文脈から意味を判断する**ようにしよう。ここでは「条件」という意味で使われている。

502 **professional** [prəféʃənl]	形 専門的な, 専門家の, プロの；職業の 名 専門家, プロ □ get **professional** advice (専門家の助言を受ける)
503 ⇔ **amateur** [émətʃʊər]	名 アマチュア, 素人 形 アマチュアの；素人の, 未熟な；下手な □ an **amateur** photographer (アマチュアの写真家)
504 **aggression** [əgréʃən]	名 攻撃性, 攻撃的態度；侵略 □ an act of **aggression** (侵略行為)
505 関 **intrusion** [ɪntrúːʒən]	名 侵入；(意見などの) 押しつけ □ an **intrusion** into one's private life (私生活への介入) ○ **intrude** [ɪntrúːd] 他 を押しつける, に割り込む 自 侵入する 関 **invasion** [ɪnvéɪʒən] 名 侵入；侵略；侵害 ○ **invade** [ɪnvéɪd] 他 (国など) に侵入する；を侵害する
506 関 **piracy** [páɪrəsi]	名 著作権 (特許権) 侵害, 海賊行為；違法コピー □ crack down on copyright **piracy** (著作権侵害を取り締まる) ○ **pirate** [páɪərət] 名 著作権 (特許権) 侵害者；海賊
507 **inmate** [ínmèɪt]	名 (刑務所・精神科病院などの) 入所者 □ a prison **inmate** (刑務所の入所者)
508 関 **jail** [dʒéɪl]	名 刑務所, 拘置所 □ go to **jail** (刑務所送りになる) 関 **culprit** [kálprɪt] 名 犯人, 容疑者
509 **controversy** [káːntrəvɜ̀ːrsi]	名 論争；口論 □ cause **controversy** (論争を引き起こす)
510 関 **contend** [kənténd]	自 争う, 戦う；議論する 他 を主張する □ **contend** with severe lack of food (深刻な食料不足と戦う) ○ **contention** [kənténʃən] 名 争い, 口論, 議論；主張

| 511 reportedly [rɪpɔ́ːrtɪdli] | 副 伝えられるところによると；報道によれば
□ The book has **reportedly** sold over one million copies.（その本は 100 万部以上売れていると報じられている） |

| 512 placebo [pləsíːboʊ] | 名 偽薬
□ **placebo** effect（プラシーボ効果） |

| 513 therapeutic [θèrəpjúːtɪk] | 形 治療的な；（心身の）健康によい
□ the **therapeutic** benefits of bathing（入浴の治療的効果）
○ **therapy** [θérəpi] 名 治療；療法
○ **therapist** [θérəpìst] 名 治療士；セラピスト
図 **curative** [kjúərətɪv] 形 病気を治す，治療に役立つ |

| 514 direct [dərékt, daɪ-] | 形 直接の；まっすぐな　他 を向ける；に指導する；に道を教える
□ give him a **direct** look（彼をまっすぐ見る） |

| 515 関 upright [ʌ́pràɪt, ʌpráɪt] | 形 まっすぐな，直立した；正直な
副 まっすぐに，直立して
□ sit in an **upright** position（背筋を伸ばして座る） |

まとめてチェック	**⑬ 薬剤**	⟲512 placebo

516 □	**pharmacist** [fɑ́ːrməsɪst]	名 薬剤師 □ ask a **pharmacist** for advice (薬剤師に助言を求める) ○ **pharmacy** [fɑ́ːrməsi] 名 薬局
517 □	**prescription** [prɪskríp∫ən]	名 処方 (箋); 命令, 規定 □ **prescription** drug (処方薬) ○ **prescribe** [prɪskráɪb] 他 を処方する; を指示する, 規定する
518 □	**pill** [píl]	名 錠剤; ピル □ take sleeping **pills** (睡眠薬を飲む) 関 **tablet** [tǽblət] 名 錠剤; メモ帳; タブレット (PC) 関 **capsule** [kǽpsl] 名 (薬の) カプセル 関 **ointment** [ɔ́ɪntmənt] 名 軟膏, 塗り薬
519 □	**tranquilizer** [trǽŋkwəlàɪzər]	名 精神安定剤 □ prescribe **tranquilizers** (精神安定剤を処方する) 関 **antibiotic** [æ̀ntɪbaɪɑ́ːtɪk, æ̀ntaɪ-] 名 抗生物質
520 □	**vaccine** [væksíːn]	名 (〜に対する) ワクチン (against, for) □ give a **vaccine** against coronavirus (コロナウイルスのワクチンを接種する) ○ **vaccination** [væ̀ksənéɪ∫ən] 名 ワクチン接種

まとめてチェック	**⑭ 治療**	⟲513 therapeutic

521 □	**remedy** [rémədi]	名 (〜の) 治療法, 治療, 治療薬 (for) □ an effective **remedy** for the disease (その病気の効果的な治療法) ○ **remedial** [rɪmíːdiəl] 形 治療 (救済) の; 補習の 関 **diagnosis** [dàɪəgnóʊsɪs] 名 診断 ○ **diagnose** [dàɪəgnóʊs] 他 を診断する
522 □	**medication** [mèdɪkéɪ∫ən]	名 医薬; 薬物治療 □ be on **medication** for depression (うつ病の投薬治療を受けている) ○ **medicate** [médəkèɪt] 他 (薬で) を治療する 関 **injection** [ɪndʒék∫ən] 名 注射; 注入; 投入 ○ **inject** [ɪndʒékt] 他 を注射 (注入, 投入) する 関 **rehabilitation** [rìːəbìlətéɪ∫ən, rìːhə-] 名 リハビリテーション, 社会復帰 ○ **rehabilitate** [rìːəbílətèɪt, rìːhə-] 他 (病人など) を社会復帰させる

受験のプロに、お任せください。

難関大入試に向けて、
得点力を伸ばす秘訣は
答え合わせにあり！

2

次の日本文を英訳せよ。

(1) 警官が近づいてくるのを見ると，その二人組は一目散に逃げていった。

(2) 荷物は必ず2時までに配達されるようにして下さい。（使役動詞 have を用いて）

【Z会の通信教育】高2生向け講座の教材

さあ解いた。
このあとは…？

$\dfrac{0}{10}$ (1) On seeing a police officer come near,
the two people ran away fast.

$\dfrac{10}{10}$ (2) Please have the baggage delivered
by two.

記述式問題の答え合わせ、自分でやる？それとも…

OPEN!

カタカナ語チェック ❹ H-I

次の英単語は日本語でカタカナ語になっているものです。カタカナ語との発音の違いとつづりを確認しよう。

□ **handy** [hǽndi]　　　　　　　　□ ハンディーな, 手ごろな, 使いやすい

□ **harassment** [hərǽsmənt]　　　□ ハラスメント, いやがらせ

□ **harbor** [háːrbər]　　　　　　　□ ハーバー, 港

□ **heel** [híːl]　　　　　　　　　　□ ヒール, かかと

□ **helicopter** [héləkàːptər]　　　□ ヘリコプター

□ **helmet** [hélmət]　　　　　　　□ ヘルメット

□ **herb** [áːrb, háːrb]　　　　　　□ ハーブ, 香草, 薬草

□ **hip** [híp]　　　　　　　　　　　□ ヒップ, 腰《腰骨あたりの盛り上がった部分》

□ **hook** [húk]　　　　　　　　　　□ フック, (留め) かぎ

□ **hurricane** [hə́ːrəkèɪn]　　　　□ ハリケーン

□ **icon** [áɪkɑːn]　　　　　　　　　□ アイコン

□ **ID** [áɪdíː]　　　　　　　　　　　□ アイディー, 身分証明書

□ **inflation** [ɪnfléɪʃən]　　　　　□ インフレ, 通貨膨張

□ **info** [ínfoʊ]　　　　　　　　　□ インフォメーション, 情報

□ **infrastructure** [ínfrəstrλ̀ktʃər]　□ インフラ, 社会基盤施設

□ **input** [ínpùt]　　　　　　　　　□ インプット, 入力

□ **install** [ɪnstɔ́ːl]　　　　　　　□ インストールする

□ **interface** [íntərfèɪs]　　　　　□ インターフェース

□ **irregular** [ɪréɡjələr]　　　　　□ イレギュラーな, 不規則な

1 **❶** Research in prisons was not always so limited. Before the early
1980s, prisoners were considered to be a popular research **population**.
Prisoners offered a controlled environment: No prisoners would
be "lost to **follow-up**." Prisoners were highly motivated subjects,
5 whether to earn **extra** money or other forms of payment, make up for
previous behavior, or get better access to medical care. In fact, a study
performed in the early 1980s demonstrated that research participation
was a popular and highly-valued activity; the most powerful inmates
were the most likely to be research subjects.

10 **❷** But such motivation is **precisely** why concerned **regulators**
moved to limit research participation by prisoners. How can subjects
give truly **voluntary consent** in a setting where freedom is so
severely constrained? In the case of the Stanford research, consent is
doubly complicated by the fact that the prisoners were juveniles.

15 **❸** The Stanford researcher has not yet commented on his motives,
but he might have found inmates a desirable research population for a
number of reasons. For research into ways to control aggression, whom
is it better to study and who is more likely to **benefit** than aggressive
prisoners? **Deceitfully** breaking the rules as he did, however, runs
20 the risk of harming not only subjects but the future of such research
altogether.   (212 words)

1 刑務所における研究には以前はこのような制約はなかった。1980年代初めまでは，受刑者はかっこうの研究対象<u>集団</u>と考えられていた。受刑者たちは，（研究者にとって）思い通りになる環境を提供してくれた。すなわち，「<u>追跡調査不能</u>」にならないからだ。（動機が）<u>特別</u>収入やその他の形での報酬を得るためであれ，過去の行いを償うためであれ，診療を受けやすくするためであれ，受刑者は非常に意欲的な被験者であった。事実，1980年代初めに行われた研究を見ると，研究への参加が受刑者に広く受け入れられ，かつ非常にありがたがられた活動だったということがわかる。最も力のある受刑者が最も頻繁に被験者になっていたのである。

2 しかし，このような動機こそ<u>まさしく</u>，事態を憂慮した<u>関係当局</u>が受刑者の研究参加を制限する方向に動いた理由なのである。被験者たちは，あのように<u>極度に</u>自由が<u>制約された</u>環境の中で，どうして本当に<u>自分の意思による</u> <u>同意</u>をすることができるだろうか。スタンフォード大学の研究の場合，受刑者が未成年者だったために，同意は<u>二重に</u>複雑な問題になっているのだ。

3 スタンフォード大学の研究者は自分の研究の真意について，まだ何もコメントしていないが，おそらく多くの理由から受刑者が望ましい研究対象集団であると考えたのであろう。攻撃性を抑制する方法の研究には，攻撃的な受刑者のほうが研究対象としてふさわしいであろうし，また受刑者自身の<u>ためにもなる</u>であろう。しかし，この研究者のように<u>嘘をついて</u>規則を破るようなことをすれば，被験者のみならず，このような研究の将来全体にも害を与える危険を冒すことになるのだ。

❓ 推測しよう！ ―考え方― （！）推測原則 **3**

文の形から推測しよう。 voluntary consent と freedom is so severely constrained とが**対比関係**にあることに気づけば，constrained は voluntary（自発的な）と反対の意味になるはずだと推測できるだろう。

523 **population** [pàːpjəléɪʃən]	名 (統計上の) 集団人口；個体群；全住民 □ the global whale **population** (世界のクジラの棲息数)
524 **follow-up** [fáːloʊ-ʌ̀p]	名 追跡調査；追加, 続行 □ do a **follow-up** study (追跡調査を行う)
525 **extra** [ékstrə, ékʃtrə]	形 追加の；余分の □ pay **extra** money for a first-class seat (1 等席のための追加料金を支払う)
526 関 **extravagant** [ɪkstrǽvəgənt, eks-]	形 途方もない；ぜいたくな □ live an **extravagant** lifestyle (ぜいたくな暮らしをする) ○ **extravagance** [ɪkstrǽvəgəns, eks-] 名 過度, 浪費 関 **extraordinary** [ɪkstrɔ́ːrdənèri, eks-] 形 並外れた, 非常な
527 **precisely** [prɪsáɪsli]	副 正確に (= **exactly**) □ get up at **precisely** six o'clock (6 時きっかりに起きる) ○ **precise** [prɪsáɪs] 形 正確な
528 関 **punctual** [pʌ́ŋktʃuəl, pʌ́ŋkʃuəl]	形 (〜の) 時間を厳守する；時間に正確な (for) □ be **punctual** for an appointment (約束の時間を守る) ○ **punctuality** [pʌ̀ŋktʃuǽləti] 名 時間厳守
529 **regulator** [régjəlèɪtər]	名 規制者, 取締官；調節装置 □ a voltage **regulator** (電圧調整器) ○ **regulate** [régjəlèɪt] 他 を規制する, 統制する；を調整する ○ **regulation** [règjəléɪʃən] 名 規則, 法規, 規制；調整, 調節 ○ **regulative** [régjəlèɪtɪv] 形 規定する；調節する ○ **regulatory** [régjələtɔ̀ːri] 形 規定する, 取り締まる, 調節する
530 **voluntary** [váːləntèri]	形 自発的な, 自由意志の；任意の □ work on a **voluntary** basis (ボランティアとして働く)
531 関 **involuntary** [ɪnváːləntèri]	形 無意識の；自由意志によらない；意志に反した □ **involuntary** unemployment (不本意な失業)

532	**spontaneous** [spɑːntéɪniəs]	形 自発的な，任意の；無意識の；本能的な
		□ make a **spontaneous** recovery (自然治癒する)
		○ **spontaneously** [spɑːntéɪniəsli] 副 自発的に

| 533 | 関 **arbitrary** [ɑ́ːrbətrèri] | 形 任意の；勝手な；専横な |
| | | □ an **arbitrary** and biased view (独断と偏見) |

534	⇔ **mandatory** [mǽndətɔ̀ːri]	形 義務的な；強制的な；(統治を) 委任された
		□ face **mandatory** retirement (定年退職を迎える)
		関 **compulsory** [kəmpʌ́lsəri] 形 (法律・制度により) 義務的な；強制的な

| 535 | **consent** [kənsént] | 名 同意；承諾　自 (~に) 同意する (to)；承諾する |
| | | □ give informed **consent** (説明を受けた上で治療に同意する) |

| 536 | 関 **assent** [əsént] | 名 同意，承諾　自 同意する |
| | | □ give one's **assent** to publication (出版に同意する) |

537	関 **blessing** [blésɪŋ]	名 恵み，ありがたいもの；承認；支持；神の加護
		□ a **blessing** to the artist (その芸術家にとってありがたいもの)
		関 **approval** [əprúːvl] 名 賛成，是認
		○ **approve** [əprúːv] 自 (~に) 賛成 (同意) する (of)　他 (計画・考えなど) を (公に) 承認 (認可) する
		関 **endorse** [endɔ́ːrs] 他 を支持する，承認する
		○ **endorsement** [ɪndɔ́ːrsmənt] 名 支持，承認

538	**severely** [sɪvíərli]	副 ひどく；厳しく，厳格に
		□ be **severely** damaged (ひどい損害を被る)
		○ **severe** [sɪvíər] 形 深刻な；厳格な

| 539 | 関 **stern** [stɔ́ːrn] | 形 厳格な；いかめしい；断固とした |
| | | □ receive a **stern** warning (厳重注意を受ける) |

| 540 | 関 **stubborn** [stʌ́bərn] | 形 頑固な；手に負えない |
| | | □ a **stubborn** refusal to follow the rules (ルールに従うことへの断固たる拒否) |

541 **constrain** [kənstréɪn]	他 を束縛する，抑える；を強いる □ be **constrained** by government interference (政府の干渉によって制約を受ける) ○ **constraint** [kənstréɪnt] 名 強制，束縛，抑えること
542 関 **restrain** [rɪstréɪn]	他 を制止する；をこらえる；に (~するのを) やめさせる (from *doing*) □ **restrain** him from traveling abroad (彼が海外旅行するのをやめさせる) ○ **restraint** [rɪstréɪnt] 名 (~に対する) 制限〔禁止〕事項 (on)；抑制，禁止；自制
543 関 **insistent** [ɪnsístənt]	形 (~を) 強く主張する；強要する (on, about)，しつこい □ be **insistent** on studying abroad (留学することにこだわる)
544 **doubly** [dʌ́bli]	副 二重に，二倍に □ work **doubly** quick (二倍の速さで働く) ○ **double** [dʌ́bl] 形 名 二倍 (の) 他 を二倍にする 自 倍増する
545 関 **dual** [d(j)úːəl]	形 二の，二重の □ **dual** nationality (二重国籍)
546 **benefit** [bénəfit]	自 利益を得る 他 に利益を与える 名 恩恵；利益 ◆ bene「良い」 □ greatly **benefit** from the technology (その技術から大いに恩恵を受ける)
547 関 **avail** [əvéɪl]	他 に役立つ □ **avail** oneself of every opportunity (あらゆる機会を利用する)
548 関 **benevolent** [bənévələnt]	形 親切な；善意の；寛大な，慈善の □ a **benevolent** nurse (親切な看護師)

549	**deceitfully** [dɪsíːtfli]	副 偽って, 人を惑わすように

□ **deceitfully** make a promise (うその約束をする)
○ **deceitful** [dɪsíːtfl] 形 人をだます, 偽りの
○ **deceit** [dɪsíːt] 名 虚偽, 偽り；詐欺
○ **deceive** [dɪsíːv] 他 をだます, 惑わす 自 詐欺をする
○ **deception** [dɪsépʃən] 名 だます〔だまされる〕こと；詐欺 (行為)

550	顕 **betray** [bɪtréɪ, bə-]	他 を裏切る；(秘密など) をあばく

□ **betray** the viewers' trust (視聴者の信頼を裏切る)
○ **betrayal** [bɪtréɪəl, bə-] 名 裏切り

まとめてチェック ⑮ 集団 ⟵ 523 population

551	**cluster** [klʌ́stər]	名 (同種のもの・人の) 集まり；群れ, (花・実などの) 房 自 集まる；群がる 他 を集める；に群がらせる

□ a **cluster** of small rocks (小さな岩の集まり)

552	**flock** [flɑ́ːk]	名 (鳥・ヒツジ・ヤギなどの) 群れ；群衆；大群；一群 自 集まる；群れをなす

□ a **flock** of seagulls (カモメの群れ)

553	**herd** [hə́ːrd]	名 (特に牛・馬・ゾウなど, 同種の動物の大きな) 群れ；(人の) 群れ 他 を集める

□ a **herd** of elephants (ゾウの群れ)

554	**mob** [mɑ́ːb]	名 (無秩序で暴力的な) 群衆；やじ馬, (同じような人の) 集団 他 《受身で》取り囲まれる, もみくちゃにされる

□ stir up a **mob** (暴徒を駆り立てる)

555	**rally** [rǽli]	名 集会；大会；自動車レース；(テニス・バドミントンなどの) ラリー 他 (人) を集める；を元気づける；を復興する

□ hold a victory **rally** (勝利集会を開く)

推測で学ぶ接頭辞・接尾辞 **22** con- (2)

STEP 1：接頭辞の推測 次の語から con- の意味を推測してみよう。

constrain (→ 541)　　　conclude

■ 接頭辞 con- には，「共に，一緒に」という意味 (→ p.36) のほかに「まったく，完全に」という強意の意味もあります。

con- (完全に) + strain (結ぶ)　　　　　→ **constrain** (束縛する)

con- (完全に) + clude (閉じる)　　　　→ **conclude** (結論づける)

STEP 2：未知語の推測 con- の意味を意識して，太字の語の意味を推測しよう。

(1)　She **confided** in her math teacher.
(2)　He **contrived** a method to escape.

訳 (1) 彼女は数学の先生を**信頼していた**。

con- (完全に) + fide (信頼する)　　　→ **confide** (信頼する)

(2) 彼は脱出する方法を**考え出した**。

con- (完全に) + trive (見つける)　　　→ **contrive** (考案する)

556	**confide** [kənfáɪd]	圁 (~を) 信頼する；(~に) 秘密を打ち明ける (in) 他 (~に) を打ち明ける (to)；(大事な仕事など) を任せる □ **confide** in one's teacher (先生を信頼する)
557	**contrive** [kəntráɪv]	他 を考案 (工夫) する；をたくらむ；うまく (~) する (to *do*) □ **contrive** a method to escape (脱出する方法を考え出す)

■ **configure** [kənfígjər] 他 を構成する，設定する
○ **configuration** [kənfìgjəréɪʃən] 名 構成，配置；設定
■ **congressional** [kəngréʃənl] 形 議会の，国会の；会議の
■ **conspicuous** [kənspíkjuəs] 形 目立つ，明白な
■ **conscience** [kάːnʃəns] 名 良心 (にしたがうこと)

STAGE 3

1　　In experiments involving human subjects, a great many subtle influences can **distort** research results.　One **distortion** arises from the Hawthorne Effect.　This refers to any situation in which the **experimental** conditions are such that the mere fact that the subject
5 is aware of participating in an experiment, is aware of the **hypothesis**, or is receiving special attention tends to improve performance.　The name came from studies carried out at the Hawthorne Plant of the Western Electric Company.　In one of these studies the **illumination** of three departments in which employees **inspected** small parts,
10 assembled electrical **relays**, and wound **coils** was gradually increased. The production efficiency in all departments generally went up as the light intensity increased.　Experimenters found, however, that upon **decreasing** the light intensity in a later experiment, the efficiency of the group continued to increase slowly but steadily.　Further
15 experiments, with rest periods and varying the length of working days and weeks, were also accompanied by **gradual** increases in efficiency whether the change in working conditions was for the better or for the worse.　**Apparently** the attention given the employees during the experiment was the major factor **leading** to the production gains.

(194 words)

人間の被験者が関わる実験においては，非常に多くの微妙な作用が，研究結果を<u>ゆがめる</u>ことがある。ある<u>ゆがみ</u>はホーソン効果から生じる。これは，<u>実験の条件</u>が，被験者が実験に参加していることを認識していたり，<u>仮説</u>を知っていたり，特別な注意を向けられていたりするだけで，成績が向上する傾向があるようなものである状態のことを言う。その名前は，ウェスタン・エレクトリック社のホーソン工場で実施された研究に由来するものである。この研究のうちのひとつにおいて，従業員が小さな部品<u>を検査し</u>，継電器を組み立てて，<u>コイル</u>を巻きつける作業を行う３つの部署の<u>照明</u>を徐々に強めていった。明かりの強度が増すにつれて，生産効率はすべての部署において全般的に上昇した。しかしながら，実験者が気づいたことには，その後の実験で明かりの強度<u>を弱めても</u>，そのグループの効率はゆっくりではあるが着実に向上し続けたのである。さらなる実験で，休憩時間を取ったり労働日数や週数を変更したりしても，その労働環境の変化が良い方向のものであれ悪い方向のものであれ，やはり効率は<u>徐々に</u>向上した。その実験中に従業員に対して向けられた注意が，その生産増加を<u>引き起こした</u>主な要因だった<u>ようである</u>。

❓ 推測しよう！ ―考え方― **！ 推測原則5**

単語の構造から推測しよう。inspect は in ＋ spect と分解できる。in- は接頭辞で，形容詞の前に付くと「**反対**」の意味を表す。一方，動詞などの前に付くと「into, toward」などの意味を表し，その語の意味を強める。spect はさまざまな語を作る部品で，主に「**見る**」という意味を表す。したがって，inspect は **look into**（調べる）と同じ意味になると推測できる。

163

558 **distort** [dɪstɔ́ːrt]	他 をゆがめて伝える；をゆがめる □ **distort** historical facts（史実をゆがめる）

559 **distortion** [dɪstɔ́ːrʃən]	名 （形・音・顔などの）ゆがみ；ゆがめられたもの〔状態〕；（事実などの）歪曲 □ the **distortion** on the radio（ラジオでの音のゆがみ）

560 **experimental** [ɪkspèrəméntl]	形 実験の，実験に基づく；実験〔試験〕的な □ **experimental** evidence（実験に基づく証拠） ○ **experiment** 名 [ɪkspérəment, eks-] 動 [-mènt] 名 実験 自 実験する

561 関 **empirical** [empírɪkl]	形 （理論ではなく）実験〔実証・経験〕に基づいた □ **empirical** research（実験に基づいた研究） ⊕ **theoretical** [θìːərétɪkl] 形 理論（上）の

562 **hypothesis** [haɪpáːθəsɪs]	名 仮説；（議論の）前提（複 -ses） □ test a **hypothesis**（仮説を検証する）

563 ○ **hypothetical** [hàɪpəθétɪkl]	形 仮説〔仮定〕の；仮説上の □ talk about a **hypothetical** situation（仮定の状況について話をする）

564 **illumination** [ɪlùːmənéɪʃən]	名 照明，《～s》イルミネーション □ the **illumination** created by artificial light（人工的な光源で作られた照明） ○ **illuminate** [ɪlúːmənèɪt] 他 を照らす；（問題点など）を明らかにする ○ **illuminative** [ɪlùːmənéɪtɪv] 形 照らす，明るくする；啓発する

565 **inspect** [ɪnspékt]	他 を検査する，をくわしく調べる　❶ spect「見る」 □ **inspect** the family's luggage（その家族の荷物を検査する） ○ **inspection** [ɪnspékʃən] 名 監査，検閲；検査 ○ **inspector** [ɪnspéktər] 名 調査〔検査〕官；検閲官 関 **perspective** [pərspéktɪv] 名 観点；遠近法〔感〕；見通し

566 圏 **probe** [próub]	他自 徹底的に調査する, 探る □ **probe** deeply into the company's records（その会社の記録を徹底的に調査する） 圏 **scrutinize** [skrúːtənàɪz] 他 をくわしく調べる 圏 **scrutiny** [skrúːtəni] 名 詳細な検査；監視 圏 **audit** [ɔ́ːdət] 名 会計検査, 監査 他 の会計検査をする
567 **relay** [ríːleɪ]	名 継電器；(仕事の) 交代要員；リレー競走；中継 他 (情報・連絡など)を伝達する；を中継放送する □ win the 400-meter **relay**（400 メートルリレーで優勝する）
568 **coil** [kɔ́ɪl]	名 コイル；(鋼・針金などの) 輪, 巻いたもの 他 をぐるぐる巻く, 巻きつける 自 とぐろを巻く；丸くなる □ a **coil** of rope（1 巻きのロープ） 圏 **loop** [lúːp] 名 輪, 環状のもの
569 **decrease** [動] [dìːkríːs, dɪ-] [名] [díːkriːs]	自 減少する 他 を減らす 名 減少 □ **decrease** by 30%（30%減少する）
570 圏 **dwindle** [dwíndl]	自 低下する；だんだん小さくなる □ **dwindle** away to nothing（だんだん減ってゼロになる）
571 圏 **erosion** [ɪróuʒən]	名 浸食；衰え, 低下 □ the **erosion** of the cliff（崖の浸食） ○ **erosive** [ɪróusɪv] 形 浸食〔腐食〕性の 圏 **diminish** [dɪmíːnɪʃ] 自 他 減少する〔させる〕
572 **gradual** [grǽdʒuəl, grǽdʒəl]	形 徐々の；(傾斜が) なだらかな □ a **gradual** change in climate（気候のゆるやかな変化） ○ **gradually** [grǽdʒuəli, grǽdʒəli] 副 徐々に
573 🔄 **steep** [stíːp]	形 (傾斜が) 急な, 険しい □ go up a **steep** hill（急な坂を登る）

右端の番号列：1〜48（21 が強調）

165

574 apparently [əpǽrəntli, əpǽr-]	副 見たところでは；たぶん □ be **apparently** healthy（見たところ健康そうである） ○ **apparent** [əpǽrənt] 形 明らかな；外見上の
575 圏 **superficial** [sùːpərfíʃl]	形 表面的な；浅はかな，皮相的な；(傷などが) 浅い □ on a **superficial** level（表面的には）

576 leading [líːdɪŋ]	形 主要な，最も重要な，一流の；先頭の 動 lead（先導する，導く）の現在分詞形 □ play a **leading** role in the company（会社の中心的な役割を担う）
577 圏 **staple** [stéɪpl]	形 主要な　名 主要産物〔商品〕 □ the **staple** industries of Canada（カナダの主要産業）
578 圏 **potent** [póʊtənt]	形 有力な，影響〔説得〕力のある；(薬などが) 効能のある □ take a **potent** drug（強い薬を飲む）

次の英単語は日本語でカタカナ語になっているものです。カタカナ語との発音の違いとつづりを確認しよう。

□ **junction** [dʒʌ́ŋkʃən] 　　　　　□ ジャンクション, 合流点

□ **keyboard** [kíːbɔ̀ːrd] 　　　　　□ キーボード

□ **kiss** [kís] 　　　　　□ キス, 口づけ

□ **kit** [kít] 　　　　　□ キット, 道具一式

□ **label** [léɪbl] 　　　　　□ ラベル, 札

□ **lace** [léɪs] 　　　　　□ (手芸の) レース

□ **laser** [léɪzər] 　　　　　□ レーザー (光線)

□ **layout** [léɪòʊt] 　　　　　□ レイアウト, 配置, 設計

□ **leadership** [líːdərʃìp] 　　　　　□ リーダーシップ, 指導力

□ **license** [láɪs(ə)ns] 　　　　　□ ライセンス, 免許証

□ **logo** [lóʊgoʊ] 　　　　　□ ロゴ, 意匠文字

□ **loose** [lúːs] 　　　　　□ ルーズな, ゆるい, ゆるんだ

□ **magnitude** [mǽgnət(j)ùːd] 　　　　　□ マグニチュード

□ **major** [méɪdʒər] 　　　　　□ メジャーな, 主要な

□ **margin** [máːrdʒɪn] 　　　　　□ マージン, 余白, 利ざや

□ **melody** [mélədi] 　　　　　□ メロディ, 歌, 旋律

□ **memo** [mémoʊ] 　　　　　□ メモ, 覚え書き

□ **minor** [máɪnər] 　　　　　□ マイナーな, 重要でない

□ **mobile** 名 [móʊbiːl] 形 [móʊbl, -biːl] 　　　　　□ モバイル (の), 移動式 (の)

□ **mode** [móʊd] 　　　　　□ モード, 方法, 様式

□ **monster** [máːnstər] 　　　　　□ モンスター, 怪物

□ **motor** [móʊtər] 　　　　　□ モーター, 発動機

1 **1** THE **VERDICT** IS in: food deserts don't drive **nutritional disparities** in the United States the way we thought. Over the past decade, study after study has shown that differences in access to **healthful** food can't fully explain why wealthy Americans consume a
5 healthier diet than poor Americans.

2 If food deserts aren't to blame, then what is?

3 I've spent the better part of a decade working to answer this question. I interviewed 73 California families — more than 150 parents and kids — and spent more than 100 hours observing their
10 daily **dietary** habits, **tagging** along to grocery stores and drive-through windows. My research suggests that families' **socioeconomic** status affected not just their access to healthful food but something even more fundamental: the meaning of food.

(125 words)

1　<u>判定</u>は下った。食品砂漠は，アメリカにおける<u>栄養の</u> <u>不均衡</u>を私たちが
思っていた方向へと推し進めてはいない。この10年間にわたって，<u>健康的な</u>
食物が手に入るかどうかの違いでは，裕福なアメリカ人が貧しいアメリカ人よ
りも健康的な食事を取っている理由を説明しきれないことを，いくつもの研究
が次々と明らかにしてきた。

2　食品砂漠に責任がないとしたら，では，何に責任があるのか。

3　私はこの疑問に答えるためにほぼ10年間取り組んできた。カリフォルニ
アの73家族—150人を超える親と子供—に聞き取りをし，スーパーやドライ
ブスルーの窓口に**ついて行って**，彼らの日々の<u>食習慣</u>を観察するのに100時
間超を費やした。私の調査によると，家族の<u>社会経済的</u>地位は，健康的な食物
が手に入るかどうかということに影響を与えるだけでなく，さらに根本的なこ
と，つまり食物の意味にも影響を与えるらしい。

❓推測しよう！　—考え方—　　　　　　　　　　　　　**❗推測原則4**

文脈（話の流れ）をしっかりとつかんで意味を推測しよう。ここは，カリフォ
ルニアの住民の食生活を徹底的に調査したという流れになっている。した
がって，台所や食事の様子だけでなく，スーパーなどでの買い物にも「**つい
て行って**」観察したのだと推測できる。

579 □ **verdict** [vớːrdɪkt]	名 (陪審員が下す) 評決，(〜に対する) (熟考などに基づく) 決定；意見 (on) □ return a guilty **verdict** (有罪の評決を下す)
580 □ **nutritional** [n(j)uːtríʃənl]	形 栄養 (上) の □ the **nutritional** value of cheese (チーズの栄養価) ○ **nutrition** [n(j)uːtríʃən] 名 栄養摂取；栄養 (物)
581 ○ **nutrient** [n(j)úːtriənt]	名 栄養物，栄養素　形 栄養になる，滋養に富む □ be rich in healthy **nutrients** (健康的な栄養に富んでいる)
582 □ **disparity** [dɪspérəti, -pǽr-]	名 不釣り合い，不均衡；相違 □ the **disparity** between wealth and happiness (富と幸福の不均衡) 🔄 **parity** [pérəti] 名 同等，均等
583 □ **healthful** [hélθfl]	形 健康によい □ eat a **healthful** diet (健康的な食事をとる)
584 □ **dietary** [dáɪətèri]	形 食事の □ change **dietary** habits (食習慣を変える) ○ **diet** [dáɪət] 名 食事；ダイエット；《the D-》国会　自 ダイエットをする
585 □ **tag** [tǽg]	自 ついて行く，つきまとう (along)　他 に付け札を付ける　名 付け札，タグ □ **tag** along with the actor (その俳優について行く)
586 🔄 **label** [léɪbl]	名 ラベル，表示；レコード会社　他 《label A B》A に B と書いたラベルを付ける，A に B と表示する □ the **label** on the T-shirt (その T シャツのラベル)
587 □ **socioeconomic** [sòʊsiouekəná:mɪk]	形 社会経済的な □ higher **socioeconomic** status (より高い社会経済的地位)

推測で学ぶ接頭辞・接尾辞 **23** dis- (1)

STEP 1：接頭辞の推測　次の語から dis- の意味を推測してみよう。

<u>dis</u>parity (→ 582)　　　　<u>dis</u>courage

■ 接頭辞 dis- は、「反対」「否…, 不…」の意味を表します。

dis- (否定) + parity (同等)　　　　　→ **disparity** (不釣り合い)

dis- (打ち消し) + courage (勇気)　　→ **discourage** (落胆させる)

STEP 2：未知語の推測　dis- の意味を意識して, 太字の語の意味を推測しよう。

I **disapprove** of your plan.

訳 私はあなたの計画に**賛成しない**。

dis- (否定) + approve (賛成する)　　→ **disapprove** (賛成しない)

588 **disapprove** [dìsəprúːv]	圓 賛成しない 他 を認めない	
	□ **disapprove** of one's plan (計画に賛成しない)	
	○ **disapproval** [dìsəprúːvl] 名 不承認；不賛成	
589 **dishonesty** [dɪsɑ́nəsti]	名 不正 (行為)；不正直	
	□ accuse him of **dishonesty** (彼を不正直だと非難する)	
590 **disobedient** [dìsəbíːdiənt]	形 (~に) 従順でない；違反する (to)	
	□ be **disobedient** to one's order (命令に不服従である)	
591 **displeasure** [dɪspléʒər]	名 不満, 不快	
	□ express **displeasure** (不満を示す)	
592 **disregard** [dìsrɪgɑ́ːrd]	他 を無視する, 軽視する 名 無視, 軽視	
	□ **disregard** the dress code (服装規定を無視する)	
593 **dissatisfied** [dìssǽtəsfàɪd]	形 (~に) 不満な (with)；(表情などが) 不満そうな	
	□ be **dissatisfied** with one's job (仕事に不満である)	

関 **discharge** 動 [dɪstʃɑ́ːrdʒ] 名 [dístʃɑːrdʒ] 他 を解放する；を
釈放する；を解雇する 名 解放；釈放；解雇

関 **disclose** [dɪsklóuz] 他 を暴く, を公表する

○ **disclosure** [dɪsklóuʒər] 名 暴露, 発表, 発覚

関 **discord** [dískɔːrd] 名 不一致, 不和

関 **displace** [dɪspléɪs] 他 に取って代わる

1 **1** Most of the parents I interviewed — poor and **affluent** — wanted
their kids to eat **nutritious** food and believed in the importance of a
healthful diet.

2 But parents were also constantly **bombarded** with requests for
5 **junk** food from their kids.　Across households, children asked for
foods high in sugar, salt, and fat.　They wanted Cheetos and Dr Pepper,
not broccoli and sweet potatoes.　One mom **echoed** **countless** others
when she told me that her kids "always want junk."

3 While both wealthy and poor kids asked for junk food, the parents
10 responded differently to these **pleas**.　An overwhelming majority of
the wealthy parents told me that they **routinely** said no to requests for
junk food.　In 96 percent of high-income families, at least one parent
reported that they regularly decline such requests.　Parents from poor
families, however, almost always said yes to junk food.　Only 13 percent
15 of low-income families had a parent that reported regularly declining
their kids' requests.

4 One reason for this disparity is that kids' food requests meant
drastically different things to the parents.　　　　　　(177 words)

1 私が聞き取りをした親のほとんどは―貧しい親も**裕福な**親も―子供たちに**栄養のある**食物を食べてほしいと思っており，健康的な食事の重要性を信じていた。

2 しかし，親たちはまた，子供からの**ジャンク**フードへの要求に絶え間なく**責め立てられていた**。世帯の違いを超えて，子供たちは糖分と塩分と脂肪分の高い食物を求めていた。彼らは，ブロッコリーやサツマイモではなく，チートスとドクターペッパーを欲しがった。ある母親は，他の**無数の**母親と**口をそろえて**，子供が「常にジャンクフードを欲しがるんです」と私に言った。

3 裕福な子供も貧しい子供もジャンクフードを求める一方で，その親たちはこれらの**懇願**に異なる方法で応えた。裕福な親の圧倒的多数は，ジャンクフードへの要求に**決まって**ノーと答えると私に言った。高収入の家庭の96％で，少なくとも一方の親が，そのような要求をしばしば断ると報告した。しかし，貧しい家庭の親は，ほぼ常にジャンクフードに対してイエスと言った。子供の要求をしばしば断ると報告した親がいたのは，低収入の家庭のうち13％だけだった。

4 この不均衡の1つの理由は，子供の食物への要求が親にとって**大きく**異なるものを意味していたということである。

❓ 推測しよう！ ―考え方―　　　　　　　　　　　　　　　　**⚠ 推測原則3**

文脈を正確につかむためには，接続詞を活用するとよい。ここでは，文頭のBut に注目しよう。「親は子供に栄養のあるものを食べさせたい。しかし，○○だ」という流れになっている。親は requests for junk food from their kids（子供からのジャンクフードへの要求）を bombard されており，そのせいで願いが叶わないのだから，bombard は「**しつこく要求する**」くらいの意味だと推測できればよいだろう。

173

594 **affluent** [ǽfluənt]	形 (経済的に) 豊かな, 裕福な；おびただしい, 豊富な ◆ flu「流れる」
	□ an **affluent** art collector (裕福な美術品収集家)
	○ **affluence** [ǽfluəns] 名 豊かさ, 裕福さ；(言葉などの) 豊富さ

595 赤 **surplus** [sɔ́ːrplʌs, -pləs]	名 余り；黒字 形 余分の
	□ trade **surplus** (貿易黒字)
	赤 **superfluous** [su(:)pɔ́ːrfluəs] 形 必要以上の, 余分な

596 赤 **fluid** [flúːɪd]	名 流体 形 流動性の；変わりやすい；(言葉が) 流暢な
	□ change the brake **fluid** (ブレーキオイルを交換する)

597 **nutritious** [n(j)uːtríʃəs]	形 栄養のある
	□ provide **nutritious** meals (栄養のある食事を提供する)

598 **bombard** [bɑːmbáːrd]	他 を責め立てる；を砲撃〔爆撃〕する
	□ **bombard** him with questions (彼を質問攻めにする)

599 赤 **dip** [díp]	他 をちょっと浸す, を入れる 自 ちょっと浸る；(太陽などが) 沈む 名 ちょっと浸すこと；(価格などの一時的な) 低下
	□ **dip** one's toe into the water (水につま先をちょっと浸す)
	赤 **splash** [splǽʃ] 他 を (～に) はねかける (on, onto, over) 自 はねかける 名 バシャン〔ザブン〕という音

600 **junk** [dʒʌ́ŋk]	名 ジャンクフード (junk food)；がらくた
	□ be full of old **junk** (古いがらくたでいっぱいである)

601 赤 **debris** [dəbríː]	名 瓦礫；(破壊の後の) 破片
	□ reduce space **debris** (宇宙ごみを減らす)

602 **echo** [ékou]	他 をまねる, 踏襲する；を反響させる 自 反響する 名 こだま, 反響；繰り返し
	□ **echo** his words (彼の言葉をまねる)
	赤 **mimic** [mímɪk] 他 をまねる, によく似ている 形 擬態の, まねた；模倣の

603	**countless** [káʊntləs]	形 無数の □ **countless** stars in the sky (空に浮かぶ無数の星)

604	**plea** [plíː]	名 懇願, 嘆願 □ make a **plea** for help (助けを嘆願する)

605	関 **plead** [plíːd]	自 懇願する；嘆願する 他 と懇願する；(事件) を争う □ **plead** for one's life (命乞いをする) 関 **petition** [pətíʃən] 名 請願 (書), 嘆願 (書)

606	**routinely** [ruːtíːnli]	副 いつものように, 日常的に □ be **routinely** used by the elderly (高齢者によって日常的に使われている) ○ **routine** [ruːtíːn] 名 いつもしていること, 日課 形 決まりきった, いつもの

607	**drastically** [dræstɪkəli]	副 徹底的に □ **drastically** reduce greenhouse gas emissions (温室効果ガスの排出を徹底的に削減する)

608	○ **drastic** [dræstɪk]	形 抜本的な；強烈な □ a **drastic** cut in funding (抜本的な資金提供削減)

まとめてチェック	**⑯ 攻撃, 戦闘** 〔598 bombard
609 **assault** [əsɔ́:lt]	名 襲撃；暴行　他 を襲撃する；を暴行する □ launch an **assault** on the town (その町を襲撃する)
610 **blast** [blǽst]	名 爆発, 爆風；突風　他 を爆破する, 破滅させる □ be injured in the bomb **blast** (その爆弾の爆発で負傷する)
611 **combat** 名 [ká:mbæt] 動 [kəmbǽt, ká:m-]	名 戦闘　他 と戦う, に立ち向かう □ be killed in **combat** (戦闘で死亡する) 関 **raid** [réɪd] 名 襲撃, 急襲；(警察の) 手入れ 関 **stab** [stǽb] 他 を突き刺す　自 突き抜ける　名 刺し傷
612 **warfare** [wɔ́:rfèər]	名 戦争, 闘争 □ provoke international **warfare** (国際戦争を引き起こす)
613 **warrior** [wɔ́:riər]	名 戦士, 勇士 □ a brave **warrior** (勇敢な戦士)
614 **troop** [trú:p]	名 軍隊, 兵士たち；(特に移動中の人・動物の) 一団 自 群れをなして進む □ allied **troops** (連合軍)
615 **prewar** [prí:wɔ́:r]	形 戦前の　副 戦前には □ **prewar** America (戦前のアメリカ)
616 **postwar** [póʊstwɔ́:r]	形 戦後の □ in the **postwar** era (戦後に)

次の英単語は日本語でカタカナ語になっているものです。カタカナ語との発音の違いとつづりを確認しよう。

☐ **navigation** [nævəgéiʃən]　　　　　☐ナビゲーション，誘導，航行

☐ **negative** [négətiv]　　　　　　　☐ネガティブな，消極的な

☐ **neglect** [nɪglékt]　　　　　　　☐ネグレクトする，世話を怠る，放っておく

☐ **nervous** [nə́ːrvəs]　　　　　　　☐ナーバスな，神経質な，不安で

☐ **neutral** [n(j)úːtrl]　　　　　　☐ニュートラルな，中立な

☐ **nominate** [nɑ́ːmənèit]　　　　　☐ノミネートする，候補に指名する，推薦する

☐ **nonsense** [nɑ́ːnsens]　　　　　　☐ナンセンス，ばかげた考え

☐ **normal** [nɔ́ːrml]　　　　　　　☐ノーマルな，ふつうの，標準の

☐ **offense** [əféns]　　　　　　　　☐オフェンス，攻撃；犯罪，違反

☐ **omit** [oumít, ə-]　　　　　　　☐オミットする，省く

☐ **online** [áːnláin]　　　　　　　☐オンラインの，ネット上の

☐ **opera** [ɑ́ːpərə]　　　　　　　　☐オペラ，歌劇

☐ **option** [ɑ́ːpʃən]　　　　　　　☐オプション，選択肢

☐ **orchestra** [ɔ́ːrkəstrə]　　　　☐オーケストラ，管弦楽団

☐ **orientation** [ɔ̀ːriəntéiʃən]　　☐オリエンテーション，事前指導

☐ **original** [ərídʒənl]　　　　　☐オリジナルの，独創的な；最初の；もとの

☐ **output** [áutpùt]　　　　　　　☐アウトプット，出力

1 For parents raising their kids in poverty, having to say no was a part of daily life. Their financial circumstances forced them to deny their children's requests — for a new pair of Nikes, say, or a trip to Disneyland — all the time. This wasn't tough for the kids alone; it also left the poor parents feeling guilty and **inadequate**.

2 Next to all the things poor parents truly couldn't afford, junk food was something they could often say yes to. Poor parents told me they could almost always **scrounge** up a dollar to buy their kids a can of soda or a bag of chips. So when poor parents could afford to **oblige** such requests, they did.

3 **Honoring** requests for junk food allowed poor parents to show their children that they loved them, heard them, and could meet their needs. As one low-income single mother told me, "They want it, they'll get it. One day they'll know. They'll know I love them, and that's all that matters."

4 Junk food **purchases** not only brought smiles to kids' faces but also gave parents something equally vital: a sense of worth and **competence** as parents in an environment where those feelings were constantly **jeopardized**.　　　　(202 words)

1　貧困の中で子供を育てる親にとって，ノーと言わざるを得ないことは日常生活の一部だった。経済的状況のために，彼らはいつも，子供たちの要求―例えば，新しいナイキの靴やディズニーランドへの旅行―を断らざるを得なかった。これは，子供にとってつらいだけではなかった。そのために貧しい親たちも罪悪感と<u>無力感</u>を覚えることになるのだ。

2　貧しい親たちが本当に買う余裕のないすべてのものと比べると，ジャンクフードは，しばしばイエスと言ってやれるものだった。貧しい親たちは，子供たちに1缶のソーダや1袋のポテトチップスを買ってやるために，ほぼいつも1ドルを<u>かき集める</u>ことができると私に言った。だから，貧しい親たちは，そのような要求に<u>応える</u>余裕があるときは，そうしてやるのだ。

3　ジャンクフードへの要求に<u>応える</u>ことで，貧しい親たちは子供に対して，彼らを愛しており，彼らの言うことを聞いており，彼らの求めに応じられるということを示してやれるのだ。ある低収入の家庭のシングルマザーが私に言った通り，「彼らがそれを欲しがれば，彼らはそれをもらえる。いつか彼らはわかってくれる。彼らは私が彼らを愛していることをわかってくれるでしょう。そして重要なのはそのことだけなのです」。

4　ジャンクフードの<u>購入</u>は，子供たちの顔にほほ笑みをもたらしただけでなく，同じくらい重要なものを親たちに与えてくれた。親としての価値と<u>能力</u>があるという感覚が常に<u>危険にさらさ</u>れている環境における，そのような感覚を。

❓ 推測しよう！ ―考え方―　　**⚠ 推測原則4**

文脈から意味を推測しよう。貧しい生活であっても，子供たちに喜んでもらうために，安いジャンクフードを買うための1ドルを「○○する」という流れなので，scrounge は「**かき集める**」くらいの意味になると推測できる。

617 inadequate [ɪnǽdəkwət]	形 (量・能力などが) 不十分な, 不適当な
	□ be totally **inadequate**（まったく不十分である）
	🔄 **adequate** [ǽdɪkwət] 形 十分な；適切な

618 scrounge [skráʊndʒ]	他自 あさり回る；くすねる；ねだる, せびる
	□ **scrounge** for food（食べ物をあさり回る）

619 oblige [əbláɪdʒ]	他 (法・義務で) に強制する；を喜ばす
	□ be **obliged** to wear a uniform（制服を着なければならない）

620 honor [á:nər]	他 を遵守〔尊重〕する；に名誉を与える；を尊敬する 名 名誉；敬意
	□ be **honored** by the club（クラブから表彰される）

621 🔄 humiliate [hju(:)mílièɪt]	他 に恥をかかせる, 屈辱を与える
	□ be **humiliated** by one's own behavior（自分の行動のせいで恥をかく）
	○ **humiliation** [hju(:)mìliéɪʃən] 名 屈辱；恥をかくような状況
	🔄 **disgrace** [dɪsgréɪs] 名 不名誉 他 (人・名前など) を汚す

622 purchase [pɔ́ːrtʃəs]	名 購入 (品) 他 (大きなもの・高額なもの) を買う
	□ make a good **purchase**（よい買い物をする）

623 🔄 vend [vénd]	自 売る 他 を売る
	□ buy a drink from a **vending** machine（飲み物を自動販売機から買う）

624 competence [ká:mpətns]	名 (〜の) 能力, 適性 (in, for)
	□ develop **competence** in foreign languages（外国語の能力を伸ばす）
	○ **competent** [ká:mpətnt] 形 有能な, 能力のある；適格な

625 jeopardize [dʒépərdàɪz]	他 を危険にさらす
	□ **jeopardize** the country's safety（その国の安全を危険にさらす）

推測で学ぶ接頭辞・接尾辞 **24** ob-

STEP 1：接頭辞の推測 次の語から ob- の意味を推測してみよう。

oblige (→619)　　　　object

❗ 接頭辞 ob- には，「**反対して，邪魔をして**」(against) と「**向かって，賛成して**」
(for) という相反する意味があります。

ob- (向かって) + lige (しばりつける) → **oblige** (強制する)
ob- (反対して) + ject (投げる) → **object** (反対する)

STEP 2：未知語の推測 ob- の意味を意識して，太字の語の意味を推測しよう。

(1) The man was **obsessed** with money.
(2) The custom is now becoming **obsolete**.

訳 (1) その男はお金に**とりつかれ**ていた。
　　ob- (向かって) + sess (陣取る) → **obsess** (とりつく)
　(2) その習慣は今や**すたれ**つつある。
　　ob- (向かって) + solete (慣れている) → **obsolete** (すたれた)

626 **obligatory** [əblígətɔ̀ːri]	形 (法律上・規則上) しなければならない，義務である；(科目などが) 必修の □ an **obligatory** subject (必修科目)	
627 **obsess** [əbsés]	他《通例受身で》にとりつく 自 (必要以上に) 気にする □ be **obsessed** with money (お金にとりつかれる)	
628 **obsolete** [ɑ̀ːbsəlíːt]	形 すたれた；(生物が) 退化した □ become **obsolete** (すたれる)	

関 **obstinate** [ɑ́ːbstənət] 形 意固地な，頑固な

181

1　**1** To wealthy parents, kids' food requests meant something entirely different.　Raising their kids in an affluent environment, wealthy parents were regularly able to meet most of their children's material needs and wants.　Wealthy parents could almost always say yes,

5　whether it was to the latest iPhone or a college education.

2 With an <u>**abundance**</u> of opportunities to honor their kids' desires,
1
high-income parents could more <u>**readily**</u> <u>**stomach**</u> saying no to
2　　　　　3
requests for junk food.　Doing so wasn't always easy, but it also wasn't nearly as distressing for wealthy parents as for poor ones.

10　**3** Denying kids Skittles and Oreos wasn't just emotionally easier for wealthy parents.　These parents also saw <u>**withholding**</u> junk food as an
4
act of responsible parenting.　Wealthy parents told me that saying no to kids' pleas for candy was a way to teach kids how to say no themselves.
Wealthy parents denied junk food to <u>**instill**</u> healthful dietary habits,
5
15　such as portion control, as well as more general values, such as
<u>**willpower**</u>.　　　　　　　　　　　　　　　　　　　　　　　（163 words）
6

1　裕福な親たちにとって，子供の食物への要求はまったく違うことを意味していた。富裕な環境で子供を育てているので，裕福な親たちはしばしば，子供たちの物質的な要望や欲求のほとんどに応じることができた。裕福な親たちは，それが最新のアイフォーンであれ大学教育であれ，ほぼ常にイエスと言ってやることができた。

2　子供たちの欲望に応える機会が<u>豊富に</u>あるため，高収入の親たちは，ジャンクフードへの要求にノーと言うことを（低収入の親たちよりも）<u>難なく受け入れる</u>ことができた。そうする〔ノーと言う〕ことは常に容易だったわけではないが，裕福な親にとって，それは，貧しい親にとってほど苦悩を与えるものでもなかった。

3　子供たちにスキットルズやオレオを与えないことは，裕福な親たちにとって，より感情的に容易だっただけではない。これらの親たちは，ジャンクフードを<u>控える</u>ことを，責任ある子育ての行為とも見なしている。裕福な親たちは，子供たちのお菓子に対する懇願にノーと言うことは，自分でノーと言う言い方を子供に教える方法なのだと，私に言った。裕福な親たちがジャンクフードを拒否するのは，食べる量の抑制といった健康的な食習慣だけでなく，<u>意志力</u>といったより一般的な価値観をも<u>植えつける</u>ためなのだ。

❓推測しよう！ ―考え方―　　　　　　　　　　　　　💡推測原則5

　stomach は「胃」「腹」という意味の名詞で使われるが，ここでは**動詞として使われている**ことに注目しよう。このような場合は，**文脈から意味を推測するとよい**。十分に裕福な親は，「子供がジャンクフードを欲しがっても，それを拒否する」はず。したがって，「**ノーと言うことを（心では）我慢しながらも受け入れる**」という意味になると推測できる。

629 **abundance** [əbʌ́ndəns]	名 豊富；大量 □ gather an **abundance** of shells (たくさんの貝殻を集める) ○ **abundant** [əbʌ́ndənt] 形 豊富な
630 圏 **ample** [ǽmpl]	形 十分すぎるほどの，豊富な；広い，広大な □ have **ample** opportunity to ask questions (質問する機会が十分にある)
631 圏 **abound** [əbáund]	自 (生物・物などが) たくさんある；あふれている □ Salmon **abound** in the river. (その川にはサケがたくさんいる)
632 **readily** [rédɪli]	副 すぐに，容易に，快く □ **readily** accept his invitation (快く彼の招待を受け入れる) ○ **ready** [rédi] 形 準備 (用意) ができた
633 **stomach** [stʌ́mək]	他 《ふつう否定文・疑問文で》を受け入れる，我慢する 名 胃；腹 (部) □ can't **stomach** violence (暴力を我慢できない)
634 **withhold** [wɪðhóʊld, wɪθ-]	他 を与えずにおく，保留する □ **withhold** payment (支払いを保留する) 圏 **detain** [dɪtéɪn] 他 を拘留する；を引き留める ○ **detention** [dɪténʃən] 名 拘留；引き留め
635 **instill** [ɪnstíl]	他 を徐々に教え込む，しみこませる □ **instill** confidence in children (子供たちに自信をつけさせる)
636 **willpower** [wílpàʊər]	名 意志力，自制力 □ lack **willpower** (意志力に欠けている)

まとめてチェック	**17** 複合語　　⟲636 willpower

637 copyright
[káːpɪràɪt]

图 (本・演劇・映画・音楽などの) 著作権, 版権
形 著作権〔版権〕のある　他 (作品など) の著作権を取得する
□ violate the author's **copyright** (その著者の著作権を侵害する)

638 cardboard
[káːrdbòːrd]

图 段ボール；厚紙, ボール紙
□ a **cardboard** box (段ボール箱)

639 craftsman
[krǽftsmən]

图 職人, 熟練工；工芸家
□ a skilled **craftsman** (熟練した職人)

640 daylight
[déɪlàɪt]

图 昼間
□ in broad **daylight** (真っ昼間に)

641 fireplace
[fáɪərplèɪs]

图 暖炉
□ sit down by the **fireplace** (暖炉のそばに座る)

642 goodwill
[gʊdwíl]

图 好意；厚意；親切心, (商店・会社などの) 信用；営業権
□ a **goodwill** ambassador (親善大使)

643 playground
[pléɪgràʊnd]

图 (学校・公園などの戸外の) 遊び場；運動場；行楽地；活動領域
□ run in the **playground** (運動場を走る)

644 standpoint
[stǽndpòɪnt]

图 観点；見地；立場
□ from a technical **standpoint** (技術的な観点から)

645 viewpoint
[vjúːpòɪnt]

图 見地, 見解
□ from a practical **viewpoint** (実用の見地から)

185

1 How much salt do we eat? In the 1980s, before it was widely known to be associated with high blood pressure, salt consumption in the United States was between 6 and 15 grams a day. The WHO target daily <u>intake</u> is 5 grams. National governments are happy to <u>sanction</u> higher levels — 6 grams in the UK — which are <u>reprinted</u> on many food <u>packets</u>. But we still eat more salt than this. On its website the European Salt Producers' Association <u>proudly</u>, if perhaps a little <u>incautiously</u>, <u>touts</u> a figure of 8 grams a day per <u>capita</u> salt consumption. Americans still consume around 10 grams a day.

2 The producers are <u>vigorous</u> in their defense of people's right to consume as much salt as they want, in tones that at times recall the <u>tobacco lobby</u>. There is no need for healthy people to reduce their salt intake, they insist, while casting <u>doubt</u> on studies linking <u>sodium</u> to high blood pressure. In some cases, they point out, elderly people have died apparently because they have not been getting enough salt. Although the 6-gram daily allowance applies to adults of all ages, the elderly are more susceptible to high blood pressure and so <u>presumably</u> more likely to act on <u>heightened</u> fears by cutting out salt. Not all people should automatically reduce their salt intake, therefore.

(222 words)

1 私たちはどれほどの塩を摂取しているのだろうか？ 1980年代, 塩が高血圧に関連していることが広く知られる以前には, アメリカにおける塩の摂取量は1日あたり6～15グラムであった。世界保健機関 (WHO) による目標1日摂取量は5グラムである。各国の政府はもっと高い数値を認めており――イギリスでは6グラムを認めている――多くの食品パッケージにはその数値が転載されている。しかし私たちは依然として, これよりも多くの塩を摂取している。ヨーロッパ塩製造者協会はウェブサイト上で堂々と, ひょっとすると少し軽率かもしれないが, 1人あたり1日の塩摂取量8グラムという数字を熱心に推奨している。アメリカ人は依然として1日あたり約10グラムを摂取している。

2 塩生産者たちは, 人々が欲しいだけ塩を摂取してよい権利を守るために精力的になっている。それは時に, タバコの圧力団体を思い出させるような調子である。健康な人が塩の摂取量を減らす必要はないと, 彼らは主張し, 一方でナトリウムを高血圧と結び付ける研究に対して疑問を投げかけている。彼らが指摘するには, 高齢者はどうも塩を十分に摂取していなかったために死亡する場合もあるとのことだ。1日あたり6グラムの摂取許容量は全年齢の成人に当てはまるのだが, 高齢者は高血圧になりやすいので, おそらく高まる恐怖感に対して塩を断つことによって対処する可能性が高い。したがって, すべての人が機械的に塩摂取量を減らすべきではないのである。

⚡ 推測しよう！ ―考え方―　　　　　　　　　　　**⚠ 推測原則1**

文の形から推測しよう。tout は SVO の文の V になっている。S は「ヨーロッパ塩製造者協会」, O が「1日あたり8グラムの塩摂取量」なので, 文全体では「協会が8グラムの塩摂取量を○○する」となり, tout は**「勧める, 公言する, 発表する」**のような意味になるのではないかと推測できる。

646 **intake** [íntèɪk]	名 摂取 (量), (水・空気などの) 取り入れ □ the **intake** of vitamins (ビタミンの摂取)

647 **sanction** [sǽŋkʃən]	他 を認める, 認可する　名 認可, 承認；制裁 □ **sanction** same-sex marriage (同性婚を認める)
	類 **confirmation** [kà:nfərméɪʃən]　名 確定, 確認, 承認 ○ **confirm** [kənfə́ːrm]　他 を立証する；を確かめる

648 **reprint** [rìːprínt]	他 を増刷 〔再版〕する　名 増刷, 再版 □ be **reprinted** in 2022 (2022 年に増刷される)

649 **packet** [pǽkət]	名 パッケージ, 包装, 袋；多額の金；パケット □ purchase a **packet** of chips (ポテトチップスを 1 袋買う)

650 **proudly** [práʊdli]	副 誇らしげに, 得意げに □ **proudly** talk about one's brother (兄について誇らしげに語る) ○ **proud** [práʊd]　形 (~を) 誇りに思う (of)；自慢げな

651 **incautiously** [ɪnkɔ́ːʃəsli]	副 不注意にも, うかつに □ **incautiously** swallow a fish bone (不注意にも魚の骨を飲み込む) ○ **incautious** [ɪnkɔ́ːʃəs]　形 不注意な, うかつな
652 ○ **cautious** [kɔ́ːʃəs]	形 注意深い；用心している □ be **cautious** about making a decision (決断するのに慎重になる) ○ **cautiously** [kɔ́ːʃəsli]　副 用心して, 警戒して ○ **caution** [kɔ́ːʃən]　名 用心；警告

653 **tout** [táʊt]	他 自 しつこく勧める 〔勧誘する〕 □ **tout** for business (客引きをする)

654 **capita** [kǽpətə]	名 頭《caput の複数形》 □ per **capita** (1 人当たりの)

655	**vigorous** [vígərəs]	形 激しい；精力的な

□ do **vigorous** exercise（激しい運動をする）

○ **vigor** [vígər] 名（精神的・肉体的な）活力，精力，元気；（言葉・文体などの）力強さ，迫力

656	関 **dynamic** [daɪnǽmɪk]	形 精力的な；強力な；力学（上）の；動的な

□ create a **dynamic** economy（活発な経済を創り出す）

657	関 **brisk** [brísk]	形 元気な，活発な

□ walk at a **brisk** pace（きびきびした足どりで歩く）

658	関 **mighty** [máɪti]	形 強大な；広大な；並はずれた

□ a **mighty** kingdom（強大な王国）

659	⇔ **static** [stǽtɪk]	形 活気のない；静的な；静電気の 名（通信を妨害する）雑音；静電気

□ **static** electricity（静電気）

660	**tobacco** [təbǽkou]	名（刻み）タバコ

□ smoke **tobacco** in a pipe（パイプでタバコを吸う）

関 **cigarette** [sígərèt] 名（紙）巻きタバコ

661	**lobby** [lá:bi]	名 圧力団体；（ホテル・劇場などの）ホール，ロビー 自 ロビー活動をする 他（人・議会）に働きかける

□ meet him in the hotel **lobby**（彼とホテルのロビーで会う）

662	関 **agitation** [ædʒətéɪʃən]	名 扇動，政治〔社会〕運動；動揺，興奮

□ caused significant **agitation**（著しい動揺を引き起こす）

○ **agitate** [ædʒətèɪt] 他 を興奮させる；を扇動する 自（〜を求めて/〜に反対して）扇動する，運動をする（for/against）

663	**doubt** [dáʊt]	名 疑い 自他 疑う

□ cast **doubt** on traditional beliefs（伝統的な信念に疑問を投げかける）

664	関 **dubious** [d(j)ú:biəs]	形 疑わしい，信用できない；疑っている

□ be **dubious** about his honesty（彼が正直なのか疑っている）

665 **sodium** [sóudiəm]	名 ナトリウム，ソジウム □ reduce the amount of **sodium** in one's diet（食事のナトリウムの量を減らす）
666 **presumably** [prɪz(j)úːməbli]	副 おそらく，思うには □ He is **presumably** innocent.（彼はおそらく無実だ） ○ **presumable** [prɪz(j)úːməbl] 形 ありそうな，もっともらしい；推測できる
667 **supposedly** [səpóuzɪdli]	副 たぶん，おそらく □ a poem **supposedly** written by the author（おそらくその作家によって書かれた詩）
668 **heighten** [háɪtn]	他 （感情・効果など）を強める；を増す 自 （感情などが）増す；強まる □ **heighten** political tensions（政治的緊張を増す） ○ **height** [háɪt] 名 高さ
669 **width** [wídθ, wítθ]	名 幅，横幅；一定幅に切った材料 □ the **width** of the sofa（ソファの幅）

STEP 1：接頭辞の推測 次の語から in- の意味を推測してみよう。

<u>in</u>take (→ 646)   <u>in</u>fect

❗ 接頭辞 in- は，「否定」の意味を表す (→ p.145) ほかに，動詞・名詞に付いて「**中に，中で**」という意味を表します。

in- (中に) + take (取り入れる)   → **intake** (摂取)

in- (中に) + fect (置く)   → **infect** (感染する)

STEP 2：未知語の推測 in- の意味を意識して，太字の語の意味を推測しよう。

(1) We tried to **induce** him to go there.

(2) There is a high **incidence** of crime in this city.

訳 (1) 私たちは彼を**説得して**そこに行か**せ**ようとした。

    in- (中に) + duce (導く)   → **induce** (説得して〜させる)

(2) この町では犯罪が多く**発生**している。

    in- (中に) + cidence (ふりかかること)   → **incidence** (発生)

---

670 induce [ɪnd(j)úːs]

他 を説得して (…) させる (to do)；を引き起こす；を帰納する

□ **induce** him to go there (彼を説得してそこに行かせる)

○ **inducement** [ɪnd(j)úːsmənt] 名 誘因，動機

○ **induction** [ɪndʌ́kʃən] 名 誘導；導入；帰納 (法)

関 **incidence** [ínsədəns, -dèns] 名 (事件などの) 発生；(税の) 負担 (範囲)

○ **incident** [ínsədənt, -dènt] 名 出来事；事件

1 But salt is not like smoking, because you aren't always aware of it when you **indulge**. The recommended daily allowance is well **publicized**, but this information is of little use if you cannot **calculate** your intake. This is almost impossible to do. **Packaged** foods have long been obliged to list their major ingredients, which often include salt, but they do not have to declare the relative amount of salt present. More recently, in response to concerns not only about salt, but also about fats and sugar, manufacturers have begun to include panels of "nutrition information," and some also give overall "**guideline** daily amounts" of these dietary elements. In the UK, this apparently helpful gesture has been **viewed** as a **pre-emptive** measure to head off a "traffic lights" **scheme** proposed in 2005 by the Food Standards Agency to display much more readily understood red, yellow or green gradings for these substances.

2 But even declaring salt content is not **transparently** done. Some global brands such as Heinz and Kellogg's **responsibly** give figures for salt and for that salt in terms of its sodium content alone. **Cereals** are especially **assiduous** about displaying this information, perhaps because it is at breakfast that we are most likely to pause to consider our dietary health. But many products indicate salt only as sodium. In a sense, this is medically useful since sodium is the **component** of salt linked to high blood pressure.

(236 words)

1 しかし塩は，**好きなだけ摂取して**いても必ずしもそうとは気づかないため，喫煙とは異なる。1日あたりの推奨摂取量は広く**世間に知ら**れているが，この情報も自分の摂取量を**算出**できなければほとんど役に立たない。自分の摂取量を算出することはほぼ不可能である。**包装された**食品は以前から主な原材料をリストで示すことが義務付けられており，原材料には塩が含まれることが多いのだが，含まれている塩の相対量を公表する必要はない。昨今では，塩だけでなく脂肪や砂糖についての関心にも応える形で，製造業者らは「栄養成分表」の表示を含めるようになってきており，中にはこのような食事成分の全般的な「1日摂取量**ガイドライン**」を示すものもある。イギリスでは，この見たところ役に立ちそうな表示行為は，「信号」**計画を阻止するための先制的な**方策と**みなされて**いる。この計画は，2005年に食品基準庁によって提案されたもので，このような物質に対するもっとわかりやすい赤，黄，青信号の格付けを表示するというものである。

2 しかし，塩含有量の表示すら**わかりやすく**行なわれてはいない。ハインツやケロッグなどの世界的ブランドの中には，**責任を持って**塩の数値，そしてその塩に対するナトリウム含有量だけという観点からの数値を示すところもある。**シリアル**は，この情報を示すことに関して特に**熱心な**のだが，これはひょっとすると，自分の食生活の健康について最も手を休めて考えやすいのが朝食時だからかもしれない。しかし多くの製品はナトリウムとしてのみ塩を表示している。これはある意味では，医学的には有用である。というのも，ナトリウムは高血圧に関連する塩の**成分**だからである。

⚡ 推測しよう！ ―考え方―
! 推測原則 **2**

文脈と文の形から推測しよう。まず，assiduous の前に出てくる give figures と，後に出てくる displaying this information がほぼ同意であることに注目する。assiduous を含む文は「シリアルは特に数値を表記することに○○である」という意味である。前の文は「責任を持って塩の数値を示すところもある」という意味で，それを受けて「特に」と言っているので，assiduous も肯定的な意味だろうと推測し，**「熱心な，積極的な」**くらいの意味をあてられればよいだろう。

193

671 **indulge** [ɪndʌ́ldʒ]	自 思う存分食べる〔飲む〕；(～に) ふける (in) 他 を甘やかす；《～ oneself》(～に) 熱中する (in, with) □ **indulge** in one's favorite hobby (好きな趣味に没頭する) ○ **indulgence** [ɪndʌ́ldʒəns] 名 (～に) ふけること (in)；道楽，楽しみ；甘やかし，寛大
672 **publicize** [pʌ́bləsàɪz]	他 (事実・出来事など) を公表する；(出版物など) を広告〔宣伝，告知〕する □ **publicize** the new program (新しい番組を宣伝する)
673 **calculate** [kǽlkjəlèɪt]	他 を計算する；と見積もる □ **calculate** the average tax rate (平均税率を計算する) ○ **calculation** [kæ̀lkjəléɪʃən] 名 計算 (すること)；見積もり
674 **package** [pǽkɪdʒ]	他 を荷造り〔包装〕する 名 包み；容器 □ milk **packaged** in a plastic container (プラスチック容器に入れられた牛乳)
675 **squeeze** [skwíːz]	他 を強く押す；を強く握る；を絞り出す；を (～に) 詰め込む (in, into) 自 押し入る；席を詰める □ **squeeze** one's hand hard (手を強く握る)
676 **guideline** [gáɪdlàɪn]	名 指針，指標；目標；ガイドライン □ follow the **guidelines** (ガイドラインに従う)
677 **view** [vjúː]	他 を考える，みなす；を見る 名 (～についての) 見解 (about, on)；眺め；視野 □ **view** oneself as a patriot (自分を愛国者だと考える)
678 **glimpse** [glímps]	名 ちらりと見えること 他 をちらりと見る □ catch a **glimpse** of a deer (シカをちらりと見かける) ───── **glance** [glǽns] 名 ちらりと見ること 自 ちらりと見る
679 **preemptive** [priémptɪv]	形 先制の □ a **preemptive** strike (先制攻撃)

680	**scheme** [skí:m]	名 計画, 案；陰謀, たくらみ □ introduce a new **scheme** (新しい計画を導入する)
681	関 **intrigue** [ɪntrí:g]	名 陰謀　他 の興味〔好奇心〕をそそる □ a political **intrigue** (政治的陰謀)
		関 **agenda** [ədʒéndə]　名 課題；協議事項, 議題 関 **layout** [léiòut]　名 設計, 配置；レイアウト

682	**transparent** [trænspérənt, -pǽr-]	形 透明な；率直な □ the most **transparent** lake in the world (世界で最も透明度が高い湖) ○ **transparently** [trænspérəntli]　副 わかりやすく, 明らかに；透明に ○ **transparency** [trænspérənsi]　名 透明 (度)

683	**responsibly** [rɪspá:nsəbli]	副 責任を持って □ act **responsibly** (責任を持って行動する) ○ **responsible** [rɪspá:nsəbl, rə-]　形 (〜に) 責任がある (for)
684	関 **accountable** [əkáuntəbl]	形 (説明する) 責任がある, (事が) 説明可能な, 理解できる □ be **accountable** for one's crimes (自分の罪に責任がある) ○ **accountability** [əkàuntəbíləti]　名 (理由・成果などの) 説明責任, 報告義務 ○ **account** [əkáunt]　自 (〜を) 説明する；(〜の) 原因となる；(〜を) 占める (for)　名 口座；報告；考慮

685	**cereal** [síəriəl]	名 シリアル, 穀物 □ **cereal** agriculture (穀物農業)

686	**assiduous** [əsídʒuəs]	形 勤勉な, 熱心な □ be **assiduous** in research (研究に熱心である)
687	関 **diligent** [dílɪdʒənt]	形 勤勉な；一生懸命な；念入りな；骨を折った □ be **diligent** in one's work (仕事に勤勉である) ○ **diligence** [dílɪdʒəns]　名 勤勉さ
		関 **laborious** [ləbɔ́:riəs]　形 勤勉な；骨の折れる ○ **labor** [léibər]　名 労働 (者)；骨折り　自 働く；努力する

195

688 **component** [kəmpóʊnənt]	名 (構成)要素；成分 □ an essential **component** of healthy living (健康的な生活に欠かせない要素)
689 関 **segment** 名 [ségmənt] 動 [ségment]	名 切片，部分　他 を分ける □ the fastest growing **segment** of the market (市場の中で最も急速に成長している分野)

まとめてチェック	**18** 数学　　　　　　　　　 ⟲ 673 calculate
690 **arithmetic** 名 [əríθmətìk] 形 [èrɪθmétɪk]	名 算数；計算　形 算数の □ do mental **arithmetic** (暗算をする)
691 **geometry** [dʒiá:mətri]	名 幾何学 □ plane **geometry** (平面幾何学) ○ **geometric(al)** [dʒi:əmétlɪk(l)]　形 幾何学(上)の, 幾何学的な
692 **algebra** [ǽldʒəbrə]	名 代数(学) □ solve **algebra** problems (代数学の問題を解く) 関 **digit** [dídʒɪt]　名 (アラビア)数字；桁；指 関 **binary** [báɪnəri]　形 2進法の, 2進数の
693 **fraction** [frǽkʃən]	名 分数；断片, 一部 □ a decimal **fraction** (小数) 関 **multiplication** [mÀltəplɪkéɪʃən]　名 掛け算, 乗法
694 **diameter** [daɪǽmətər]	名 直径, 倍率 □ measure the **diameter** of the drain pipe (排水管の直径を測る) 関 **radius** [réɪdiəs]　名 半径
695 **formula** [fɔ́:rmjələ]	名 公式；一定の形式；決まり文句　複 ~s, formulae □ memorize mathematical **formulas** (数学の公式を覚える) ○ **formulate** [fɔ́:rmjəlèɪt]　他 (問題点など)を明確に述べる；を公式で示す；を案出する

次の英単語は日本語でカタカナ語になっているものです。カタカナ語との発音の違いとつづりを確認しよう。

☐ **parade** [pəréɪd] ☐ パレード, 行進

☐ **parameter** [pərǽmətər] ☐ パラメーター, 媒介変数

☐ **partnership** [pάːrtnərʃɪp] ☐ パートナーシップ, 提携

☐ **part-time** [pάːrt-tàɪm] ☐ パートタイムの, 非常勤の

☐ **patent** [pǽtnt] ☐ パテント, 特許

☐ **patrol** [pətróʊl] ☐ パトロール, 巡回

☐ **patron** [péɪtrən] ☐ パトロン, 後援者

☐ **pension** [pénʃən] ☐ ペンション, 小ホテル

☐ **pin** [pín] ☐ ピン, 留め針

☐ **pipe** [páɪp] ☐ パイプ, 管

☐ **pitch** [pítʃ] ☐ ピッチ, 調子

☐ **plug** [plʌ́g] ☐ プラグ, 差し込み

☐ **portable** [pɔ́ːrtəbl] ☐ ポータブルの, 持ち運びできる

☐ **portfolio** [pɔːrtfóʊliòʊ] ☐ ポートフォリオ, 作品集

☐ **powder** [páʊdər] ☐ パウダー, 粉

☐ **premium** [príːmiəm] ☐ プレミアム, 賞品, 賞金

☐ **propaganda** [prὰːpəgǽndə] ☐ プロパガンダ, 戦略的宣伝活動

☐ **punch** [pʌ́ntʃ] ☐ パンチ

☐ **quality** [kwάːləti] ☐ クオリティ, 品質

☐ **quarter** [kwɔ́ːrtər] ☐ クォーター, 4分の1

推測で学ぶ接頭辞・接尾辞　26　pre-

STEP 1：接頭辞の推測　次の語から pre- の意味を推測してみよう。

| preemptive (→ 679) | predict |

■ 接頭辞 pre- は，「(空間的・時間的・時期的に) 前の」「(地位・順位が) 上位の，すぐれた」という意味を表します。

pre-(先に) + emptive (買っている) 　→ **preemptive** (先制の)

pre-(前もって) + dict (言う) 　→ **predict** (予言する)

STEP 2：未知語の推測　pre- の意味を意識して，太字の語の意味を推測しよう。

(1) The species of sharks alive today also lived during **prehistoric** times.

(2) She has a **preoccupation** with work.

訳 (1) 今日生きているサメの種が**有史以前**にも存在していた。

pre-(前の) + historic (歴史の) 　→ **prehistoric** (有史以前の)

(2) 彼女は仕事に**没頭**している。

pre-(前もって) + occupation (占有) 　→ **preoccupation** (没頭)

696 □	**prehistoric** [prìːhɪstɔ́ːrɪk]	形 有史以前の □ **prehistoric** times (先史時代)
697 □	**preoccupation** [priɑːkjəpéɪʃən]	名 最大の関心事，没頭，夢中 (にさせるもの)；先入観 □ have a **preoccupation** with work (仕事に没頭している) ○ **preoccupy** [priɑ́ːkjəpàɪ] 他 を夢中にさせる；を先取りする
		関 **precaution** [prɪkɔ́ːʃən] 名 用心，予防手段

推測で学ぶ接頭辞・接尾辞 27 trans-

STEP 1：接頭辞の推測 次の語から trans- の意味を推測してみよう。

transparent（→682）　　　　transport

▉ 接頭辞 trans- は，「**越えて，横切って，貫いて**」という意味を表します。

trans-（貫いて）+ parent（現れる）　　**→ transparent**（透明な）

trans-（別の場所へ）+ port（運ぶ）　　**→ transport**（輸送する）

STEP 2：未知語の推測 trans- の意味を意識して，太字の語の意味を推測しよう。

(1) We decided to **transact** business with the company.

(2) They established a **transitional** government.

訳(1) 私たちはその会社と**取引をする**ことを決心した。

trans-（越えて）+ act（追う）　　**→ transact**（（商取引）を行う）

(2) 彼らは**暫定**政府を樹立した。

trans-（越えて）+ itional（行った）　　**→ transitional**（過渡的な）

698	**transact** [trænsǽkt, trænz-]	他（〜と）（商取引）を行う（with）；（業務）を処理する □ **transact** business with the company（その会社と取引をする） ○ **transaction** [trænsǽkʃən] 图 取引，（人と人の間の）交流； （業務の）処理，取り扱い；議事（録）；会報，紀要
699	**transitional** [trænzíʃənl]	形 移り変わる；移行の；過渡的な □ a **transitional** government（暫定政府） 圝 **transform** [trænsfɔ́ːrm] 他 を変化〔変形〕させる

199

1 In America, the conventional wisdom of how to live **healthily** is full of **axioms** that long ago shed their origins. Drink eight glasses of water a day. Get eight hours of sleep. Breakfast is the most important meal of the day. Two thousand calories a day is normal. Even people who don't regularly see a doctor are likely to have encountered this information, which forms the basis of a cultural **shorthand**. **Tick** these boxes, and you're a healthy person.

2 In the past decade, as **pedometers** have **proliferated** in smartphone apps and **wearable** fitness **trackers**, another **benchmark** has entered the lexicon: Take at least 10,000 **steps** a day, which is about five miles of walking for most people. As with many other American fitness norms, where this particular number came from has always been a little **hazy**. But that hasn't stopped it from becoming a **default** daily goal for some of the most popular activity trackers on the market.

(158 words)

1　アメリカにおいて，健康的に暮らす方法についての世間知は，大昔に起源のわからなくなった原理に満ちている。1日に8杯の水を飲みなさい。8時間の睡眠を取りなさい。朝食は1日のうちで最も大切な食事だ。1日2,000キロカロリーが標準的だ。しばしば医者に診てもらうわけではない人々でさえ，こうした情報に出会ったことがある可能性が高い。こうした情報は，文化的省略表現の基礎となるものだ。これらの欄に**チェックを入れてください**。そうすればあなたは健康的な人になれます。

2　この10年間で，歩数計がスマートフォンのアプリやウェアラブル・フィットネストラッカーの中で急増してきたのに伴って，もう1つの基準が語彙リストに加わった。1日に少なくとも1万歩歩きなさい。これはたいていの人にとって約5マイルの歩行に当たる。他の多くのアメリカの健康に関する基準と同様に，この特定の数字がどこから来たかは常にやや不明確なものだった。しかし，そのことは，市場に出ている最も人気のアクティビティートラッカーのいくつかで，この数字が1日の目標の初期設定値になることの妨げにはならなかった。

🔍 推測しよう！ ―考え方―　　　　　　　　　　**⚠️ 推測原則 2**

文の形から推測しよう。tick を含む文は，SVO の命令文になっている。目的語の these boxes は，その前に出てきた健康的に暮らすさまざまな方法を実行しているか確認するためのチェックボックスだと考えられる。したがって，tick はアンケートなどのチェック項目に「**チェックを入れる**」という意味になると推測できる。

700 **healthily** [hélθəli]	副 健康に；健全に
	□ eat **healthily** (健康的な食事をする)
	○ **healthy** [hélθi] 形 健康な

| 701 **axiom** [ǽksiəm] | 名 原理，自明の理 |
| | □ follow an **axiom** (原理に従う) |

| 702 **shorthand** [ʃɔ́ːrthæ̀nd] | 名 簡潔な言い方；速記 |
| | □ write in **shorthand** (速記する) |

| 703 **tick** [tík] | 他 にチェックの印をつける 自 カチカチと鳴る 名 チェックマーク；カチカチという音 |
| | □ **tick** the appropriate box (該当する項目にチェックする) |

| 704 **pedometer** [pɪdɑ́ːmətər] | 名 歩数計，万歩計 ◆ ped「足」 |
| | □ wear a **pedometer** (歩数計をつける) |

| 705 **pedestrian** [pədéstriən] | 名 歩行者 |
| | □ a **pedestrian** bridge (歩道橋) |

| 706 **proliferate** [prəlífərèit] | 自 他 急増する〔させる〕 |
| | □ **proliferate** at a stunning rate (驚くほどのスピードで増加する) |

| 707 **wearable** [wéərəbl] | 形 着用できる；着やすい |
| | □ a **wearable** computer (装着式コンピューター) |

708 **tracker** [trǽkər]	名 追跡者〔機器〕
	□ a **tracker** dog (狩猟犬)
	○ **track** [trǽk] 他 を追う 名 通った跡；走路；線路；小道

| 709 **benchmark** [béntʃmɑ̀ːrk] | 名 (判断の) 基準 |
| | □ a **benchmark** for sales growth (売上拡大の指標) |

| 710 **criterion** [kraitíəriən] | 名 (価値判断の) 基準，尺度 複 criteria |
| | □ a **criterion** for judgment (判断基準) |

711 **gauge** [géidʒ]	名 (判断・評価の) 基準；容積；計器 他 を慎重に判断する，推し測る；を正確に測定〔算定〕する
	□ check a temperature **gauge** (温度計を確認する)
	barometer [bərɑ́ːmətər] 名 尺度，指標

712 step [stép]	名 一歩；足音；《~s》階段；工程　自 歩く；踏む
	□ take a giant **step** (大きな一歩を踏み出す)
	○ **footstep** [fútstèp] 名 足跡；足取り

713 hazy [héɪzi]	形 ぼんやりした，不明確な；かすんだ
	□ **hazy** weather (ぼんやりした天気)
	○ **haze** [héɪz] 名 かすみ，もや

714 関 blur [blə́ːr]	名 ぼやけ；汚れ　他 をぼかす；を汚す
	自 ぼやける；汚れる
	□ disappear in a **blur** (ぼんやりと姿を消す)
	○ **blurred** [blə́ːrd] 形 ぼやけた，かすんだ

715 関 dizzy [dízi]	形 めまいのする；目もくらむような
	□ feel **dizzy** (めまいがする)
	関 **foggy** [fɑ́(ː)gi, fɔ́ː-] 形 ぼんやりした；霧の深い
	○ **fog** [fɑ́ːg, fɔ́ːg] 名 霧，もや
	関 **misty** [místi] 形 ぼんやりした；霧のかかった
	○ **mist** [míst] 名 霧，かすみ

716 default [dɪfɔ́ːlt]	名 初期設定，デフォルト；不履行
	□ the **default** settings of the device (装置の初期設定)
	関 **blunder** [blʌ́ndər] 名 大失敗，ばかげた誤り

| まとめてチェック | ⑲ 歩く　　　　　　　　　　　　↩712 step |

| 717 roam [róʊm] | 自 歩き回る，放浪する　他 を歩き回る　名 放浪 |
| | □ **roam** around the country (その国を放浪する) |

| 718 skip [skíp] | 自 跳ね回る，スキップする；省く　他 を軽く跳び越える；を省く　名 スキップ；省略 |
| | □ **skip** about in the park (公園を跳ね回る) |

| 719 stride [stráɪd] | 自 他 大またに歩く　名 大また，ひとまたぎ |
| | □ **stride** along in the dark (暗闇の中を大またで歩く) |

| 720 stroll [stróʊl] | 自 ぶらぶら歩く；さまよう　他 をぶらつく　名 散歩 |
| | □ **stroll** along the street (通りをぶらぶら歩く) |

721 stumble [stʌ́mbl]	自 つまずく，よろめく；よろよろ歩く
	他 をよろけさせる；を困惑させる
	□ **stumble** on a rock (岩につまずく)

推測で学ぶ接頭辞・接尾辞 **28** -able

STEP 1：接尾辞の推測 次の語から -able の意味を推測してみよう。

wear<u>able</u> (→ 707)　　　suit<u>able</u>

■ 接尾辞 -able は「…できる，…に適する，…されるべき」「…しやすい，…しがちな」という意味を表します。

wear (身につける) + -able (…できる)　　→ **wearable** (着用できる)
suit (適する) + -able (…できる)　　→ **suitable** (適切な)

STEP 2：未知語の推測 -able の意味を意識して，太字の語の意味を推測しよう。

(1) This program is **adaptable** to the new system.
(2) The conditions were **agreeable** to both companies.

訳(1) このプログラムは新しいシステムに**適応**している。
　　adapt (適応させる) + -able (…できる)　　→ **adaptable** (適応性のある)
(2) その条件は両社にとって**同意できる**ものだった。
　　agree (同意する) + -able (…できる)　　→ **agreeable** (同意できる)

722	**adaptable** [ədǽptəbl]	形 適応性のある，順応できる □ be **adaptable** to the new system (新しいシステムに適応している)
723	**agreeable** [əgríːəbl]	形 受け入れられる，同意できる；好みに合う，感じのよい；ふさわしい □ the conditions **agreeable** to both companies (両社にとって同意できる条件)
724	**conceivable** [kənsíːvəbl]	形 (物・事が) 考えられる，想像できる □ in every **conceivable** way (ありとあらゆる方法で)
725	**durable** [d(j)ʊ́ərəbl]	形 耐久性がある，長持ちする；(状況などが) 長く続く □ wear **durable** boots (耐久性のある靴をはく)
726	**honorable** [ɑ́ːnərəbl]	形 尊敬すべき，立派な；高潔な □ an **honorable** behavior (立派なふるまい)

727	**inconsiderable** [ìnkənsídərəbl]	形 ささいな, わずかな □ a not **inconsiderable** amount of money (かなりのお金)
728	**objectionable** [əbdʒékʃənəbl]	形 不快な；反対すべき □ an **objectionable** man (嫌な人)
729	**portable** [pɔ́ːrtəbl]	形 持ち運びできる；携帯用 □ a **portable** music player (携帯音楽プレーヤー)
730	**sustainable** [səstéinəbl]	形 維持〔継続〕できる □ **sustainable** development goals (持続可能な開発目標) ○ **sustenance** [sʌ́stənəns] 名 維持；(生命維持のための) 食物
731	**understandable** [ʌ̀ndərstǽndəbl]	形 (行為・感情などが) もっともな；当然の；(言葉などが) 理解できる；わかる □ for perfectly **understandable** reasons (まったくもっともな理由で)

1 I-Min Lee, a professor of **epidemiology** at the Harvard University T. H. Chan School of Public Health and the lead author of a new study published this week in the *Journal of the American Medical Association*, began looking into the step rule because she was curious about where it came from. "It turns out the original basis for this 10,000-step guideline was really a marketing strategy," she explains. "In 1965, a Japanese company was selling pedometers, and they gave it a name that, in Japanese, means 'the 10,000-step meter.'"

2 Based on conversations she's had with Japanese researchers, Lee believes that name was chosen for the product because the **character** for "10,000" looks sort of like a man walking. As far as she knows, the actual health merits of that number have never been **validated** by research.

(136 words)

1 ハーバード大学T・H・チャン公衆衛生大学院の疫学教授で，『ジャーナル・オブ・ジ・アメリカン・メディカル・アソシエーション』誌で今週公表された新しい研究の筆頭著者であるイ-ミン・リーは，それがどこから来たのかに興味を持ったことから，この歩数のルールを調べ始めた。「この1万歩という指針のおおもとの根拠は，実はマーケティング戦略だということが分かっています」と彼女は説明する。「1965年に，ある日本の会社が歩数計を販売しており，彼らはそれに，日本語で『1万歩計測器』を意味する名前を付けたのです」

2 日本の研究者と交わした会話に基づいて，リーは，「1万」を表す文字がどことなく人が歩いているように見えることから，その製品にその名前が選ばれたのだと考えている。彼女の知る限り，その数字の実際の健康上のメリットが研究によって実証されたことは一度もない。

? 推測しよう！ ―考え方―　　　　　　　　　　　　　　**!** 推測原則 **1**

character はさまざまな意味を持つ多義語。**多義語が出てきたら，文脈から意味を判断する**ようにしよう。the character for " 10,000 " looks sort of like a man walking は「その『1万』を表す○○は人が歩いているように見える」という意味なので，「万歩計」の「万」という「**文字**」のことを言っているのではないかと推測できるだろう。

732 epidemiology
[èpədì:miá:lədʒi]

名 疫学，流行病学
☐ the journal of **epidemiology** (疫学の専門誌)

類 **hygiene** [háɪdʒiːn] 名 衛生学；健康法；衛生 (状態)
類 **hygienics** [haɪdʒéníks] 名 衛生学

733 character
[kérəktər, kǽr-, -ɪk-]

名 文字；(登場) 人物；特徴；性格
☐ Chinese **characters** (漢字)
○ **characterize** [kérəktəràɪz] 他 を特徴づける

734 validate
[vǽlɪdèɪt]

他 を立証 [実証] する；を認可 [公認] する
☐ **validate** a scientific theory (科学理論を立証する)

735 ○ **valid** [vǽlɪd]

形 (法的に) 有効な，正式な；妥当な
☐ a **valid** passport (有効なパスポート)
○ **validity** [vəlídəti] 名 正当 [確実] 性，有効

736 ⇔ **invalid** [ɪnvǽlɪd]

形 (法的に) 無効な；説得力のない
☐ an **invalid** argument (根拠のない議論)

類 **legalize** [líːgəlàɪz] 他 を合法化する
○ **legal** [líːgl] 形 法律の；合法的な；法定の

| まとめてチェック | **⑳ 感染, 伝染** 732 epidemiology |

---

737 infectious [ɪnfékʃəs]

形 伝染性の
□ an **infectious** disease (伝染病)
○ **infection** [ɪnfékʃən] 名 感染, 伝染 (病)；汚染
○ **infect** [ɪnfékt] 他 に (〜を) 感染させる (with), を汚染
する

関 **contagious** [kəntéɪdʒəs] 形 すぐに広まる；接触感染
する, 伝染性の
○ **contagion** [kəntéɪdʒən] 名 接触感染

---

738 pandemic [pændémɪk]

形 (病気が) 全国 〔全世界〕流行の；感染爆発の
名 全国 〔全世界〕的流行病；感染爆発
□ a **pandemic** disease (流行病)

関 **epidemic** [èpədémɪk] 形 (病気が) 流行 〔伝染〕性の
名 流行 〔伝染〕 病
○ **endemic** [endémɪk, ɪn-] 形 (病気などが) ある地方に
特有の 名 風土病

---

739 germ [dʒɚ́rm]

名 細菌, 病原菌；幼芽
□ kill **germs** (殺菌する)

関 **virus** [váɪərəs] 名 ウイルス, 病原体

推測で学ぶ接頭辞・接尾辞 29 -ate

STEP 1：接尾辞の推測 次の語から -ate の意味を推測してみよう。

validate (→ 734)   cultivate

■ 接尾辞 -ate は、「…する」「…させる」という意味の**動詞**を作ったり、「…**された**」「…**する**」という意味の**形容詞**を作ったりします。

valid (有効な) + -ate (…させる)　　　　　→ **validate** (立証する)

cultiv (耕した) + -ate (…にする)　　　　　→ **cultivate** (耕す)

STEP 2：未知語の推測 -ate の意味を意識して，太字の語の意味を推測しよう。

(1) Mt. Fuji was **designated** as a World Heritage Site in 2013.

(2) The Tigers **terminated** the contract with the player.

■ (1) 富士山は 2013 年に世界遺産に**指定された**。

design (印をつける) + -ate (…する)　　　　→ **designate** (指定する)

(2) タイガースはその選手との契約を**終わらせた**。

termin (終点) + -ate (…する)　　　　　　→ **terminate** (終わらせる)

740	**designate** [dézɪgnèɪt]	他 を (~に) 指名〔指定〕する (as, for)；を明示する；を (~と) 称する (as) □ be **designated** as a World Heritage Site (世界遺産に指定される) ○ **designation** [dèzɪgnéɪʃən] 名 任命, 指定
741	**terminate** [tə́ːrmənèɪt]	他 を終わらせる 自 終わる □ **terminate** a contract (契約を終了する) ○ **termination** [tə̀ːrmənéɪʃən] 名 終結；満期

742 tolerate [tάːlərèit] 他 (労働・苦痛など) に耐える；に対して耐性〔抵抗力〕がある；を許す；を黙認する

□ **tolerate** the loud noise (大きな騒音に耐える)

○ **tolerant** [tάːlərənt] 形 (〜に対して) 寛容〔寛大〕な (of, toward)；(〜に対して) 耐性がある (of, to)

○ **tolerable** [tάːlərəbl] 形 耐えられる, 我慢できる；かなりの

○ **tolerance** [tάːlərəns] 名 寛容 (さ), 許容；(苦痛・困難などへの) 抵抗力, 忍耐 (力)

関 **accelerate** [əksélərèit] 他 を加速する 自 加速する

関 **circulate** [sɚ́ːrkjəlèit] 自 循環する；広まる 他 を循環させる

関 **collaborate** [kəlǽbərèit] 自 共同で行う；協力する

○ **collaboration** [kəlæ̀bəréiʃən] 名 協力；共同研究〔制作〕；合作

関 **correlate** [kɔ́ːrəlèit] 自 (〜と) 相互関係がある (with) 他 を (〜と) 関連〔関係〕づける (with)

関 **delegate** [déligèit] 他 を委任する；を代表として派遣する 名 代表者, 代表委員；下院議員

関 **differentiate** [dìfərénʃièit] 他 を (〜と) 区別する (with) 自 (〜の間を) 区別する (between)

関 **escalate** [éskəlèit] 自 他 段階的に拡大〔増大, 上昇〕する

関 **evacuate** [ivǽkjuèit] 他 を (〜から／〜へ) 避難させる (from/to)；から避難する

関 **mandate** [mǽndeit, -dit] 他 を義務づける；を命じる；に権限を与える 名 権限, 信任；命令

関 **nominate** [nάːmənèit] 他 を指名〔推薦〕する；を任命する

関 **rotate** [róuteit] 他 自 回転する〔させる〕；交換する〔させる〕

関 **simulate** [símjəlèit] 他 をまねる；のふりをする

1 Scientific or not, this bit of branding **ingenuity** **transmogrified** into a **pearl** of wisdom that traveled around the **globe** over the next half century, and eventually found its way onto the **wrists** and into the pockets of millions of Americans. In her research, Lee put it to the test by observing the step totals and **mortality** rates of more than 16,000 elderly American women. The study's results paint a more **nuanced** picture of the value of physical activity.

2 "The basic finding was that at 4,400 steps per day, these women had significantly lower mortality rates compared to the least active women," Lee explains. If they did more, their mortality rates continued to drop, until they reached about 7,500 steps, at which point the rates **leveled** out. Ultimately, increasing daily physical activity by as little as 2,000 steps — less than a mile of walking — was associated with positive health **outcomes** for the elderly women. (155 words)

1　科学的かどうかはともかくとして，このちょっとしたブランディングの<u>工夫</u>は，その後の半世紀の間に<u>世界</u>中に広がる<u>珠玉</u>の知恵へと<u>変貌し</u>，ついには，何百万人ものアメリカ人の<u>手首</u>やポケットにたどり着いたのだ。リーは，彼女の研究の中で，16,000 人を超える高齢のアメリカ人女性の歩数合計と<u>死亡</u>率を調べることで，それを検証した。その研究の結果は，肉体的活動の価値について，より<u>微妙な差異を含む</u>全体像を描き出した。

2　「基本的に明らかになったのは，1 日 4,400 歩という数値のところで，これらの女性は，最も活動的でない女性と比べて，死亡率が有意に低くなったということです」とリーは説明する。もっと歩けば死亡率は下がり続け，7,500 歩に達したところで，死亡率は<u>変化しなくなった</u>。最終的には，1 日の肉体的活動をわずか 2,000 歩―1 マイルに満たない歩行―増やすことが，高齢女性の健康面の良好な<u>効果</u>と結びついていたのだ。

❓ 推測しよう！ ▶ ―考え方―　　　　　　　　　　　　　　　**❗ 推測原則 1**

transmogrify は非常に難しい語で，trans- が「越えて，横切って，貫いて」を表すということくらいしかわからないかもしれないので，**文脈から推測しよう**。ここでは動詞として使われており，主語は「ちょっとしたブランディングの工夫」，into の後に続く a pearl of wisdom は「金言」のような意味で，全体では「工夫が金言へと○○する」という内容になるとわかれば，「**変化する**」くらいの意味ではないかと推測できるだろう。

743 **ingenuity** [ìndʒən(j)úːəti]	名 創意, 工夫, 発明の才
	□ show great **ingenuity** (すばらしい創意を示す)

744 **gifted** [gíftɪd]	形 (生まれつき) 才能のある, (〜の) 才能に恵まれている (with)
	□ a **gifted** pianist (才能のあるピアニスト)
	関 **ingenious** [ɪndʒíːnjəs] 形 独創的な, 発明の才がある
	関 **inventive** [ɪnvéntɪv] 形 発明の才がある;創意に富んだ
	関 **wit** [wít] 名 知力;機転, ウィット;才人
	関 **aesthetic** [esθétɪk] 形 美の;審美眼のある

745 **transmogrify** [trænsmágrəfaɪ]	他 を一変させる
	□ **transmogrify** him into a good man (彼をよい人に一変させる)

746 **pearl** [pɔ́ːrl]	名 真珠;貴重なもの〔人〕
	□ a **pearl** of wisdom (すばらしい助言)

747 **globe** [glóʊb]	名 《the 〜》地球;世界
	□ all over the **globe** (世界中に)

748 **wrist** [ríst]	名 手首
	□ twist one's **wrist** (手首をねんざする)
	関 **fist** [físt] 名 握りこぶし
	関 **ankle** [ǽŋkl] 名 足首

749 **mortality** [mɔːrtǽləti]	名 死亡率;死ぬべき運命
	□ decrease infant **mortality** (乳幼児の死亡率を減少させる)

750 **corpse** [kɔ́ːrps]	名 死体, 死骸
	□ take his **corpse** back to his country (彼の亡骸を祖国に連れ帰す)
	関 **flesh** [fléʃ] 名 (人・動物の) 肉, (野菜・果物の) 身

751 **nuance** [n(j)úːɑːns]	他 に微妙な違いを与える
	名 微妙な違い, ニュアンス
	□ **nuanced** questions (微妙な陰影を含んだ質問)

752	level [lévl]	他自 平らにする〔なる〕；平均化する (off, out)
		形 平らな，水平な；同等の
		名 水準；程度；高さ
		□ **level** the ground（地面をならす）

753	outcome [áʊtkʌm]	名 結果
		□ the **outcome** of the discussion（議論の結果）

まとめてチェック	**21** 外交	⊂ **747** globe

754	diplomatic [dìpləmǽtɪk]	形 外交官の，外交的な；外交的手腕にすぐれた；外交 (上) の
		□ establish **diplomatic** relations（国交を樹立する）
		○ **diplomacy** [dɪplóʊməsi] 名 外交，外交的手腕；駆け引き
		○ **diplomat** [dípləmæt] 名 外交官；駆け引きのうまい人

755	embassy [émbəsi]	名 大使館；大使館員
		□ the Indian **Embassy** in Tokyo（東京のインド大使館）

756	ambassador [æmbǽsədər]	名 大使，代表；使節
		□ the British **Ambassador** to Japan（駐日イギリス大使）

関 **treaty** [tríːti] 名 条約

関 **negotiation** [nɪgòʊʃiéɪʃən] 名 交渉

推測で学ぶ接頭辞・接尾辞 **30** out-

STEP 1：接頭辞の推測 次の語から out- の意味を推測してみよう。

<u>out</u>come (→ 753)　　　　　<u>out</u>put

■ 接頭辞 out- は，「**外へ，離れて**」「**…以上に，…より優れて**」などの意味を表します。また，〈**動詞 + out**〉の語順が逆転して1語の名詞を作ることもあります。

out- (外へ) + come (出てくる)　　　　→ **outcome** (結果)

put out (生産する)　　　　　　　　　→ **output** (生産高，出力)

STEP 2：未知語の推測 out- の意味を意識して，太字の語の意味を推測しよう。

(1)　Penguins **outnumber** humans by a wide margin in Antarctica.

(2)　They tried to control the influenza **outbreak**.

■訳(1) 南極大陸ではペンギンが人間に対し圧倒的な差で**数の上で勝っている**。

out- (…より優れて) + number (数)　　→ **outnumber** (数で勝る)

(2) 彼らはインフルエンザの**大流行**を抑えようとした。

break out (爆発する)　　　　　　　　→ **outbreak** (勃発，急激な発生)

757	**outdated** [áʊtdèɪtɪd]	形 時代遅れの，古くて役に立たない；(パスポート・薬などが) 期限切れの □ the **outdated** clothes (時代遅れの服)
		関 **outlaw** [áʊtlɔ̀ː]　名 無法者　他 を非合法化する，禁止する 関 **outlet** [áʊtlèt, -lət]　名 はけ口；直売店，アウトレット；コンセント 関 **outrun** [áʊtrʌ̀n]　他 より速く〔遠くまで〕走る；の範囲を超える
758	**outnumber** [àʊtnʌ́mbər]	他 に数でまさる □ Women **outnumber** men six to one. (女性の数が6対1で男性を上回る)

759 □	outweigh [àʊtwéɪ]	他 より重要である；に勝る；より重い □ The advantages **outweigh** the disadvantages. (メリットがデメリットを上回る)
		関 **outdo** [àʊtdúː] 他 に勝る 関 **outgrow** [àʊtgróʊ] 他 (年齢とともに) (考え・習慣など) を脱する；より早く成長する 関 **outstrip** [àʊtstríp] 他 を追い越す
760 □	outbreak [áʊtbrèɪk]	名 勃発, 急激な発生；暴動 □ an influenza **outbreak** (インフルエンザの大流行)
761 □	outgoing [áʊtgòʊɪŋ]	形 社交的な, 積極的な；引退する □ have an **outgoing** personality (社交的な性格をしている)
762 □	outfit [áʊtfɪt]	名 (特別な場合に着る) 服装一式；活動団体, 組織 他 (服装一式を) に与える；に (~を) 取り付ける (with) □ buy a new **outfit** for the concert (コンサート用に新しい衣装を買う)
		関 **outright** [áʊtràɪt] 形 完全な, 徹底的な；あからさまな 副 完全に, 徹底的に；公然と；即座に 関 **outlive** [àʊtlív] 他 より長生きする 関 **outstanding** [àʊtstǽndɪŋ] 形 目立つ 関 **outworn** [àʊtwɔ́ːrn] 形 すたれた, 使い古した

カタカナ語チェック R

次の英単語は日本語でカタカナ語になっているものです。カタカナ語との発音の違いとつづりを確認しよう。

☐ **radar** [réɪdɑːr] ☐レーダー, 電波探知機

☐ **rail** [réɪl] ☐レール, 手すり, 軌道

☐ **rally** [rǽli] ☐ラリー, 打ち合い；(公道での) 自動車レース

☐ **ranking** [rǽŋkɪŋ] ☐ランキング, 格付け

☐ **recital** [rɪsáɪtl, rə-] ☐リサイタル, 独奏会, 独唱会

☐ **recruit** [rɪkrúːt] ☐リクルートする, 新規採用する

☐ **referee** [rèfəríː] ☐レフリー, 審判員

☐ **renaissance** [rènəsáːns, -záːns] ☐ルネッサンス, 文芸復興

☐ **residence** [rézədəns, ədèns] ☐レジデンス, 邸宅

☐ **revenge** [rɪvéndʒ] ☐リベンジ, 復讐, 仕返し

☐ **revival** [rɪváɪvəl] ☐リバイバル, 復活, 復興

☐ **rhetoric** [rétərɪk] ☐レトリック, 修辞表現

☐ **rifle** [ráɪfl] ☐ライフル銃

☐ **romance** [roʊmǽns, ⌐-] ☐ロマンス, 恋愛関係

☐ **rotation** [roʊtéɪʃən] ☐ローテーション, 回転

STAGE 4

1 ❶ In the **hierarchy** of human needs, good health is right at the top. There's a reason we say, "to your health," whenever we **clink** glasses.

❷ In the **complicated** world of **politics**, therefore, with numerous **competing** issues coming at us 24 hours a day, it's not surprising
5 that concerns clearly **relevant** to our health and that of our families regularly rise to the top of our society's priority list. The effect of plastic on our health should be at the top of that list today.

❸ As Bruce Lourie and I explain in our book *Slow Death by Rubber Duck*, once an issue transforms into a human health concern, it
10 becomes far more likely to be taken up by our elected **leaders**, noticed by the general public and consequently solved.

❹ The smoking debate followed this path. Once the focus became the damaging effects of **second-hand** smoke, i.e., it's not just the health of smokers at risk but the health of all those around them, the
15 **momentum** for change became impossible for even the most **defiant** cigarette companies to **resist**.　　　　　　　　　(177 words)

1 　人間の欲求の階層の中で，良好な健康はまさに頂点にある。私たちがグラスをカチンと鳴らすたびに「あなたの健康のために」と言うのには理由があるのだ。

2 　したがって，複雑な政治の世界において，多数の相容れない問題が1日24時間私たちに迫ってくる中で，私たちの健康や家族の健康と明らかに関連を持つ懸念事項が社会の優先リストの最上位にしばしば上がるのは，驚くべきことではない。私たちの健康へのプラスチックの影響は，今日，そのリストの最上位にあるべきものだ。

3 　ブルース・ラウリーと私が，『ゴムのアヒルによるゆっくりとした死』という私たちの本の中で説明しているように，ある問題がいったん人間の健康上の懸念事項に形を変えると，それが選挙で選ばれた私たちの指導者によって取り上げられ，一般大衆によって認識され，その結果，解決されるという可能性がはるかに高くなる。

4 　喫煙の議論がこの道をたどった。副流煙の悪影響——つまり，喫煙者の健康だけではなく，彼らの周囲のすべての人の健康もまた危険にさらされる——がいったん焦点になると，変化への勢いは，最も反対するタバコ会社でさえ抵抗するのが不可能になったのだ。

31

❓ 推測しよう！ —考え方—　　　　　　　　　　　　　　**❗ 推測原則1**

　文の形から推測しよう。clink を含む文は SVO の形で，「私たちはグラスを〇〇する」という内容になっている。直前にある "to your health" が乾杯をする時の決まり文句なので，「（グラスを）**合わせる**」のような意味だと推測できるだろう。clink はグラスとグラスを軽く合わせる音を表している。

221

763 **hierarchy** [háɪərɑ̀ːrki]	名 階級制
	□ maintain a social **hierarchy**（社会的階級を維持する）
	○ **hierarchical** [hàɪərɑ́ːrkɪkl] 形 階級制の, 階層制の

764 **clink** [klíŋk]	自他 カチン〔チリン〕と鳴る〔鳴らす〕
	□ **clink** glasses（グラスをカチンと鳴らす）

765 **complicated** [kɑ́ːmpləkèɪtəd]	形 複雑な
	□ face a **complicated** situation（複雑な状況に直面する）

766 ⇔ **straightforward** [strèɪtfɔ́ːrwərd]	形 率直な；わかりやすい 副 まっすぐに
	□ receive **straightforward** directions（わかりやすい指示を受ける）

767 **politics** [pɑ́ːlətɪks]	名 政治（学）
	□ go into **politics**（政治の世界に入る）
	○ **political** [pəlítɪkl] 形 政治（上）の
	○ **politician** [pɑ̀ːlətíʃən] 名 政治家
	類 **statesman** [stéɪtsmən] 名 （立派で尊敬される）政治家

768 **competing** [kəmpíːtɪŋ]	形 相容れない, 両立しない
	□ the two **competing** hypotheses（2 つの相反する仮説）
	○ **compete** [kəmpíːt] 自 （〜と）競争する (with, against)

769 **relevant** [réləvənt]	形 （〜と）関連がある (to)；適切な
	□ consider all **relevant** factors（関連するすべての要素を考慮する）
	○ **relevance** [réləvəns] 名 （〜との）関連性；妥当性 (to)
	⇔ **irrelevant** [ɪréləvənt] 形 関係のない；不適切な

770 **leader** [líːdər]	名 指導者, リーダー；先頭に立つ人
	□ the **leader** of the group（そのグループの指導者）

771 ○ **leadership** [líːdərʃìp]	名 リーダーシップ；リーダーの地位；指導者の資質
	□ exercise **leadership**（リーダーシップを発揮する）

772	**second-hand** [sékəndhǽnd]	形 間接の,また聞きの;中古の ☐ buy a **second-hand** car (中古車を買う)
773	関 **indirect** [ìndərékt]	形 間接の,まわりくどい ☐ take an **indirect** route (回り道をする)
774	関 **roundabout** [ráundəbàut]	形 遠回しの,婉曲な;回り道の ☐ in a **roundabout** way (遠回しに,間接的に) ⇔ **first-hand** [fə́ːrsthǽnd] 形 直接の,直の

| 775 | **momentum** [mouméntəm] | 名 勢い,はずみ
☐ gain **momentum** (はずみがつく) |

776	**defiant** [dɪfáɪənt]	形 挑戦〔反抗〕的な ☐ make a **defiant** gesture (反抗的なしぐさをする) ○ **defiance** [dɪfáɪəns] 名 挑戦,反抗 (的態度)
777	関 **rebellious** [rɪbéljəs]	形 反抗的な;反逆した;謀反を起こした ☐ take a **rebellious** attitude (反抗的な態度をとる)
778	関 **defy** [dɪfáɪ]	他 に (公然と) 反抗する;に (~してみろと) 挑む (to do);を拒む ☐ **defy** doctor's orders (医師の指示を無視する)

779	**resist** [rɪzíst]	自他 抵抗する;《通例否定文で》我慢する ☐ **resist** temptation (誘惑に勝つ)
780	関 **withstand** [wɪðstǽnd,wɪθ-]	他 に耐える,に持ちこたえる 自 耐える;抵抗する ☐ **withstand** high temperatures (高温に耐える)

223

まとめてチェック	**㉒** 政治 🔊767 politics
781 □ **sovereign** [sάːvərən]	形 主権〔自治〕を有する, 独立した；至上の 名 君主 □ a **sovereign** state (主権国家)
782 □ **reign** [réɪn]	名 (王・女王の) 治世；統治期間 自 君臨する, 在位する；(状態・考えなどが) はびこる □ during the **reign** of Elizabeth II (エリザベス2世の治世に) 関 **regime** [reʒíːm, reɪ-] 名 体制, 政権
783 □ **aristocratic** [ərìstəkrǽtɪk]	形 貴族的な, 貴族の, 貴族政治の □ be born into an **aristocratic** family (貴族の家に生まれる) ○ **aristocracy** [æristάːkrəsi] 名 貴族政治；貴族 ○ **aristocrat** [ərístəkræt] 名 貴族 関 **monarchy** [mάːnərki] 名 君主政治, 君主国 ○ **monarch** [mάːnərk] 名 君主
784 □ **tyranny** [tírəni]	名 暴政；暴虐；制圧；専制〔独裁〕政治 □ fight against **tyranny** (暴政に対して戦う) ○ **tyrant** [táɪərənt] 名 専制君主；暴君；独裁者 ○ **tyrannical** [tɪrǽnɪkl] 形 圧制的な
785 □ **autonomy** [ɔːtάːnəmi]	名 自治 (権)；自治体 □ achieve regional **autonomy** (地方自治を実現する) ○ **autonomous** [ɔːtάːnəməs] 形 自治の, 自治権のある, 独立した
786 □ **bureaucrat** [bjúərəkræt]	名 官僚 □ a government **bureaucrat** (政府官僚) ○ **bureaucracy** [bjʊərάːkrəsi] 名 官僚政治；官僚 ○ **bureaucratic** [bjùərəkrǽtɪk] 形 お役所的な, 官僚主義的な 関 **feudal** [fjúːdl] 形 封建制度〔時代〕の ○ **feudalism** [fjúːdlɪzm] 名 封建制度 関 **referendum** [rèfəréndəm] 名 国民〔住民〕投票

STEP 1：接頭辞の推測　次の語から re- の意味を推測してみよう。

<u>re</u>sist (→ 779)　　　　<u>re</u>solve

■ 接頭辞 re- には，「反対に，下に，後ろに」(→ p.67)，「再び」(→ p.82) のほかに「反対に」「強意」などの意味もあります。

re- (反対に) + sist (立つ)　　　　→ **resist** (抵抗する)

re- (完全に) + solve (解く)　　　　→ **resolve** (決心する；解決する)

STEP 2：未知語の推測　re- の意味を意識して，太字の語の意味を推測しよう。

(1)　He decided to **resign** the presidency.

(2)　They produce **refined** sugar in the factory.

訳 (1) 彼は大統領を**辞任する**ことを決心した。

　　re- (反対に) + sign (署名する)　　　　→ **resign** (辞職する)

(2) その工場では**精製**糖を生産している。

　　re- (強意) + fined (純度を高めた)　　　　→ **refined** (精製された)

787 ☐ **resign** [rɪzáɪn]	他 を辞職する；を放棄する ☐ **resign** the presidency (大統領を辞任する) ○ **resignation** [rèzɪgnéɪʃən] 名 辞任，辞職；辞表 関 **rebel** 名 形 [rébl] 動 [rɪbél] 名 反逆者，反主流 (勢力)；異端者 形 反乱軍の，反逆の 自 反抗 [敵対] する，強い反感を持つ ○ **rebellion** [rɪbéljən] 名 反乱，謀反，反抗	
788 ☐ **refined** [rɪfáɪnd]	形 精製された；洗練された，優雅な ☐ produce **refined** sugar (精製糖を生産する)	
789 ☐ **rejoice** [rɪdʒɔ́ɪs]	自 (~を) 喜ぶ (at, over, in) ☐ **rejoice** in one's success (成功を喜ぶ)	

1 What we are **witnessing** now is the **genesis** of another human health problem that I believe has the potential to dominate public debate over the next decade: the discovery that tiny plastic particles are **permeating** every human on earth.

2 Plastic, it turns out, never really disappears. In response to time and sunlight, or the action of waves, it just gets **mushed** into smaller and smaller bits. These **microscopic** particles then enter the food chain, air and **soil**. In the past couple of years, scientists have started to find these particles in an **astonishing** range of products **including** table salt and honey, bottled and **tap** water, **shellfish** and ... beer. In one recent study, 83 per cent of tap water in seven countries was found to contain plastic micro-**fibres**.

3 When the snow melts in Canada to reveal a winter's worth of Tim Hortons' cups and **lids**, every person in this country notices the plastic **litter** that surrounds us. Many of us know of the vast and **accumulating patches** of garbage in the ocean. I hear shoppers in the produce **aisles** of my local grocery store **grumbling** at the increasing size of the plastic that **encases** the organic **arugula**.   （197 words）

1 　私たちが今，<u>目撃して</u>いるのは，次の10年間にわたって人々の議論の優
勢を占める可能性を持つと私が思っている，もう1つの人間の健康問題の<u>始ま</u>
<u>り</u>だ。すなわち，小さなプラスチック粒子が地球<u>上</u>のすべての人間の体内に<u>侵</u>
<u>入し</u>つつあることの発見である。

2 　結局のところ，プラスチックは決して本当には消滅しない。時間と日光，
あるいは波の動きに応じて，それはどんどん小さな破片に<u>つぶされて</u>いくだけ
だ。それから，これらの<u>微細な</u>粒子は，食物連鎖と空気と<u>土壌</u>に入り込む。過
去数年間に，科学者は，これらの粒子を，<u>驚異的に</u>広範囲の製品—食卓塩，
はちみつ，ボトル入りの水と<u>水道水</u>，<u>貝</u>，そして…ビール<u>を含む</u>—の中で発見
し始めている。ある最近の研究では，7カ国の水道水の83%がプラスチックの
マイクロ<u>ファイバー</u>を含んでいると判明した。

3 　カナダで雪が解けて，ひと冬分のティム・ホートンズのカップと<u>ふた</u>があ
らわになるとき，この国のすべての人は，私たちを取り囲むプラスチック<u>ごみ</u>
に気づくのだ。私たちの多くは，海洋に浮かぶ，広大で<u>蓄積し続ける</u>ごみの<u>斑</u>
<u>点</u>のことを知っている。地元のスーパーマーケットの農産物<u>コーナー</u>にいる買
い物客が，有機栽培の<u>ルッコラを包む</u>プラスチックのサイズが大きくなってい
ることに<u>文句を言って</u>いるのを耳にする。

？推測しよう！ 　―考え方―　　　　　　　　　　　　　**！推測原則4**

文脈から推測しよう。直前の Plastic never disappears.（プラスチックが消失す
ることは決してない）が大きなヒントになる。消えずにどうなるかの答え
が it just gets mushed into smaller and smaller bits である。「どんどん小さな破片
に○○するだけ」という内容なので，mush は「**砕かれていく**」のような意味
ではないかと推測できる。

227

790 witness
[wítnəs]

他 を目撃する　名 目撃者；証人
□ **witness** a terrible accident (ひどい事故を目撃する)

791 genesis
[dʒénəsis]

名 起源, 発生
□ the **genesis** of the myth (その神話の起源)

792 関 threshold
[θréʃhould]

名 《the ～》出発点, 発端；戸口；(建物の) 入口, 敷居
□ on the **threshold** of a new era (新時代の始まりに)

793 permeate
[pə́ːrmièit]

他 にしみ込む, 浸透する；に行き渡る　◆per-「通して；完全に」
□ **permeate** the local culture (地域文化に浸透する)

794 関 soak [sóuk]

他 を浸す　自 しみ込む；吸収する
□ **soak** a towel in hot water (タオルをお湯に浸す)

795 関 assimilate
[əsíməlèit]

他 を吸収する, 身につける；を同化させる
自 同化する；吸収される
□ **assimilate** knowledge (知識を身につける)
○ **assimilation** [əsìməléiʃən]　名 消化吸収, 同化

関 **penetrate** [pénətrèit]　自 他 貫く；入り込む；理解する
⽤ **evaporate** [ivǽpərèit]　自 蒸発する；徐々に消える
○ **evaporation** [ivæ̀pəréiʃən]　名 蒸発 (作用)；濃縮

796 関 persecute
[pə́ːrsəkjùːt]

他 を迫害 〔虐待〕 する；を非常に困らせる
□ be **persecuted** by the press (マスコミに困らされる)
○ **persecution** [pə̀ːrsəkjúːʃən]　名 迫害

797 関 persevere
[pə̀ːrsəvíər]

自 やり抜く, 辛抱する
□ **persevere** in one's effort (たゆまず努力する)
○ **perseverance** [pə̀ːrsəvíərəns]　名 忍耐, 不屈の努力

798 関 pervade [pərvéid]

他 に普及する
□ A sense of crisis **pervaded** the country. (危機感がその国に広がった)
関 **perspire** [pərspáiər]　自 発汗する

799 mush
[mʌ́ʃ]

他 をつぶす, つぶしてどろどろにする
名 どろどろしたもの
□ **mushed** vegetables (すりつぶした野菜)

| 800 | **microscopic**
[màɪkrəská:pɪk] | 形 顕微鏡でしか見えない；微小の ◆ micro-「小, 微小」
□ **microscopic** examination of a tissue sample (組織標本の顕微鏡検査)
○ **microscope** [máɪkrəskòʊp] 名 顕微鏡
⊜ **macroscopic** [mæ̀krəská:pɪk] 形 肉眼で見える；巨視的な |

| 801 | 関 **microwave**
[máɪkrouwèɪv] | 名 マイクロ波；電子レンジ
他 を電子レンジにかける
□ put the meat in the **microwave** for a minute (肉を電子レンジで1分加熱する)
関 **microbe** [máɪkroʊb] 名 微生物；細菌 |

| 802 | **soil**
[sɔ́ɪl] | 名 土 (壌)；土地
□ till the **soil** before planting (植え付け前に土を耕す) |

| 803 | 関 **geology**
[dʒiá:lədʒi] | 名 地質学；《the ~》地質 (構造)
□ investigate the **geology** of the area (その地域の地質を調査する)
○ **geological** [dʒì:ɵlá:dʒɪkl] 形 地質 (学) の |

| 804 | **astonishing**
[əstá:nɪʃɪŋ] | 形 驚くべき, びっくりするような
□ an **astonishing** achievement (めざましい偉業)
○ **astonish** [əstá:nɪʃ] 他 を (ひどく) 驚かせる |

| 805 | 関 **alarming**
[əlá:rmɪŋ] | 形 驚くべき, 心配な
□ grow at an **alarming** rate (驚くべき速さで成長する)
○ **alarmingly** [əlá:rmɪŋli] 副 不安にさせるほど, 驚くほど；《文修飾》驚いたことに |

| 806 | 関 **marvelous**
[má:rvələs] | 形 驚くべき, すばらしい；ありそうもない
□ offer a **marvelous** opportunity (すばらしい機会を提供する)
○ **marvel** [má:rvl] 自 (~に) 驚く, 驚嘆する (at, over) 他 (~ということに / ~かに) 驚嘆する (that 節 /wh 節) 名 (よい意味で) 驚くべき人, 偉業
関 **fabulous** [fæbjələs] 形 (信じられないほど) すばらしい, とてもよい
関 **miraculous** [mərǽkjələs] 形 奇跡的な；驚くべき |

807 **including** [ɪnklúːdɪŋ]	前 を含めて

□ forty dollars **including** tax (税込みで 40 ドル)
○ **inclusive** [ɪnklúːsɪv] 形 含めて，全て含んだ
○ **include** [ɪnklúːd] 他 を含む
○ **inclusion** [ɪnklúːʒən] 名 包含；含まれる人〔もの〕

⇔ **excluding** [ɪksklúːdɪŋ, eks-] 前 を除いて
○ **exclusive** [ɪksklúːsɪv, eks-] 形 排他的な；独占的な
○ **exclude** [ɪksklúːd, eks-] 他 を除外する
○ **exclusion** [ɪksklúːʒən, eks-] 名 (〜からの) 除外，追放 (from)；除外されたもの〔人〕；免責事項

808 **tap** [tǽp]	名 (水道などの) 蛇口

□ turn on the **tap** (蛇口を開く)

809 **shellfish** [ʃélfɪʃ]	名 貝；甲殻類

□ fish and **shellfish** (魚介類)

810 **fiber** [fáɪbər]	名 繊維 (の1本)，繊維質；食物繊維；(衣料・縄・通信用などの) 繊維，糸 ● 《英》では fibre とつづる

□ contain dietary **fiber** (食物繊維を含む)

811 **lid** [líd]	名 ふた；まぶた

□ open the **lid** (ふたを開ける)

812 **litter** [lítər]	名 (公共の場の) ごみ

□ Take your **litter** home. (ごみはお持ち帰りください)

813 関 **dump** [dʌ́mp]	他 を捨てる，ドサッと落とす
	名 ごみ捨て場；ごみの山

□ **dump** toxic waste (有害廃棄物を捨てる)

814 **accumulate** [əkjúːmjəlèɪt]	他自 蓄積する，ためる

□ **accumulate** one's fortune by hard work (苦労して働いて財産を貯める)
○ **accumulation** [əkjùːmjəléɪʃən] 名 蓄積 (したもの)

815 関 **heap** [híːp]	名 (雑然と積み上げた物の) 山；堆積
	他 を積み上げる；に積み重ねる (up, together)

□ a **heap** of clothes (山積みの衣服)

816	関 **stack** [stǽk]	名 (整然とした) 積み重ね；堆積 他 を (整然と) 積む；を積み重ねる (up) □ a **stack** of containers（コンテナの山）
817	**patch** [pǽtʃ]	名 断片, 小片；あて布；(パッチワークの) 布切れ 他 に継ぎをあてる □ have a bald **patch** on one's head（頭にはげた部分がある）
818	**aisle** [áɪl]	名 通路 □ sit in an **aisle** seat（通路側の席に座る）
819	**grumble** [grʌ́mbl]	自 (~に / ~について) 文句を言う, 不平を言う (to, at/about) 他 を不平がましく言う 名 不平；不満；苦情 □ **grumble** about the referee（審判に文句を言う）
820	関 **mutter** [mʌ́tər]	自 (~に / ~について) つぶやく, 不平を言う (to/about) 名 つぶやき, 不平 □ **mutter** to oneself（ぶつぶつとひとり言を言う）
821	関 **murmur** [mɜ́ːrmər]	自 ざわめく；ささやく 他 とつぶやく 名 かすかな音；ざわめき；つぶやき □ **murmur** softly（そっとささやく）
822	**encase** [ɪnkéɪs]	他 を (箱などに) 入れる；を包む (in) □ be **encased** in plaster（ギプスに包まれている）
823	関 **bundle** [bʌ́ndl]	名 包み 他 を束ねる, 包みにする □ a **bundle** of laundry（洗濯物の束）
824	関 **envelope** [énvəlòup]	名 封筒, 包み, 覆い □ put a stamp on the **envelope**（封筒に切手を貼る） ○ **envelop** [envéləp] 他 を包む, 覆う
		関 **wrap** [rǽp] 他 を包む, 巻く 自 くるまる 名 包み
825	**arugula** [ərúːgələ]	名 ルッコラ □ an **arugula** salad（ルッコラのサラダ）

1 **1** None of this, really, matters much. Do I care that sea turtles are **choking** to death on the plastic grocery bags I use every day? Sort of. But certainly not enough to **inconvenience** myself.

2 But if it turns out that my two boys have a dramatically increased 5 chance of **contracting prostate** cancer because of all the plastic particles that are **implanted** in their growing bodies, now you've got my attention. Make it stop, please.

3 Forget recycling. We can't recycle ourselves out of this problem. The issue is our society's addiction to plastic itself. Those plastic 10 micro-fibres I mentioned? Scientists are now saying that one of the primary sources in our drinking water is the **lint** that comes off the **synthetic fabric** of our clothing. It's not just the plastic we're throwing away that's the problem; it's the plastic items we surround ourselves with every day.

15 **4** The new science on plastic micro-particles is **stunning** and I'm guessing only the tip of a **toxic iceberg**.　　　　　　　　(163 words)

1　これらはどれも，本当は大した問題ではない。私は，自分が毎日使うプラスチックの買い物袋でウミガメが窒息死していることに関心があるのか。まあそうだ。しかし，自分自身に不便をかけるほどではない。

2　しかし，私の2人の息子が，成長する体の中に埋め込まれたすべてのプラスチック粒子のために，前立腺がんになる可能性が劇的に増大するということになるなら，私は注意を引かれてしまう。どうか，それを止めてください。

3　リサイクルのことは忘れなさい。私たちはリサイクルでこの問題から抜け出すことはできない。問題は，私たちの社会のプラスチック依存そのものなのだ。私が述べたプラスチックのマイクロファイバーのことは？　今，科学者たちは，私たちの飲み水の中の（マイクロファイバーの）主要な発生源の1つは，私たちの衣服の合成 繊維からはがれ落ちる糸くずであると言っている。問題なのは，私たちが捨てているプラスチックだけではないのだ。（問題なのは）私たちが毎日，身の回りに置いているプラスチックの品物なのだ。

4　プラスチックの微粒子に関する新しい科学は衝撃的なものであり，しかも有毒な氷山の一角に過ぎないと私は推測している。

❓ 推測しよう！ ―考え方―　　　　　　　　　　　　　　　**💡 推測原則1**

多義語が出てきたら，文脈から意味を判断しよう。動詞の contract は「契約する」「縮小する」の意味で使われることが多いが，この文脈ではどちらもあてはまらない。目的語の prostate cancer は，prostate（前立腺）がわからなくても，cancer を知っていれば「がん**にかかる**」という意味だろうと推測することができる。

826	choke [tʃóuk]	他 を窒息させる；(感情・成長など) を抑える □ **choke** the man to death (その男を窒息死させる)
827	関 **curb** [kə́ːrb]	名 抑制, 拘束；縁石　他 を抑制する；を拘束する □ put a **curb** on spending (支出を抑制する)
		関 **suppress** [səprés] 他 を抑える；(感情など) を抑制する；(反乱など) を鎮圧する ○ **suppression** [səpréʃən] 名 抑制, 鎮圧
828	inconvenience [ìnkənví:njəns]	他 に不便〔迷惑〕をかける 名 不便, 迷惑；不便〔迷惑〕なもの〔人〕 □ **inconvenience** pedestrians (歩行者に迷惑をかける) ○ **inconvenient** [ìnkənví:njənt] 形 不便な, 迷惑な ⇔ **convenience** [kənví:njəns] 名 便利 (なもの) ○ **convenient** [kənví:njənt] 形 (時間・場所・物が) 都合のよい；便利な
829	contract 動 [kəntrǽkt] 名 [kɑ́ntrækt]	他 (病気) にかかる；を契約する；を縮める 名 契約 (書) □ **contract** the disease from mosquitoes (蚊によってその病気にかかる)
830	prostate [prɑ́:steɪt]	名 前立腺 □ suffer from **prostate** cancer (前立腺がんにかかる)
831	implant [ɪmplǽnt]	他 を移植する；を教え込む, 植えつける □ **implant** a pacemaker (ペースメーカーを埋め込む)
832	lint [línt]	名 糸くず, 綿くず □ a **lint** roller (糸くず取りローラー)
833	synthetic [sɪnθétɪk]	形 合成の, 総合の　◆ syn-, sym-「ともに, 同時に」 □ **synthetic** fiber (合成繊維)
834	関 **synthesis** [sínθəsɪs]	名 合成；総合, 統合　複 syntheses □ chemical **synthesis** of DNA (DNA の化学合成)
		関 **symmetry** [símətri] 名 対称 (性), つり合い；均整美 関 **analytic** [æ̀nəlítɪk] 形 分析的な, 分析の ○ **analysis** [ənǽləsɪs] 名 分析　複 analyses ○ **analyst** [ǽnəlɪst] 名 分析家, アナリスト

835	**fabric** [fǽbrɪk]	名 (編んだ・織った) 布 (地)，織物，織り方；(社会・生活などの) 基本構造 (関係)；慣例；(建物の) 基本構造，組織 □ the various patterns of **fabric** (いろいろな模様の布) ○ **fabricate** [fǽbrɪkèɪt] 他 を作り上げる；を偽造する
836	関 **sew** [sóʊ]	他 (衣類など) を縫う；を縫い合わせる 自 縫物をする；ミシンをかける □ **sew** a pocket to a T-shirt (Tシャツにポケットを縫いつける)
837	関 **thread** [θréd]	名 糸，縫い糸；(物語・説明などの) 筋，脈絡 他 (針) に糸を通す　自 縫うように進む □ a needle and **thread** (針と糸) 関 **grid** [grɪ́d] 名 格子；碁盤目

838	**stun** [stán]	他 を気絶させる；をびっくり仰天させる；を茫然とさせる □ be **stunned** by the tragedy (その悲劇に茫然とする)
839	関 **astound** [əstáʊnd]	他 をびっくり仰天させる；を愕然とさせる □ be **astounded** by his ignorance (彼の無知にびっくり仰天する)
840	関 **bewilder** [bɪwɪ́ldər]	他 をうろたえさせる，当惑 (動転) させる □ be **bewildered** by their request (彼らの要求にうろたえる)
841	関 **perplex** [pərpléks]	他 を当惑させる；(事・問題など) を複雑にする，紛糾させる □ be **perplexed** by her behavior (彼女の行動に当惑する)
842	関 **stagger** [stǽgər]	他 を動揺させる；をずらす，よろけさせる 自 よろける　名 よろめき □ be **staggered** by the news (そのニュースに動揺する)

843	**toxic** [tá:ksɪk]	形 有毒な，毒性の □ highly **toxic** chemicals (非常に有毒な化学物質)
844	**iceberg** [áɪsbəːrg]	名 氷山 □ the tip of the **iceberg** (氷山の一角)

235

推測しよう！ ℓ.9 groans   **推測原則 1**

1 **1** On March 31, 1880, the good people of Wabash, Indiana (population 320), <u>launched</u> a technological revolution. On top of the town's <u>courthouse</u>, they mounted two <u>bars</u> with a 3,000-<u>candlepower</u> bulb at both ends of each. They then started up

5 a steam engine to generate electricity, and at 8 p.m., <u>flipped</u> a switch. <u>Sparks</u> showered, and Wabash became the first <u>electrically</u> lit city in the world. "The strange, <u>weird</u> light, exceeded in power only by the sun, <u>rendered</u> the square as light as <u>midday</u>," one witness reported. "Men fell on their knees, **groans** were uttered at the sight, and many

10 were <u>dumb</u> with amazement."

2 A century and a quarter later, electric light turns night into day around the globe. In the first world <u>atlas</u> of artificial night-sky <u>brightness</u>, based on high-resolution satellite data and released in 2001, the heavily developed urban areas of Japan, Western Europe,

15 and the United States <u>blaze</u> like amusement parks. We <u>flood</u> the heavens with so much artificial light that nearly two-thirds of the world's people can no longer see the Milky Way. On a clear, dark night far from light-<u>polluted</u> skies, <u>roughly</u> 2,500 stars can be seen by the <u>naked</u> eye. For people living in the suburbs of New York, that number

20 decreases to 250; residents of Manhattan are lucky to see 15. Moreover, as the stars <u>fade</u> from view, more and more research is suggesting that excessive exposure to artificial night light can alter basic biological rhythms in animals, change <u>predator</u>-<u>prey</u> relationships, and even trigger <u>deadly hormonal imbalances</u> in humans. (255 words)

1 1880年3月31日，インディアナ州ウォバシュ（人口320人）の善良な人々は，技術革命に着手した。郡庁舎のてっぺんに，3,000燭光の電球を両端に付けた2本の棒を取り付けたのである。それから，蒸気機関を始動させて電気を発生させ，午後8時にスイッチを入れた。火花が飛び散り，ウォバシュは世界で初めて電気で照らされた都市となった。「その奇妙で不思議な明かりは，日光の明るさにこそ及ばないけれど，広場を真昼のように明るくしたんだ」と，その場に居合わせた人は語った。「人々はひざまずいて，その光景を見てはうめき声があがり，多くの人は驚きのあまり言葉が出なくなっていたよ」

2 125年が過ぎ，電灯は世界中で夜を昼へと変えている。高解像度の衛星データに基づいて2001年に発表された，人工的な夜空の明るさを示す初めての世界地図によると，日本，西ヨーロッパおよびアメリカ合衆国の非常に開発の進んだ都市部は，アミューズメントパークのように光り輝いている。あまりにも多量の人工の光を天に放っているがゆえに，世界中の人々の約3分の2はもはや天の川を見ることができない。光で汚された空ではなく，雲のない暗い夜であれば，およそ2,500個の星を裸眼で見ることができる。ニューヨーク郊外に住む人であれば，この数は250個に減ってしまうし，マンハッタンの住人なら15個見えれば運がいいほうだ。しかも，視界から星が見えなくなっていくにつれて，ますます多くの研究が示唆していることは，人工の夜の光に過度にさらされることによって，動物の基本的な生体リズムが変わったり，捕食者－被食者関係が変化したり，さらにはヒトに致命的なホルモン失調を引き起こしたりもしかねないということである。

❓ 推測しよう！ ―考え方―　　　　　　　　　　**！** 推測原則**1**

文脈から意味を判断しよう。groan を含む文は，広場を真昼のように明るくした光を初めて見た時の，人々の驚きの情景を伝えている。「その光景に人々はひざまずき，○○を発声し，驚きのあまり言葉が出なくなった」という流れをつかめれば，groan は声を表す語であることが推測できる。

845 **launch** [lɔ́ːntʃ]	他 (事業など) を開始する；(ロケットなど) を打ち上げる 名 開始；発射
	□ **launch** a grass roots campaign (草の根運動を始める)

846 圏 **embark** [ɪmbáːrk]	自 (船・飛行機に) 乗船 [搭乗] する，(困難なこと・新たなことを) 始める
	□ **embark** on a new job (新しい仕事を始める)

847 **courthouse** [kɔ́ːrthàus]	名 裁判所；郡庁舎
	□ a federal **courthouse** (連邦裁判所)

848 **bar** [báːr]	名 棒；障害物；軽食堂；《the ～》法廷；弁護士業 他 を妨げる；を除外する
	□ a salad **bar** (サラダバー)

849 **candlepower** [kǽndlpàuər]	名 燭光《光度の単位》
	□ a three million **candlepower** searchlight (300 万燭光のサーチライト)

850 **flip** [flíp]	他 をはじく；をひっくり返す，裏返す 自 (人・物が) ひっくり返る；(話題・意見・行為などを) 切り替える
	□ **flip** a coin (コインをはじく)

851 **spark** [spáːrk]	名 火花；ひらめき 他 を引き起こす 自 火花を出す；輝く
	□ send out a shower of **sparks** (火花を散らす)

852 圏 **sparkle** [spáːrkl]	自 火花を出す；輝く 他 (火花など) を発する 名 火花；輝き
	□ watch the stars **sparkling** in the night sky (夜空に輝く星を見る)

853 **electrically** [ɪléktrɪkəli]	副 電気によって；電気に関して
	□ an **electrically** powered vehicle (電動車両)
	○ **electrical** [ɪléktrɪkl] 形 電気に関する
	○ **electric** [ɪléktrɪk] 形 電気の；電気で動く

854 **weird** [wíərd]	形 不可思議な；変な，奇妙な；神秘的な
	□ have a **weird** dream (奇妙な夢を見る)

855	**render** [réndər]	他 《~ A B》A (人・物) を B (状態) にする;《~ A B / ~ B to A》A (人など) に B (援助・貢献など) を与える, 行う;表現する □ **render** him unconscious (彼を気絶させる)
856	**midday** [míddéı]	名 正午, 真昼 □ have lunch at **midday** (正午に昼食をとる)
857	**groan** [gróun]	名 うめき声;文句;(物の) うなる〔きしむ〕音 自 (苦痛などで) うめく;うなり声をあげる;不平をこぼす 他 を (うめくように) 語る □ let out a **groan** (うめき声をあげる)
858	**dumb** [dʌ́m]	形 (人が) (驚き・怒りで) 口がきけない (with);ばかな, 愚かな □ be struck **dumb** with fear (恐怖で口がきけなくなる)
859	**atlas** [ǽtləs]	名 地図帳 □ a world **atlas** (世界地図帳)
860	圏 **altitude** [ǽltət(j)ùːd]	名 高度, 標高, 海抜 □ train at a high **altitude** (高地でトレーニングする)
861	圏 **latitude** [lǽtət(j)ùːd]	名 緯度;地方, 地帯 □ live in high **latitudes** (高緯度地方に住む)
862	圏 **longitude** [láːndʒət(j)ùːd, lɔ́ːn-]	名 経度 □ be located at zero degrees **longitude** (経度 0 度に位置している)
863	圏 **equator** [ıkwéıtər]	名 赤道 □ cross the **equator** (赤道を通過する)
864	**brightness** [bráıtnəs]	名 輝き, 明るさ □ adjust screen **brightness** (画面の明るさを調整する) ○ **bright** [bráıt] 形 輝いている, 明るい;頭のいい

| 865 **blaze** [bléɪz] | 自 輝く；燃え立つ　名 (燃え立つ) 炎；きらめき；(感情などの) 激発 |
| | □ a fire **blazing** in the fireplace (暖炉の中で燃え立つ火) |

| 866 閱 **flame** [fléɪm] | 名 火炎；(炎のような) 光彩；炎色
自 (顔・頰などが) 赤らむ；(炎を上げて) 燃える
他 (もの) を火にかける |
| | □ burst into **flames** (ぱっと燃え上がる) |

| 867 **flood** [flʌ́d] | 他 にあふれる，殺到する；を水浸しにする
名 洪水 |
| | □ Heavy rainfall **flooded** the streets. (大雨で道路が冠水した) |

| 868 閱 **swamp** [swɑ́:mp] | 他 を水浸しにする；に押し寄せる　名 沼 (地) |
| | □ A large wave **swamped** the boat. (大波が船を水浸しにした) |

869 閱 **irrigation** [ìrɪɡéɪʃən]	名 灌漑
	□ build an **irrigation** canal (灌漑用水路を作る)
	○ **irrigate** [írəɡeɪt] 他 を灌漑する，(土地) に水を引く；を生き生きさせる

870 **polluted** [pəlú:tɪd]	形 汚染された
	□ radioactive **polluted** wastewater (放射性汚染水)
	○ **pollute** [pəlú:t] 他 を汚染する

871 閱 **contaminate** [kəntǽmɪnèɪt]	他 (毒物などで) を汚染する；(人・心) に悪影響を及ぼす
	□ **contaminate** the groundwater (地下水を汚染する)
	○ **contamination** [kəntæ̀mɪnéɪʃən] 名 汚染 (物)；悪影響

872 **roughly** [rʌ́fli]	副 おおよそ；乱暴に
	□ cost **roughly** a hundred dollars (おおよそ 100 ドルかかる)
	○ **rough** [rʌ́f] 形 ざらざらした；おおよその；粗野な

873 閱 **approximate** [əprɑ́:ksəmət, -mèɪt]	形 近似の，大体の
	□ give an **approximate** number (近似値を与える)
	○ **approximately** [əprɑ́:ksəmətli] 副 大体，およそ

| 874 閱 **crude** [krú:d] | 形 雑な；荒削りな，こなれていない；(態度などが) 露骨な |
| | □ avoid **crude** behavior (粗野なふるまいを避ける) |

875	**naked** [néɪkɪd]	形 裸の;あからさまな;無防備の □ be visible to the **naked** eye (肉眼で見ることができる)
876	関 **bald** [bɔ́ːld]	形 はげた;無毛の;味気ない □ go **bald** (はげる)

877	**fade** [féɪd]	自 (色などが)あせる;衰える □ Her voice **faded** away. (彼女の声は消えていった)
878	関 **wither** [wíðər]	自 しおれる, 枯れる;元気を失う 他 (植物など)をしおれさせる, 枯れさせる □ Plants **wither** without water. (植物は水がないと枯れる)
879	関 **perish** [périʃ]	自 死ぬ, 滅びる;消滅する □ The man **perished** in the desert. (その男は砂漠で死んだ) ○ **perishable** [périʃəbl] 形 腐敗 (死滅) しやすい

880	**predator** [prédətər]	名 捕食動物;略奪者 □ run away from a **predator** (捕食動物から逃げる)

881	**prey** [préɪ]	名 (動物の)獲物;餌食 自 (~を)捕食する (on) □ fall **prey** to wolves (オオカミの餌食になる)

882	**deadly** [dédli]	形 致命的な 副 とても □ catch a **deadly** disease (命にかかわる病気にかかる)

883	**hormonal** [hɔːrmóʊnl]	形 ホルモンの □ face **hormonal** changes (ホルモンの変化に直面する)

884	**imbalance** [ɪmbǽləns]	名 不均衡, アンバランス □ correct the trade **imbalance** (貿易不均衡を是正する)

241

| まとめてチェック | **23** うなる，うめく | C 857 groan |

| 885 ☐ **growl** [grául] | 自 (猛獣が) (〜に対して) うなる；(〜に対して) 不平を言う (at)；どなる　名 うなり声
☐ **growl** at the stranger (見知らぬ人にうなる) |

| 886 ☐ **moan** [móun] | 自 うめき声を出す；不平を言う；(風などが) うなる
他 をうめくように言う；を嘆く　名 (不快さ・苦痛などによる) うめき声，不満；嘆き
☐ **moan** in pain (痛みでうめく) |

| 887 ☐ **roar** [rɔ́ːr] | 自 うなる；ほえる；(人が) どなる，わめく　他 を大声で叫ぶ　名 (野獣などの) うなり声，咆哮；(人の) 叫び声；(機械・風・波などの) 轟音
☐ The lion is **roaring**. (ライオンがほえている) |

| 888 ☐ **shriek** [ʃríːk] | 自 金切り声 [悲鳴] を上げる (out)　他 を甲高い声で言う (out)　名 (恐怖・怒りなどの) 金切り声；鋭い音
☐ **shriek** with laughter (きゃっきゃっと笑う) |

| 889 ☐ **sob** [sɑ́ːb] | 自 むせび泣く；(波・風などが) むせび泣くような音を立てる　他 をすすり泣きながら言う　名 すすり泣き
☐ **sob** quietly (静かにむせび泣く) |

STEP 1：接尾辞の推測 次の語から -ly の意味を推測してみよう。

deadly（→ 882） weekly

■ 接尾辞 -ly は，形容詞の後に付けると副詞を作りますが（→ p.34），主に名詞の後に付いて「…のような」「…らしい」という意味の形容詞を作ることもあります。また，「…ごとの」という意味の形容詞・副詞を作ることもあります。

dead（死んでいる状態）+ -ly（…のような） → **deadly**（致命的な）
week（週）+ -ly（…ごとの） → **weekly**（毎週の）

STEP 2：未知語の推測 -ly の意味を意識して，太字の語の意味を推測しよう。

(1) He caused **bodily** harm to the man.
(2) They made a **costly** mistake.

訳 (1) 彼はその男に**身体的な**危害を加えた。

　　body（身体）+ -ly（…のような） → **bodily**（身体上の）

(2) 彼らは**手痛い**間違いを犯した。

　　cost（犠牲）+ -ly（…のような） → **costly**（犠牲の大きい）

---

890 □	**bodily** [bάːdəli]	形 身体〔肉体〕上の，肉体的な □ cause **bodily** harm（身体的に危害を加える） ○ **body** [bάːdi] 名 体，身体；死体；組織，団体
891 □	**costly** [kɔ́ːstli]	形 損失〔犠牲〕の大きい；高価な；豪華な □ make a **costly** mistake（手痛い間違いを犯す） ○ **cost** [kɔ́ːst] 名 犠牲；費用 他 （費用）がかかる；（犠牲）を払わせる

243

推測しよう！ ℓ.15 disrupt   **推測原則**

1 Many creatures are **genetically programmed** to **navigate** by the **dim glow** of the stars and the moon. For them, night lights can be deadly: Michael Mesure, founder of the Toronto-based **Fatal** Light Awareness Program, estimates that 100 million **songbirds crash** into lit buildings in North America each year. **Likewise**, artificial light is a source of confusion for the relatives of butterflies that are active at night. Rod Crawford, of the Burke Museum at the University of Washington, believes that light pollution may be the leading cause, after habitat loss, of the decline of the **spectacular giant** silk **moths** that were once a source of summer visual delight. "The farther from lights and altered habitats you get, the more moths you find," he says.

2 Kenneth Frank, a Philadelphia **physician** who also studies insects, says that light-**lured** moths often miss their brief opportunities to mate, or are killed by larger, light-**stalking** creatures. Bright lights also **disrupt migration** routes, confining some moth populations to isolated islands of darkness. But Frank admits that the situation of the moths is unlikely to cause public concern. "Never argue against something on behalf of moths," he warns. "People will just laugh at you. Talk about ecosystems instead."

(200 words)

■1 多くの生物は，星や月の<u>ぼんやりとした</u> <u>明かり</u>を頼りに<u>飛行する</u>ように<u>遺伝的に</u> <u>プログラムされて</u>いる。そのような生物にとっては，夜の光は命取りになりかねない。トロントを拠点とするFatal Light Awareness Program（<u>命にかかわる光</u>を意識するためのプログラム）の創設者であるマイケル・メジャーは，毎年北アメリカでは1億羽の<u>鳴き鳥</u>が明かりのついたビルに<u>激突する</u>と見積もっている。<u>同じように</u>，夜間に活動するチョウの近縁生物にとっては，人工の光は混乱の源である。ワシントン大学バーク博物館のロッド・クローフォードが考えるには，光害は，生息地の消失に次いで，<u>見事な</u> <u>オオ</u>カイコ<u>ガ</u>の数が減少した主な原因かもしれないとのことだ。オオカイコガは，かつては夏に目を楽しませてくれる源であった。「光や変容した生息地から離れれば離れるほど，より多くのガを見つけることができるのです」と彼は言う。

■2 ケネス・フランクは，フィラデルフィアの<u>医師</u>で昆虫の研究もしているのだが，彼が言うには，光に<u>おびき寄せられた</u>ガは，交尾する束の間の機会を逃したり，より大きな，光を<u>追い求める</u>生物によって殺されたりすることが多いとのことだ。明るい光はさらに，<u>移動ルート</u>を<u>遮断して</u>，ある種のガの集団を暗い孤立した島に閉じ込めてしまっている。しかしフランクは，ガの境遇が一般の関心を引き起こすことはないだろうと認めている。「ガの味方になって，何かについて反論してはいけませんよ」と彼は注意する。「人はただあなたのことを笑うでしょう。そうではなくて，生態系について話すのです」

❓推測しよう！ ―考え方― **⚠推測原則■1**

文の形から意味を判断しよう。 Bright lights disrupt migration routes はSVOの形になっており，「明るい光は移動ルートを○○する」という内容を表している。文脈から，この文は「光がいかに害を及ぼすか」の例であることがわかるので，disrupt は「**壊す，乱す**」のような意味になると推測できる。

892	**genetically** [dʒənétikli]	副 遺伝子的に;遺伝学的に □ **genetically** modified food (遺伝子組み換え食品) ○ **genetic** [dʒənétik] 形 遺伝(学)的な;遺伝子の(による)
893	関 **heredity** [hərédəti]	名 遺伝(形質) □ the study of **heredity** (遺伝学) ○ **hereditary** [hərédətèri] 形 遺伝的な, 遺伝性の
894	関 **inborn** [ìnbɔ́ːrn]	形 生まれつきの □ an **inborn** talent (天賦の才)
895	関 **indigenous** [ɪndídʒənəs]	形 (その土地・国に)固有の, 現地の, 生来備わった □ a bird **indigenous** to Canada (カナダ固有の鳥)
		関 **inherent** [ɪnhíərənt] 形 内在する;切り離せない;固有の;生まれつきの 関 **innate** [ɪnéɪt] 形 (能力・資質などが)生得的な, 生まれつき備わっている;本質的な;固有の

896	**program(me)** [próʊɡræm]	他 に組み込む, 方向〔条件〕づける;をプログラムする 名 計画;番組(表);プログラム □ **program** a computer (コンピューターをプログラムする)
897	関 **curriculum** [kəríkjələm]	名 カリキュラム, 教育課程 ⑧ curricula, ~s □ design the school's **curriculum** (その学校のカリキュラムを設計する)
898	関 **syllabus** [síləbəs]	名 講義一覧表, (講義などの)綱要 ⑧ ~es, syllabi □ revise the whole **syllabus** (シラバスをすべて見直す)

899	**navigate** [nǽvɪɡèɪt]	自 航行する, 航海する 他 を操縦する;を誘導する;(障害など)をうまく切り抜ける □ **navigate** through the sea (海を航行する) ○ **navigator** [nǽvɪɡèɪtər] 名 航海士;航空士 ○ **navigation** [nǽvəɡéɪʃən] 名 航海(空)術;誘導
900	関 **steer** [stíər]	自 操縦する;進む 他 を運転する;を(ある方向に)向ける □ **steering** wheel (ハンドル)
901	関 **cruise** [krúːz]	自 遊覧航海する;ぶらぶらする 他 を巡航する □ go **cruising** in the Pacific (太平洋を遊覧航海する)
		関 **aviation** [èɪvɪéɪʃən] 名 飛行, 航空;航空学

902 dim [dím]	形 ぼんやりした；(音などが) かすかな □ the **dim** light in the cave (洞窟の中のぼんやりとした明かり)
903 glow [glóu]	自 光る；赤く燃える 名 白熱 ◆ gl-「輝く」 □ **glow** in the sunshine (太陽の光で輝く)
904 関 flush [fláʃ]	自 紅潮する；水が (どっと) 流れる 他 を水で流す；を上気させる 名 紅潮，上気；(感情などの) 突然の高まり；(勢いよく) 水洗すること □ **flush** with excitement (興奮で顔を紅潮させる)
905 関 blush [bláʃ]	自 顔を赤らめる，恥ずかしく思う 他 (顔など) を赤くする 名 (恥ずかしさ・当惑で) 赤面すること □ **blush** at the memory (その思い出に顔を赤らめる)
906 関 glare [gléər]	自 (怒って) じっとにらむ；(太陽・光などが) ぎらぎら光る 名 ぎらぎらする光；怒りのまなざし □ **glare** at him angrily (彼を怒ってにらむ)
907 関 glitter [glítər]	自 (～で) きらきら光る，輝く (with) 名 輝き □ The jewel **glittered** in the light. (その宝石は光に照らされて輝いた) 関 **gleam** [glíːm] 自 かすかに光る；きらりと光る 名 かすかな光；きらめき
908 fatal [féitl]	形 致命的な；取り返しのつかない □ have a **fatal** disease (致命的な病気にかかっている)
909 関 mortal [mɔ́ːrtl]	形 致命的な，命にかかわる；死ぬべき運命の，死を免れない □ be in **mortal** danger (命にかかわる危険にさらされている)
910 関 lethal [líːθl]	形 (～にとって) 死を引き起こす；死に至る (to) □ a **lethal** weapon (殺人兵器)
911 songbird [sɔ́ːŋbə̀ːrd]	名 鳴き鳥 □ a **songbird** from tropical Africa (熱帯アフリカの鳴き鳥)

912 crash [krǽʃ]	自他 衝突〔墜落〕する〔させる〕 名 衝突；墜落；故障 □ **crash** into a house (家に衝突する)
913 関 **wreck** [rék]	他 (建物・乗り物など) を大破させる；(計画・経歴など) を台無しにする　名 難破；(乗り物などの) 残骸 □ **wreck** a motorcycle (バイクを大破させる)
914 likewise [láɪkwàɪz]	副 同様に；その上 □ He enjoys fishing; **likewise**, so does his son. (彼は釣りを楽しみ, 同様に彼の息子も楽しむ)
915 spectacular [spektǽkjələr]	形 壮観な, 見ごたえのある □ **spectacular** mountain views (壮観な山の景色) ○ **spectacle** [spéktəkl, -tɪkl]　名 光景, 壮観；《～s》めがね
916 giant [dʒáɪənt]	形 巨大な　名 巨人；偉人 □ a **giant** food company (巨大食品会社)
917 関 **immense** [ɪméns]	形 巨大な □ an **immense** amount of money (莫大な額のお金) ○ **immensely** [ɪménsli]　副 とても, 非常に；広大に
918 moth [mɔ́ːθ]	名 ガ □ catch **moths** (ガをつかまえる)
919 physician [fɪzíʃən]	名 医師；内科医 □ consult a **physician** (医師にかかる) 関 **surgeon** [sə́ːrdʒən]　名 外科医 ○ **surgery** [sə́ːrdʒəri]　名 外科, 手術 ○ **surgical** [sə́ːrdʒɪkl]　形 外科 (医) の 関 **psychiatrist** [saɪkáɪətrɪst]　名 精神科医 ○ **psychiatry** [saɪkáɪətri]　名 精神医学；精神科 ○ **psychiatric** [sàɪkiǽtrɪk]　形 精神医学の, 精神科の
920 lure [l(j)ʊ́ər]	他 を誘惑する 名 (釣りの) 疑似餌, ルアー；魅力 □ **lure** tourists to the museum (観光客を美術館に勧誘する) 関 **bait** [béɪt]　名 えさ　他 にえさをつける；を誘惑する

921 **stalk** [stɔ́ːk]	他 にこっそり近づく，の後をそっとつける 自 忍び寄る □ be **stalked** by a suspicious man（怪しい男に後をつけられる） ○ **stalker** [stɔ́ːkər] 名 忍び寄る人；ストーカー
922 ☺ **haunt** [hɔ́ːnt]	他 に取りつく；（幽霊が）に出没する；をたびたび訪れる □ be **haunted** by ghosts（幽霊に取りつかれている）
923 **disrupt** [dɪsrʌ́pt]	他 を中断させる，混乱させる；を分裂させる □ Traffic was **disrupted** by the earthquake.（地震で交通が乱れた） ○ **disruption** [dɪsrʌ́pʃən] 名 中断，混乱；分裂
924 ☺ **halt** [hɔ́ːlt, hάːlt]	自 停止〔休憩〕する　他 を停止〔中断〕させる 名 停止，中断 □ **halt** at the door（ドアの前で立ち止まる）
925 **migration** [maɪɡréɪʃən]	名 移住，移動 □ the **migration** of fish（魚の回遊） ○ **migrate** [máɪɡreɪt] 自 移住〔移動〕する ○ **migrant** [máɪɡrənt] 名 移住者；渡り鳥
926 ☺ **emigration** [èməɡréɪʃən]	名 （他国への）移住，移民団 □ **emigration** from Poland to Germany（ポーランドからドイツへの移住） ○ **emigrate** [éməɡrèɪt] 自 （自国から他国に）移住する ○ **emigrant** [éməɡrənt] 名 （自国から他国への）移民；移住者
927 ☺ **immigration** [ìmɪɡréɪʃən]	名 （他国からの）移住 □ restrict illegal **immigration**（不法入国を制限する） ○ **immigrate** [ímɪɡrèɪt] 自 （他国から自国へ）移住する ○ **immigrant** [ímɪɡrənt] 名 （他国から自国への）移住者

推測で学ぶ接頭辞・接尾辞 **33** pro-

STEP 1：接頭辞の推測 次の語から pro- の意味を推測してみよう。

program (→ 896)　　　　　produce

❗ 接頭辞 pro- は，「前へ」「正面で，前面に」「賛成して」という意味を表します。

pro- (前もって) + gram (書いたもの)　　→ **program** (計画，番組)

pro- (前に) + duce (導き出す)　　→ **produce** (生産する)

STEP 2：未知語の推測 pro- の意味を意識して，太字の語の意味を推測しよう。

(1) They **proclaimed** the republic's independence.

(2) Her **prophecy** was fulfilled.

訳 (1) 彼らは共和国の独立を**宣言した**。

pro- (前で) + claim (叫ぶ)　　→ **proclaim** (宣言する)

(2) 彼女の**予言**は的中した。

pro- (前もって) + phecy (述べること)　　→ **prophecy** (予言)

928	**proclaim** [prouklérm]	他 を (公式に) 宣言する；をはっきり示す □ **proclaim** the republic's independence (共和国の独立を宣言する)
929	**proficiency** [prəfíʃənsi]	名 (~の) 熟達；技量 (in, at, of) □ a **proficiency** in a foreign language (外国語の運用能力) ○ **proficient** [prəfíʃənt] 形 (~に) 熟練した，技量のある (in, at)
930	**prophecy** [prɑ́:fəsi]	名 予言 (すること)，予知能力 □ fulfill a **prophecy** (予言を実現させる)

🔲 **protrude** [prətrú:d, prou-] 他 を突き出す　自 突き出る

🔲 **provident** [prɑ́:vədənt] 形 先見の明のある

🔲 **prophet** [prɑ́:fət] 名 (神意に基づいた) 預言者；予言者；(主義・運動などの) 提唱者；先駆者

コラム　語の形から意味を推測する手順（1）

　英単語の数は100万種類とも200万種類とも言われています。そのため，どんなに単語を覚えたとしても，大学入試はもちろん，大学生になってから，あるいは社会人になってから英文を読む時に，何度となく未知の英単語に遭遇することになります。そんな時に役立つのが，ここまで学んできた接頭辞・接尾辞から意味を推測する方法です。ここで，接頭辞・接尾辞・語根などをカギに，語の形から未知語の意味を推測する手順を整理しておきましょう。例として，p.250の (1) の文を見てみましょう。

　They **proclaimed** the republic's independence.

　この文のproclaimという語の意味を知らない場合，次のような手順で意味を推測していきます。

① まずは文の前後関係や文脈から意味を推測します。proclaimedは動詞として使われており，後に目的語として「共和国の独立」が続いています。したがって，「彼らは共和国の独立を○○した」という意味になるとあたりをつけることができます。
② 次に，proclaimという語の構成を分析します。proclaimはproとclaimに分解できそうです。
③ さらに，分解した各要素の意味を考えます。proという接頭辞には「前へ」「正面で，前面に」「賛成して」などの意味があります。claimは「主張する」という意味の動詞として使われますね。
④ 最後に，文の前後関係や文脈を念頭に，各要素の意味を組み合わせて意味を推測します。「共和国の独立」を「前で (pro)」「主張する (claim)」ということは，「共和国の独立を人前で発表する」のような意味ではないかと推測できます。

　proclaimは「～を（公式に）宣言する」という意味なので，推測した意味でおおむね問題ないことがわかりますね。このようにして，語の形などからだいたいの意味を推測できれば，文を読み進めていくことができるのです。

推測で学ぶ接頭辞・接尾辞 34 dis-(2)

STEP 1：接頭辞の推測 次の語からdis-の意味を推測してみよう。

disrupt (→923)　　　　discuss

■ 接頭辞dis-は，「反対」「打ち消し」の意味（→p.171）のほかに，「**別々に**」「**離れて**」などの意味を表すこともあります。

dis-（別々に）＋ rupt（破る）　　　　　→ **disrupt**（中断させる）
dis-（別々に）＋ cuss（ゆさぶる）　　　　→ **discuss**（話し合う）

STEP 2：未知語の推測 dis-の意味を意識して，太字の語の意味を推測しよう。

(1) The drought was **disastrous** to the farmers.
(2) He couldn't **discern** the difference between the two things.

訳(1)農民にとってその干ばつは**悲惨**だった。
　　dis-（離れて）＋ astrous（幸運の星の）　　→ **disastrous**（悲惨な）
　(2)彼は2つのものの違いを**見分ける**ことができなかった。
　　dis-（別々に）＋ cern（ふるいにかける）　　→ **discern**（見分ける）

931 **disastrous** [dɪzˈæstrəs, də-, -sˈæs-]	形 悲惨な；災害を引き起こす □ have **disastrous** results（悲惨な結果をもたらす） ○ **disaster** [dɪzˈæstər, də-, -sˈæs-] 名 災難，災害
932 **discard** 動 [dɪskάːrd] 名 [dískɑːrd]	他（不用品・習慣・友人など）を捨てる　名 放棄 □ **discard** contaminated clothes（汚染した衣服を捨てる）
933 **discern** [dɪsˈəːrn, dɪzˈəːrn]	他 を見つける；を見分ける　自 識別する □ **discern** a difference（違いを見分ける） ○ **discernible** [dɪsˈəːrnəbl, dɪzˈəːrn] 形 見つけられる；見分けられる
934 **disguise** [dɪsgάɪz]	他 を隠す；を変装させる　自 変装〔偽装〕する 名 変装〔仮装，偽装〕；見せかけ；ごまかし □ **disguise** oneself as a priest（神父に変装する）

935 dispense [dɪspéns]	他 を分配する，配給する；を施す；を投薬する
	□ **dispense** food to the poor (貧しい人々に食べ物を配る)

936 disposal [dɪspóuzl]	名 処分の自由，処分権；(不要物などの) 処分，処理；(人・もの などの) 配置，配列
	□ marine waste **disposal** (海洋廃棄物の処理)
	○ **disposable** [dɪspóuzəbl] 形 使い捨ての；自由に使える 名 使い捨て製品

937 dissolve [dɪzάːlv]	他 を溶かす；(議会・国会など) を解体〔廃止〕する 自 溶ける；解体する
	□ **dissolve** a sugar cube into the tea (角砂糖を紅茶に溶かす)

関 **disarm** [dɪsάːrm] 他 から (武器を) 取り上げる (of)，を武装
解除する
○ **disarmament** [dɪsάːrməmənt] 名 武装解除，軍備縮小

関 **discrete** [dɪskríːt] 形 別々の，分離した

Square Wallet is an innovative new **app** (**application**) that is changing the way we spend our money. Here's how it works: you link your **credit** card to the app, shop, take your items to a **cashier** at a participating **retailer** and, as the company's **website** says, "**simply** say your name at **checkout** to pay." Your name and photograph appear on the **register**, the cashier gives you a **nod**, and you walk happily out the door with what you wanted to buy. This kind of **seamless** convenience has obvious advantages, but it comes with hidden costs. Technology makes it possible to get movies, games and books the moment we want them and to worry about money later. It's a payment system that encourages **instant gratification**. Interestingly, however, research suggests that we **derive** greater happiness from goods we pay for immediately, but don't use for some time, than we do from goods we use now but pay for later.

(158 words)

スクエアウォレットは，私たちのお金の使い方を変えつつある革新的な新<u>ア</u><u>プリ</u>（<u>アプリケーション</u>）だ。それはこんなふうに機能する。<u>クレジット</u>カードをそのアプリにリンクさせ，買い物に出かけ，加入している<u>小売店</u>で品物を<u>レジ係</u>に持って行き，そして，アプリの会社の<u>ウェブサイト</u>によれば，「支払いをするには，<u>レジ</u>で<u>ただ</u>お名前を言ってください」とのことだ。あなたの名前と写真が<u>レジ機</u>に表示され，レジ係があなたに向かって<u>うなずき</u>，そしてあなたは買いたかったものを持って幸せな気分で歩いてドアから出るのだ。この種の<u>円滑な</u>便利さには，明らかな利点があるが，それは隠れた代償を伴っている。テクノロジーによって，ほしいと思った瞬間に映画やゲームや本を手に入れ，お金のことは後で心配するということが可能になる。それは，<u>即座に</u> <u>満足感</u>を得るように仕向ける決済システムだ。しかし，興味深いことに，私たちは，今すぐ使うが後で代金を払う商品よりも，すぐに代金を払うがしばらくは使用しない商品からのほうが，大きな幸福感を<u>得る</u>ということが，研究によってわかっている。

？推測しよう！ ▶ ―考え方―   **！推測原則2**

文脈から意味を推測しよう。前の文に「欲しいと思った瞬間に映画やゲームや本を手に入れられる」とある。instant（即座の）が，前の文の the moment …（…するとすぐに）と同じ意味であることに気づけば，gratification は「欲しいものがすぐに手に入る」ことに関する意味だとわかる。さらに，次の文の **happiness が gratification の言い換え表現**だと気づけば，「喜び」「満足」のような意味だと推測できるだろう。

938 **app** [ǽp]	名 アプリ（= application） □ download an **app**（アプリをダウンロードする）
939 **application** [æplikéiʃən]	名 アプリケーション（ソフト）；適用；申し込み □ develop a database **application**（データベースアプリケーションを開発する）
940 ○ **applicable** [ǽplikəbl, əplíkəbl]	形 (人・集団・状況などに) 適用できる；応用できる；ふさわしい □ the rules **applicable** to banks（銀行に適用される規則）
941 **credit** [krédɪt]	名 信用貸し，クレジット；信用；名誉 他 (~を) に信用貸しする；《通例受身》(~を) の功績だと認める (with) □ buy a smartphone on **credit**（クレジットでスマートフォンを買う）
942 **cashier** [kæʃíər]	名 レジ係，会計係 □ work as a **cashier**（レジ係として働く） ○ **cash** [kǽʃ] 名 現金《硬貨 (coin) と紙幣 (note)》
943 **retailer** [ríːtèilər]	名 小売業者，小売〔販売〕店 □ a clothing **retailer**（衣料品小売店） ○ **retail** [ríːtèil] 名 小売り 他 を小売りする
944 関 **merchandise** [mɔ́ːrtʃəndàiz]	名 《集合的に》商品；グッズ 他 の販売を促進する，を売買〔取引〕する □ officially licensed **merchandise**（公式ライセンス商品） 関 **proprietary** [prəpráiətèri] 形 専売の；所有者の 名 所有者；所有権
945 関 **patent** [pǽtnt]	名 (発明品・商品などの) 特許 (権)，特許品 形 特許の，特許に関する；明白な □ violate a **patent**（特許を侵害する）
946 **website** [wébsàit]	名 ウェブサイト，ホームページ □ visit the official **website**（公式サイトを見る）
947 **simply** [símpli]	副 ただ単に；簡単に；まったく，非常に □ to put it **simply**（簡単に言えば）

948 checkout [tʃékàut]	名 (スーパーなどの) レジ, 精算台; (ホテルでの) チェックアウト □ a queue at a supermarket **checkout** (スーパーのレジ の行列)
949 register [rédʒɪstər]	名 レジスター, 金銭登録器; 登録 (簿) □ take money out of a cash **register** (レジからお金を取 り出す)
950 nod [ná:d]	名 うなずき; 同意; うたた寝 自 うなずく; うとうとする □ give a **nod** of approval (同意してうなずく)
951 圏 nap [næp]	名 (特に日中の) うたた寝　自 うたた寝をする □ take a **nap** (うたた寝をする) ⋯⋯⋯⋯⋯⋯⋯⋯⋯⋯⋯⋯⋯⋯⋯⋯⋯⋯⋯⋯⋯⋯⋯⋯⋯⋯ 圏 doze [dóuz] 名 うたた寝　自 うたた寝をする, まどろむ
952 seamless [síːmləs]	形 とぎれない, 円滑な; 継ぎ目のない □ the **seamless** integration of digital information (デ ジタル情報のシームレスな統合) ○ seam [síːm] 名 縫い目, 継ぎ目; しわ
953 instant [ínstənt]	形 即刻の　名 瞬間 □ The **instant** he left home, it began to rain. (彼が家 を出るとすぐに雨が降り始めた)
954 圏 blink [blíŋk]	自 まばたく; まばたきをする　名 まばたき, まばた きほどの短い時間; (光などの) きらめき □ A red light **blinked** on the control panel. (操作パネ ルに赤いランプが点滅した)
955 圏 haste [héist]	名 急ぎ, 迅速 □ leave the school in great **haste** (学校を大急ぎで出る) ○ hasty [héisti] 形 急な, すばやい ○ hasten [héisn] 他 を急がせる; の速度を速める　自 急ぐ ⋯⋯⋯⋯⋯⋯⋯⋯⋯⋯⋯⋯⋯⋯⋯⋯⋯⋯⋯⋯⋯⋯⋯⋯⋯⋯ 圏 swift [swíft] 形 即座の; 速い

956 **gratification** [grætəfikéiʃən]	名 満足 (感), 喜び；満足 〔喜び〕を与えるもの □ provide instant **gratification** (すぐに満足感を与える) ○ **gratify** [grǽtəfài] 他 を満足させる, 喜ばせる
957 **bliss** [blís]	名 この上ない喜び, 至福 自 他 いい気分になる (out) □ domestic **bliss** (家庭の幸福)
958 **derive** [diráiv]	他 を (~から) 得る (from) 自 (~に) 由来する (from) □ **derive** benefits from learning English (英語学習から利益を得る)

まとめてチェック	**24** IT ⟳946 website
959 **domain** [douméin]	名 ドメイン《インターネット上で用いるコンピューターのグループ名》；(活動・関心・知識などの) 領域, 分野, 範囲；領地, 領土 □ a **domain** name (ドメイン名) 関 **browse** [bráuz] 自 (インターネットで) 閲覧する 他 を (インターネットで) 閲覧する ○ **browser** [bráuzər] 名 ブラウザ, 閲覧ソフト
960 **database** [déitəbèis]	名 データベース, データの集積 □ search a **database** (データベースを検索する) 関 **download** [dáunlòud] 他 自 ダウンロードする 名 ダウンロード 関 **upload** [ʌ̀plóud] 他 をアップロードする 名 アップロード 関 **cloud** [kláud] 名 クラウド《インターネット上に保存されたデータ・ソフトなどを各端末から利用するサービス》；雲 関 **protocol** [próutəkɔ̀:l] 名 プロトコル《コンピューター間のデータ送受信のための規約》；外交儀礼 関 **compile** [kəmpáil] 他 (プログラム) をコンパイルする, 機械語に翻訳する

次の英単語は日本語でカタカナ語になっているものです。カタカナ語との発音の違いとつづりを確認しよう。

☐ **scandal** [skǽndl] ☐ スキャンダル, 不祥事

☐ **screw** [skrúː] ☐ (船の)スクリュー

☐ **seminar** [sémənὰr] ☐ セミナー, 研究会

☐ **sentimental** [sèntəméntl] ☐ センチメンタルな, 感傷的な

☐ **simulation** [sìmjəléɪʃən] ☐ シミュレーション, 模擬実験

☐ **skip** [skíp] ☐ スキップ(する)

☐ **slash** [slǽʃ] ☐ スラッシュ, 斜線

☐ **slice** [sláɪs] ☐ スライスする, 薄く切る

☐ **slip** [slíp] ☐ スリップする, 滑る

☐ **slogan** [slóʊɡən] ☐ スローガン, 標語

☐ **smash** [smǽʃ] ☐ (テニス・バドミントンの)スマッシュ

☐ **solo** [sóʊloʊ] ☐ ソロ, 独唱, 独奏

☐ **spice** [spáɪs] ☐ スパイス, 香辛料

☐ **spokesman** [spóʊksmən] ☐ スポークスマン, 代弁者

☐ **sponsor** [spάːnsər] ☐ スポンサー, 広告主, 後援者

☐ **spotlight** [spάːtlὰɪt] ☐ スポットライト；世間の注目

☐ **stained glass** [stéɪnd ɡlǽs] ☐ ステンドグラス

☐ **stance** [stǽns] ☐ スタンス, 立場, 態度

☐ **suite** [swíːt] ☐ スイート, ひと続きの部屋

☐ **supplement** [sʌ́pləmənt] ☐ サプリメント, 栄養補助食品

☐ **syndrome** [síndroʊm] ☐ シンドローム, 症候群

1　The app's chief appeal is that it makes payment essentially invisible, which is exactly what makes it so dangerous. The app <u>soothes</u> the pain connected to handing over hard-earned money, but <u>numbing</u> that pain is <u>tricky</u>. Just as the <u>sensation</u> of burning tells you to pull your
5　hand from the stove, the pain of paying can keep spending in check. This isn't just a <u>metaphor</u>. Paying high prices for goods and services <u>activates</u> the region of the brain associated with the sensation of actual physical pain. When MBA students were given the opportunity to <u>bid</u> on tickets to a sporting event, those who had to pay in cash
10　bid roughly half as much as those who were permitted to charge. It hurts to hand over cash, so we're less likely to <u>overspend</u> and thus less likely to <u>sink</u> into debt. According to the <u>Census</u> <u>Bureau</u>, the <u>median</u> American household debt in 2011 was $70,000. Nearly half of Americans report worrying about debt. Though accumulating debt
15　is sometimes <u>sensible</u>, research shows that it <u>exerts</u> an enormous negative influence on happiness. <u>Prepayment</u> reduces the <u>dread</u> of debt and also increases the happiness connected with <u>possession</u>.

(193 words)

そのアプリの主要な魅力は，支払いを本質的に目に見えないものにしてくれることであり，まさにそのために，そのアプリはとても危険なものになるのだ。そのアプリは，苦労して稼いだお金を手渡すことに関わる痛みを**和らげる**が，その痛みを**鈍らせる**のには**慎重な扱い**が**必要だ**。やけどをする**感覚**がコンロから手を離すように命じてくれるのとちょうど同じように，支払いの痛みは出費を抑制してくれる。これは単なる**比喩**ではない。商品やサービスに高い金額を支払うことは，実際の肉体的痛みの感覚と結びついている脳の領域を**活性化させる**。MBA の学生がスポーツイベントのチケットに**入札する**機会を与えられた際には，現金で支払わなければならない学生は，クレジットで支払うことを許された学生の約半分の値段をつけた。現金を手渡すのは心が痛むことだから，**使いすぎる**可能性が低くなり，したがって借金に**陥る**可能性も低くなる。**国勢調査局**によれば，2011 年におけるアメリカの世帯の借金額の**中央値**は7万ドルだった。半数近いアメリカ人が，借金のことを心配していると報告している。借金をためるのが**賢明である**場合もあるが，調査によれば，それは幸福感に多大な悪影響を**及ぼす**。**前払い**は，借金の**恐怖**を軽減し，また，**所有**と結びついた幸福感を増大させるのだ。

❓推測しよう！ —考え方—　　　　　　　　　　　　　**❗推測原則3**

文脈から意味を推測しよう。最初の文に「そのアプリの主要な魅力は，支払いを本質的に目に見えなくすることだ」と書かれているが，逆に「見える支払い」とは何かを考えながら読み進めよう。この文では，アプリやカードで支払う（＝見えない支払い）のか，それとも現金で支払う（＝見える支払い）のかという**対立構造**が最後まで続いている。bid も，後に pay in cash と (were) permitted to charge と対立構造が続いていることから，「**支払う**」ことに関する具体例だと推測できる。

961 **soothe** [súːð]	他 をなだめる；(苦痛) を和らげる
	□ **soothe** one's nerves (神経をなだめる)
	○ **soothing** [súːðiŋ] 形 心を静める；痛みを和らげる

962 **numb** [nʌ́m]	他 を麻痺させる　形 無感覚になった，麻痺した
	□ be **numbed** by the cold (寒さで麻痺する)

963 **tricky** [tríki]	形 扱いにくい，こつのいる；ずるい，狡猾な
	□ ask a **tricky** question (微妙な質問をする)

964 国 **cunning** [kʌ́niŋ]	形 ずるい；巧妙な
	□ devise a **cunning** plan (狡猾な計画を考え出す)

965 **sensation** [senséiʃən, sən-]	名 感覚，感じ；大評判，大騒ぎ
	□ feel a burning **sensation** (燃えるような感じがする)
	○ **sensational** [senséiʃənl] 形 衝撃的な

966 **metaphor** [métəfɔ̀ːr, -fər]	名 隠喩，メタファー
	□ use old **metaphors** (古い隠喩を使う)
	○ **metaphorical** [mètəfɔ́ːrikl] 形 隠喩的な，隠喩の；比喩的な
	国 **simile** [síməli] 名 直喩，明喩

967 国 **imagery** [ímidʒəri]	名 比喩的表現；像，映像；(記憶・想像による) 心像
	□ provide satellite **imagery** (衛星画像を提供する)

968 **activate** [ǽktəvèit]	他 を活性化する；を作動させる
	□ **activate** a fire alarm (火災報知器を作動させる)

969 **bid** [bíd]	自他 値をつける　名 付け値；入札
	□ **bid** five million dollars for the painting (その絵に500万ドルの値をつける)

970 **overspend** [òuvərspénd]	他自 (お金を) 使いすぎる
	□ **overspend** one's budget (予算を使いすぎる)

971 **sink** [síŋk]	自 陥る，落ち込む；沈む；崩れ落ちる
	□ **sink** into the ocean (海の中に沈む)

972 □ **census** [sénsəs]	名 国勢調査 □ conduct a **census**（国勢調査を行う）

973 □ **bureau** [bjúərou]	名 案内所；（政府の）省，局 □ a citizens advice **bureau**（市民相談所）

974 □ **median** [mí:diən]	形 中央の，中間の □ the **median** patient age（患者の年齢の中央値） 関 **halfway** [hǽfwéɪ] 形 中間の，途中の　副 中間で，途中で 関 **interim** [íntərɪm] 形 中間の　名 中間の時期，合間 関 **intermediate** [ìntərmí:diət] 形 中級の；中間の　名 （学習・スポーツなどの）中級者

975 □ **sensible** [sénsəbl]	形 分別のある；賢明である □ give **sensible** advice（賢明な助言をする）

976 □ 関 **prudent** [prú:dənt]	形 分別のある；用心深い □ **prudent** financial management（慎重な財務管理） ○ **prudence** [prú:dəns] 名 思慮分別；慎重さ

977 □ 関 **shrewd** [ʃrú:d]	形 判断が正確な；賢い □ a **shrewd** businessperson（やり手の実業家）

978 □ 関 **sane** [séɪn]	形 正気の，まともな；分別のある；健全な；理にかなった □ stay **sane**（正気を保つ） ⇔ **insane** [ɪnséɪn] 形 頭がおかしい，正気とは思えない

979 □ **exert** [ɪgzə́:rt, egz-]	他 （力など）を用いる，行使する 自 努力する，尽力する □ **exert** influence on the party（その党に影響力を行使する） ○ **exertion** [ɪgzə́:rʃən, egz-, -ʒən] 名 努力，尽力；激しい活動，（権力などの）行使，発揮

980 □ 関 **utilize** [jú:təlàɪz]	他 （〜として / 〜のために）（物）を利用する，活用する (as/ for) □ **utilize** the new technologies（新しい技術を利用する）

981 prepayment [pri:péɪmənt]

图 前払い
□ make a **prepayment** of the fee（料金を前払いする）
○ **prepay** [pri:péɪ] 自 他 前払いする
○ **prepaid** [pri:péɪd] 形 前払いの

982 dread [dréd]

图 恐れ, 不安 他 をひどく恐れる；を心配する
自 非常に恐れる
□ have a **dread** of snakes（ヘビを怖がる）

983 ○ dreadful [drédfl]

形 恐ろしい；ひどい
□ make a **dreadful** mistake（ひどい間違いをする）

984 possession [pəzéʃən]

图 所有 (物)
□ take **possession** of a dog（犬を手に入れる）

985 圞 baggage [bǽgɪdʒ]

图 《主に米》(旅行用) 手荷物；旅行カバン
□ hand **baggage**（機内持ち込み手荷物）

圞 **luggage** [lʌ́gɪdʒ] 图 《主に英》(旅行用) 手荷物；旅行カバン

㉕ ひどい　　　　　　　　　　　　⊂982 dread

| 986 □ | **horrify** [hɔ́ːrəfài] | 他 をぞっとさせる
□ be **horrified** at the idea (その考えにぞっとする)
○ **horrifying** [hɔ́ːrəfàiiŋ] 形 ぞっとする；恐るべき
○ **horrible** [hɔ́ːrəbl] 形 ぞっとするほど恐ろしい；実にひどい |

| 987 □ | **dismay** [dɪsméi, dɪz-] | 名 ろうばい；落胆
他 をろうばいさせる；を落胆させる
□ to one's **dismay** (がっかりしたことには) |

| 988 □ | **brutal** [brúːtl] | 形 残忍な
□ a **brutal** attack (残忍な攻撃)
○ **brutality** [bruːtǽləti] 名 残忍な行為, 蛮行；残忍さ, 野蛮
○ **brute** [brúːt] 名 獣, 残忍な人 |

| 989 □ | **ferocious** [fəróuʃəs] | 形 残忍な；ものすごい
□ a **ferocious** tiger (残忍なトラ)

園 **atrocity** [ətrɑ́ːsəti] 名 残虐さ；残虐行為 |

| 990 □ | **outrageously** [àutréidʒəsli] | 副 ひどく, 法外に
□ an **outrageously** expensive restaurant (法外に高いレストラン)
○ **outrage** [áutrèidʒ] 名 暴力；激怒
○ **outraged** [áutrèidʒd] 形 慣慨した
○ **outrageous** [àutréidʒəs] 形 乱暴な；ひどい |

| 991 □ | **gross** [gróus] | 形 ひどい, はなはだしい；総計の, 全体の　名 総計
□ a **gross** violation of human rights (ひどい人権侵害) |

推測で学ぶ接頭辞・接尾辞 **35** -ible

STEP 1：接尾辞の推測 　次の語から -ible の意味を推測してみよう。

sense<u>ible</u> (→ 975)　　　　poss<u>ible</u>

❶ 接尾辞 -ible は，-able（→ p.204）と同じく「…できる，…に適する，…されるべき」「…しやすい，…しがちな」という意味を表します。

sense（感じる）＋ -ible（…できる）　　　　　→ **sensible**（分別のある）
poss（力がある）＋ -ible（…できる）　　　　　→ **possible**（可能な）

STEP 2：未知語の推測 　-ible の意味を意識して，太字の語の意味を推測しよう。

The sound isn't **audible** to the human ear.

訳 その音は人の耳では**聞くことができ**ない。

aud（聞く）＋ -ible（…できる）　　　　　→ **audible**（聞こえる）

992 audible [ɔ́ːdəbl]	形 聞こえる，聞き取れる	
	□ be **audible** to the human ear（人間の耳に聞き取れる） ○ **audibly** [ɔ́ːdəbli] 副 聞こえるように	
993 credible [krédəbl]	形 信用〔信頼〕できる；確実な；(成功などの) 見込みのある	
	□ come up with a **credible** explanation（信頼できる説明を思いつく） ○ **credibility** [krèdəbíləti] 名 信用，信頼性；確実性	
994 compatible [kəmpǽtəbl]	形 (～と) 矛盾しない，両立できる (with)，気が合う	
	□ be **compatible** with the policy（その方針と矛盾しない）	
995 tangible [tǽndʒəbl]	形 触れることができる；明白な	
	□ provide **tangible** evidence（明白な証拠を提示する）	

関 **eligible** [élɪdʒəbl] 形 適格の，資格のある
関 **feasible** [fíːzəbl] 形 実現〔実行〕可能な
関 **irresistible** [ìrɪzístəbl] 形 心奪われる；抑えがたい，抵抗できない
関 **negligible** [néglɪdʒəbl] 形 取るに足らない，無視してよい
関 **perceptible** [pərséptəbl] 形 認知できる；はっきりした
関 **imperceptible** [ìmpərséptəbl] 形 知覚できない
関 **plausible** [plɔ́ːzəbl] 形 もっともらしい；口先のうまい

STEP 1：接尾辞の推測 　次の語から-mentの意味を推測してみよう。

prepay<u>ment</u>（→ 981）	develop<u>ment</u>

■ 接尾辞 -ment は，動詞に付けて「**結果**」「**状態**」「**動作**」「**手段**」などの意味を表す名詞を作ります。

prepay（前払いする）＋ -ment 　　　→ **prepayment**（前払い）

develop（発達する）＋ -ment 　　　→ **development**（発達）

STEP 2：未知語の推測 　-mentの意味を意識して，太字の語の意味を推測しよう。

(1)　She received **acknowledgment** from her colleagues.

(2)　He has an **attachment** to his country.

訳 (1) 彼女は同僚から**承認**を受けた。

acknowledge（認める）＋ -ment 　　　→ **acknowledgment**（承認）

(2) 彼は自分の国に**愛着**がある。

attach（取り付ける）＋ -ment 　　　→ **attachment**（取り付け，愛着）

996 □	**acknowledgment** [əknάːlɪdʒmənt, æk-]	名 承認，認識；感謝（のしるし） ❶《英》では acknowledgement とつづる □ receive **acknowledgment** from one's colleague（同僚から承認を受ける） ○ **acknowledge** [əknάːlɪdʒ, æk-] 他 を認める，に礼を言う
997 □	**attachment** [ətǽtʃmənt]	名 付着（物）；取りつけ；愛着 □ have an **attachment** to one's country（自分の国に愛着がある）

関	**attainment** [ətéɪnmənt] 名 達成，到達；技能，学識
関	**bewilderment** [bɪwíldərmənt] 名 うろたえ，狼狽，戸惑い
関	**disagreement** [dìsəgríːmənt] 名 不一致；相違
関	**pavement** [péɪvmənt] 名 舗装道路
関	**puzzlement** [pʌ́zlmənt] 名 当惑，困惑
関	**statement** [stéɪtmənt] 名 陳述；声明

1 In a recent study, researchers in Europe gave 99 people the chance to buy a gift **basket** filled with **treats**. Some got the basket right away and paid later; others got the basket only after paying in full. Everyone then rated how much joy and **contentment** their gift baskets gave. Although the baskets were **identical**, they brought more happiness to those who paid in advance. Perhaps this explains why people frequently experience a happiness **boost** in the weeks before a vacation. Stuck in an office, the **anticipation** of the beach is almost as enjoyable as the beach itself.

2 Delayed pleasure not only increases **anticipatory** excitement but also enhances the pleasure once it is eventually enjoyed. In one study, students were **selected** to eat a piece of chocolate, but some had to wait 30 minutes before they could eat it, while others ate the chocolate immediately. Those who had to wait were more likely to **fantasize** about the chocolate and **visualize** what it would be like to **taste** it. And fantasies matter, because waiting enhanced enjoyment and increased people's desire to buy more chocolate. (183 words)

1 最近の研究で，ヨーロッパの研究者が99人の人に，<u>楽しいもの</u>がいっぱい詰まったギフト<u>バスケット</u>を買う機会を与えた。一部の人はすぐにバスケットを受け取り，後で支払いをした。他の人は全額を支払った後にのみ，バスケットを受け取った。それから全員が，ギフトバスケットがどれくらいの喜びと<u>満足感</u>を与えてくれたかを評価した。バスケットは<u>同一のもの</u>だったのに，先に支払いをした人のほうにより大きな幸せをもたらした。ひょっとしたら，これは，人々がなぜ長期休暇の前の数週間に幸福感の<u>上昇</u>をたびたび経験するのかの理由を説明してくれるかもしれない。オフィスに閉じこめられていると，ビーチに<u>思いをめぐらせること</u>は，ほとんどビーチそのものと同じくらい楽しいのだ。

2 先延ばしにされた楽しみは，<u>先回りの</u>興奮を増加させるだけでなく，最終的にそれを享受することになったときに楽しみを高めてもくれる。ある研究では，学生たちが<u>選ばれて</u>チョコレートを1つ食べることになったが，一部の学生は食べることができる前に30分待たなければならず，他の学生はすぐに食べることができた。待たなければならない学生のほうが，チョコレートについて<u>空想し</u>，それを<u>味わう</u>ときの様子を<u>思い描く</u>傾向が高かった。そして，空想は大切なものだった。なぜなら，待つことによって楽しみが高まり，人々のもっとチョコレートを買いたいという欲求が増加したからだ。

？推測しよう！ —考え方—

！推測原則 5

単語の構造から推測しよう。fantasy（空想，ファンタジー）という語を知っていれば，**fantasize は fantasy に動詞を作る接尾辞 -ize が付いたもの**で，「**空想する**」という意味だと推測できる。また，前の段落から「楽しみは即座に実現されるよりも，（少し）先に延ばすほうがより大きな幸福感が得られる」という内容が続いているので，「代金の支払いと現物の獲得との間の時間は fantasy で満たされる」という文脈から意味を推測することもできる。

998 **basket** [bǽskət]	名 かご, バスケット；かご1杯 (の量)
	□ a **basket** of fruits (かご1杯の果物)

999 関 **cradle** [kréɪdl]	名 揺りかご；幼時
	□ sleep in the **cradle** (揺りかごの中で寝る)

1000 **treat** [tríːt]	名 楽しみ, ごほうび；もてなし；おごり
	他 を処理する；を治療する；におごる
	□ This is my **treat**. (これは私のおごりです)

1001 **contentment** [kənténtmənt]	名 満足；幸福感
	□ find great **contentment** (大きな満足感を見出す)

1002 **identical** [aɪdéntɪkl]	形 (〜と) まったく同一の, 同様の (with, to)
	□ be **identical** to the original (オリジナルと同一である)
	○ **identify** [aɪdéntəfàɪ] 他 が同一であると認める, を確認する

1003 **boost** [búːst]	名 高めること, 上昇　他 を高める
	□ give a **boost** to sales (売上を伸ばす)

1004 関 **elevation** [èləvéɪʃən]	名 向上, 昇進, 上げる〔高める〕こと；標高
	□ her **elevation** to the presidency (彼女の社長職への昇進)
	○ **elevate** [éləvèɪt] 他 を高める；を元気づける, 向上させる
	関 **exalt** [ɪgzɔ́ːlt] 他 の地位を高める；をたたえる

1005 **anticipation** [æntìsəpéɪʃən]	名 期待；予期, 予想
	□ in **anticipation** of difficulties (困難を見越して)
	○ **anticipate** [æntísəpèɪt] 他 を予想する

1006 関 **foresee** [fɔːrsíː]	他 (問題・事故など) を予知する
	□ **foresee** the company's failure (その会社の破綻を予知する)

1007 関 **foretell** [fɔːrtél]	他 を予言〔予知〕する
	□ **foretell** the weather for the coming week (翌週の天気を予報する)

1008 anticipatory [æntísəpətɔ̀:ri, -təri]	形 予期〔予想〕しての, 見越しての □ an **anticipatory** attack（先制攻撃）

1009 select [səlékt]	他 を選ぶ　形 選り抜きの □ **select** a candidate（候補者を選ぶ） ○ **selection** [səlékʃən] 名 選択；精選（品） ○ **selective** [səléktɪv] 形 選択の；最適なものだけを選び出す
1010 関 **opt** [á:pt]	自 （〜の方を）選択する, 決める (for) □ **opt** for the latter（後者を選ぶ） ○ **option** [á:pʃən] 名 選択肢；選択（権の自由） ○ **optional** [á:pʃənl] 形 随意〔任意〕の

1011 fantasize [fǽntəsàɪz]	自他 空想する □ **fantasize** about the future（未来について空想する） ○ **fantasy** [fǽntəsi, -zi] 名 空想；幻影

1012 visualize [víʒuəlàɪz]	他 を心に思い浮かべる；を視覚化する 自 想像する；視覚化する □ **visualize** a peaceful scene（平和な光景を思い浮かべる） ○ **visual** [víʒuəl] 形 視覚の；目に見える

1013 taste [téɪst]	他 の味を見る　自 （〜な）味がする 名 味；（〜に対する）好み (for) □ **taste** the chicken salad（チキンサラダの味を見る）
1014 関 **lick** [lík]	他 をなめる　名 ひとなめ；少量 □ **lick** one's dry lips（乾いた唇をなめる）
1015 関 **suck** [sʌ́k]	他 を吸う；をしゃぶる；を吸い込む　自 吸う □ **suck** the juice out of a lemon（レモンの果汁を吸う） 関 **sip** [síp] 自 少しずつ〔ちびちび〕飲む, すする　名 ひと口

271

1 **1** The danger with delayed **consumption** is that raised **expectations** result in disappointment when the purchase doesn't live up to our hopes. Luckily, the mind paints over minor **gaps** between expectations and reality. In a recent study, people enjoyed a video game more if they

5 were presented with tempting details about it before they played. And this was true even when researchers offered them a low-quality version of the game.

2 **Ironically**, some of the coolest innovations of the past decades may be **undermining** our happiness. Technologies that push payment

10 into the future, making paying so convenient that it's practically **painless**, put us in danger of overspending. Those that allow us to have everything immediately rob us of the anticipation period. The challenge for the next generation of innovation lies in **combining** the vast potential of computer technology with fundamental principles of

15 happiness science. (142 words)

1 先延ばしにされた<u>消費</u>に伴う危険とは，その買い物が私たちの希望に沿わないものだったときに，高まっていた<u>期待</u>が落胆になってしまうことだ。幸運なことに，心は，期待と現実の間の小さな<u>ギャップ</u>を上塗りしてくれる。最近の研究では，テレビゲームをプレーする前に，それに関する魅力的な詳細を見せられると，人々はよりゲームを楽しむということがわかった。しかも，研究者たちが人々に，質を落としたバージョンのゲームをさせたときでさえ，このことは当てはまった。

2 <u>皮肉なことに</u>，過去数十年間で最も素敵な技術革新のいくつかが，私たちの幸福を<u>むしばんで</u>いるかもしれない。支払いを未来に先送りするテクノロジーのおかげで，支払いがほぼ<u>痛みのない</u>ものになるくらい便利になるため，私たちは使いすぎの危険に陥るのだ。私たちが何でもすぐに手に入れることを可能にしてくれるテクノロジーは，期待する時間を私たちから奪ってしまう。次世代の技術革新に課せられる課題は，コンピューターテクノロジーの膨大な潜在能力を，幸福に関する科学の基本原則と<u>結びつける</u>ことにあるのだ。

39
40
41
42
43
44
45
46
47
48

❓推測しよう！ ─考え方─ **❗推測原則2**

文の形から意味を推測しよう。undermining our happiness（私たちの幸福を○○する）と次の文の最後に出てくる put us in danger of overspending（私たちをお金の使い過ぎという危険に陥れる）が**言い換え表現**になっていることに気づければ，「**危うい状態にする**」のような意味になるのではないかと推測できる。

1016 **consumption** [kənsʌ́mpʃən]	名 消費;消費量
	□ raise the **consumption** tax (消費税を引き上げる)
	○ **consume** [kəns(j)úːm] 他 (エネルギー・時間など) を消費する

1017 **expectation** [èkspektéɪʃən]	名 期待;予期, 予想
	□ have high **expectations** of success (成功を大いに期待する)
	○ **expect** [ɪkspékt, eks-] 他 を予期する;を期待する;と思う

1018 **gap** [gǽp]	名 (見解などの) 相違;(時間的) 空白;割れ目
	□ bridge the **gap** between rich and poor (貧富の差を埋める)

1019 関 **lag** [lǽg]	名 時間のずれ;遅れること
	□ a time **lag** (時間的ずれ)

1020 関 **cavity** [kǽvəti]	名 穴;空洞, 腔;虫歯
	□ abdominal **cavity** (腹腔)

1021 **ironically** [aɪrɑ́ːnɪkəli]	副 《文修飾》皮肉にも
	□ **Ironically**, I got over my cold on the last day of the holiday. (皮肉にも, 私の風邪は休暇の最終日に治った)
	○ **ironic(al)** [aɪrɑ́ːnɪk(l)] 形 皮肉な;反語的な
	○ **irony** [áɪərəni] 名 皮肉 (な事態)

1022 **undermine** [ʌ̀ndərmáɪn]	他 (健康など) を害する, 傷つける;を浸食する;の下を掘る ❶ under-「下に;少なく」
	□ **undermine** one's confidence (自信をなくす)

1023 関 **underlie** [ʌ̀ndərláɪ]	他 (考え・状況・行為など) の背後にある;の基礎となる;の下にある
	□ the principles that **underlie** the city's design (都市設計の根底にある理念)

1024 関 **understate** [ʌ̀ndərstéɪt]	他 を控えめに言う
	□ **understate** one's losses (損失を控えめに言う)
	○ **understatement** [ʌ̀ndərstéɪtmənt] 名 控えめに言うこと
	関 **underestimate** [ʌ̀ndəréstəmèɪt] 他 を過小評価する;を安く〔少なく〕見積もる

1025 painless [péɪnləs]	形 痛みのない；努力のいらない □ **painless** childbirth（無痛分娩） ⮂ **painful** [péɪnfl] 形 つらい；痛い
1026 combine [kəmbáɪn]	他 を（～と）組み合わせる；を兼ね備える (with) 自 （～と）組み合わさる；結合する (with) □ **combine** all the ingredients（すべての材料を混ぜ合わせる） ○ **combination** [kàːmbənéɪʃən] 名 結合；組み合わせ；化合
1027 関 blend [blénd]	他 を混ぜる 自 溶け合う 名 混合（物） □ **blend** two kinds of beans（2 種類の豆を混ぜる）
1028 関 merge [mɔ́ːrdʒ]	自 （～と）合併する (with) 他 を溶け込ませる；を合併する □ **merge** with an overseas firm（海外企業と合併する）
1029 関 mingle [míŋgl]	自 （～と）混ざる (with) 他 を混ぜる，混ぜ合わせる □ **mingle** with the tourists（観光客に混じる）
1030 関 mixture [míkstʃər]	名 《通例単数形で》（異なった人・物・感情・考えなどの）混合；組み合わせ □ a **mixture** of the traditional and the modern（伝統と現代の融合）

まとめてチェック	**26** 文修飾副詞	C,1021 ironically

1031 □ **accidentally** [æksədéntəli]	副 偶然に；誤って，うっかり；《文修飾》偶然にも □ **accidentally** break the window (うっかり窓を割ってしまう) ○ **accidental** [æksədéntl] 形 偶然の
1032 □ **paradoxically** [pèrədá:ksɪkli, pæ̀r-]	副 《通例文修飾》逆説的に (言えば)，逆説的だが □ **Paradoxically** the mistake made him famous. (逆説的だが，その失敗が彼を有名にした) ○ **paradoxical** [pèrədá:ksɪkl, pæ̀r-] 形 逆説的な，矛盾する ○ **paradox** [pérədà:ks, pæ̀r-] 名 逆説，矛盾した説
1033 □ **plainly** [pléɪnli]	副 明白に，《文修飾》明らかに；率直に；質素に □ The letter is **plainly** wrong. (その手紙は明らかに間違っている) ○ **plain** [pléɪn] 形 明白な；質素〔地味〕な 名 平原
1034 □ **undoubtedly** [ʌndáʊtɪdli]	副 確かに；《文修飾》明らかに □ That is **undoubtedly** true. (それは間違いなく事実だ) ○ **undoubted** [ʌndáʊtɪd] 形 確かな；疑う余地のない
	関 **evidently** [évədəntli] 副 明らかに，確かに；《文修飾》見たところ～らしい ○ **evident** [évədənt] 形 明白な
	関 **incredibly** [ɪnkrédəbli] 副 信じられないほどに；《文修飾》信じられないことだが ○ **incredible** [ɪnkrédəbl] 形 素晴らしい；信じられない
	関 **properly** [prá:pərli] 副 適切に；完全に；《文修飾》当然のことながら ○ **proper** [prá:pər] 形 適切な；(社会的に) 正しい

STAGE 5

1 **1** Social norms are unwritten rules that govern the way that people behave within a society or group.　These norms provide stability in the long run, preventing the society from decaying into **chaos**, and ensuring that even **monumental** change happens slowly.　But they also
5 strongly influence individuals to **conform** to society.　For instance, one study in the 1950s showed this very clearly.　New students at a university were **randomly assigned** to live among either conservative students or liberal students.　The researchers observed that these new students gradually adapted their values and beliefs over time to fit the
10 norms of their surroundings.

2 Other studies have shown that people followed group norms even when they had direct evidence that **contradicted** the norm.　For example, in one study, people were asked to estimate the length of a line drawn on a piece of paper.　People's estimates followed a group norm
15 even in cases when people could see with their own eyes that the group was wrong.

3 Social norms often **stifle** creativity in groups.　To the extent that creativity is the result of "thinking outside the box," groups do not normally reward creative individuals, but instead ignore them or
20 even push them out of the group completely.　This often works to the **detriment** of many businesses who strive to attract creative talent to their organization only to see them become **unproductive** under the pressure of **conformance** to norms.　　　　　　　(233 words)

1　社会規範は，社会あるいは集団の中での人々の振る舞い方を規定する不文律である。これらの規範は，長期的には安定性をもたらし，社会が衰退して<u>無秩序状態</u>に陥るのを防いだり，<u>重要な変化</u>ですらゆっくりと生じるように保証したりしている。しかしまた，個人に対して社会に<u>従う</u>ように強く影響を与えたりもする。たとえば，1950年代のある研究はこれを非常に明瞭に証明した。ある大学の新入生は，保守的な学生または進歩的な学生のいずれかと一緒に生活するように<u>無作為に割り当て</u>られた。研究者らは，これらの新入生が自分の環境の規範に適合するように，時間をかけて徐々に価値観や信念を順応させることに気づいた。

2　他の研究では，規範と<u>矛盾する</u>直接的な証拠がある場合でさえ，人々は集団の規範に従うことが証明されている。たとえば，ある研究では，1枚の紙に描かれた線の長さを推定するように人々に頼んだ。人々が出した推定値は，その集団が間違っていることが自分の目で見てわかる場合ですら，その集団の規範に従うものであった。

3　社会規範はしばしば，集団の中の創造性を<u>抑え込む</u>。創造性が「型にはまらない考え方をすること」による産物である限りは，集団は通常，創造的な個人に報いることはなく，むしろそのような個人を無視したり，あるいはその集団から完全に追い出したりもする。これはしばしば，多くの企業にとって<u>不利</u>に作用している。多くの企業は，創造的な人材を自らの組織に引き寄せようと努力しながら，結局，そのような人材も規範への<u>適合</u>という重圧を受けて<u>非生産的</u>になってしまう様を目にしている。

❓ 推測しよう！ ─考え方─　　　　　　　　　　　　　　　　　　⚠ 推測原則 **4**

文脈から意味を推測しよう。この文では，社会規範と創造性の関係が述べられている。「社会規範は集団の中の創造性を〇〇する」の後に続く文に「集団は創造的な個人に報いることはない」とあるので，stifle は「**抑える，妨げる**」などの意味だと推測できるだろう。

1035 **chaos** [kéɪɑːs]	图 混乱，騒動 □ throw the city into **chaos** (町を混乱に陥れる) ○ **chaotic** [keɪɑ́ːtɪk] 圏 混沌とした；混乱した；秩序を欠いた
1036 関 **fuss** [fʌ́s]	图 大騒ぎ；やきもきすること 圓 騒ぎ立てる；やきもきする □ make a **fuss** about nothing (何でもないことで大騒ぎする) ――――――――――――――――――――――― 関 **mess** [més] 图 混乱；失敗 ○ **messy** [mési] 圏 散らかった，汚い；混乱した
1037 関 **riot** [ráɪət]	图 (群衆による) 暴動，騒動 圓 暴動を起こす；浮かれ騒ぐ □ A **riot** broke out. (暴動が起きた) ――――――――――――――――――――――― 関 **tumult** [t(j)úːmʌlt] 图 騒動 関 **turmoil** [tə́ːrmɔɪl] 图 騒ぎ
1038 **monumental** [mɑ̀ːnjəméntl]	圏 きわめて重要な，歴史的な；とてつもない；記念碑の (ような)；巨大な □ a **monumental** achievement for science (科学の歴史的な偉業) ○ **monument** [mɑ́ːnjəmənt] 图 記念碑；遺跡；金字塔
1039 **conform** [kənfɔ́ːrm]	圓 (良識・慣習などに) 従う；(法律・規則などに) 適合する (to) 他 を従わせる □ **conform** to parent's expectations (両親の期待に沿う)
1040 関 **comply** [kəmplái]	圓 従う，応じる；(基準・規則などに) 沿う；合致する (with) □ **comply** with the doctors' orders (医師の指示に従う) ○ **compliance** [kəmpláɪəns] 图 従うこと；法令順守
1041 関 **orient** [ɔ́ːrìènt]	他 を正しい方向に置く；を (環境などに) 順応〔適応〕させる (to, toward) □ be **oriented** to the environment (環境に順応する)
1042 **randomly** [rǽndəmli]	副 無作為に；手当たり次第に，無計画に □ **randomly** chosen users (無作為に選ばれた利用者) ○ **random** [rǽndəm] 圏 無作為の；手当たり次第の

1043	**assign** [əsáɪn]	他 《〜 A B／〜 B (to A)》A (人) に B (仕事など) を割り当てる；(人) を (〜に) 任命する (to)
		□ **assign** household affairs to him (彼に家事を割り当てる)
		○ **assignment** [əsáɪnmənt] 名 任務；課題；割り当て

1044	発 **allot** [əlát]	他 《〜 A B／〜 B (to A)》A (人) に B (仕事など) を割り当てる；を分配する
		□ keep to the **allotted** time (割り当てられた時間を守る)
		○ **allotment** [əlátmənt] 名 割り当て (量)；分け前
		発 **allocate** [ǽləkèɪt] 他 を (〜に／〜のために) 割り当てる (to/for)
		○ **allocation** [æ̀ləkéɪʃən] 名 割り当て (量), 分配 (量)

1045	**contradict** [kà:ntrədíkt]	他 を否定する；と矛盾する ◆ dict「言う, 示す」
		□ **contradict** an earlier statement (以前の発言と矛盾する)
		○ **contradiction** [kà:ntrədíkʃən] 名 否定；反対の主張；矛盾

1046	○ **contradictory** [kà:ntrədíktəri]	形 矛盾した, 反対の；議論好きな
		□ have **contradictory** beliefs (相反する信念を持つ)
		発 **predict** [prɪdíkt] 他 を予言する, 予測する
		○ **prediction** [prɪdíkʃən] 名 予言, 予測
		発 **dictate** [díkteɪt, -́-] 他 を口述する, 書き取らせる
		○ **dictation** [dɪktéɪʃən] 名 書き取り, 口述；命令, 指図

| 1047 | **stifle** [stáɪfl] | 他 を抑える, 押し殺す, 止める；を窒息させる 自 窒息死する；息が詰まる |
| | | □ **stifle** a yawn (あくびをかみ殺す) |

| 1048 | **detriment** [détrəmənt] | 名 損害, 損失 |
| | | □ to the **detriment** of the environment (環境を犠牲にして) |

1049	**unproductive** [ʌnprədʌ́ktɪv]	形 非生産的な；(商品・サービスなど) 経済的価値のある物を作り出さない
		□ use **unproductive** methods (非生産的な方法を用いる)
		⇔ **productive** [prədʌ́ktɪv] 形 生産的な

1050 conformance [kənfɔ́ːrməns]	名 （～との）一致；適合；順応 (to, with) □ **conformance** to requirements（要求への適合） ○ **conformity** [kənfɔ́ːrməti] 名 （社会通念・体制・慣習などへの）順応；従順；服従，（～との）一致 (to, with)
1051 慣 coincide [kòʊɪnsáɪd]	自 （～と）合致〔一致〕する；同時に起こる (with) □ **coincide** with the 50th anniversary（50周年と重なる）
	慣 **concord** [káːnkɔːrd, káːŋ-] 名 一致，調和

次の英単語は日本語でカタカナ語になっているものです。カタカナ語との発音の違いとつづりを確認しよう。

☐ **tape** [téɪp] ☐テープ

☐ **tempo** [témpoʊ] ☐テンポ，速度《イタリア語》

☐ **tenant** [ténənt] ☐テナント，賃借人

☐ **tent** [tént] ☐テント

☐ **therapy** [θérəpi] ☐セラピー，治療

☐ **toe** [tóʊ] ☐トウ，つま先

☐ **toss** [tɔ́ːs, tɑ́ːs] ☐トスする，ぽんと投げる

☐ **trauma** [tráʊmə, trɔ́ː-, trɑ́ː-] ☐トラウマ，心的外傷

☐ **trio** [tríoʊ] ☐トリオ，3人組《イタリア語》

☐ **trophy** [tróʊfi] ☐トロフィー，優勝記念品

☐ **tire, tyre** [táɪər] ☐タイヤ

☐ **update** 動[ʌpdéɪt] 名[ʌ́pdèɪt] ☐アップデート（する），更新（する）

☐ **vacuum** [vǽkjuəm] ☐バキューム，真空；電気掃除機

☐ **vegetarian** [vèdʒətéəriən] ☐ベジタリアン，菜食主義者

☐ **veteran** [vétərən] ☐ベテラン，経験豊富な人

☐ **visa** [víːzə] ☐ビザ，査証

☐ **vocal** [vóʊkl] ☐ボーカル（パート）

☐ **whip** [hwíp] ☐ホイップ（する）

☐ **zone** [zóʊn] ☐ゾーン，地帯，地域

1 Not only businesses, but also educational systems suffer from this <u>institutional</u> tendency. The science <u>adviser</u> to the Japanese government, Kiyoshi Kurokawa, declared to *The Chronicle of Higher Education*, "I am almost <u>exploding</u> at the way the university system <u>bangs</u> down the <u>nail</u> that <u>sticks</u> up." He further complains, "Our young people are not being allowed to <u>excel</u>."

2 One way to encourage creativity (and **overcome** the influence of social norms) can be taken from a study by Adarves-Yorno, et al. (2006). In one part of the study, they asked two groups of participants to create posters and <u>subtly</u> gave each group a norm about words and images: for one group, the importance of words was emphasized, while for the other group, the importance of images was emphasized. The researchers also heightened the participants' group identity by emphasizing their group <u>membership</u>. Afterward, the two groups judged a <u>leaflet</u> provided by the researchers which consisted of 90% images. In their judgments, participants <u>equated</u> creativity with following the group norm; the 'words' group rated the leaflet as less creative than the 'images' group did. A second part of the study with different participants was similar to the first, but the participants' individual rather than group identity was heightened. As a result, the participants' judgments were the opposite: Creativity was perceived as being <u>inconsistent</u> with the group norms.

(223 words)

1 企業だけでなく教育制度も，この**慣習化された**傾向によって痛手を被っている。日本政府の科学**顧問**である黒川清は，「高等教育**新聞**（*The Chronicle of Higher Education*）」に対して「大学の制度の**出る杭**を**打つ**やり方には，今にも怒りが**爆発し**そうだ」と言明している。彼はさらに，「日本の若者は，**他人よりも秀でる**ことを許されていない」と嘆いている。

2 創造性をはぐくむ（そして社会規範の影響に**打ち勝つ**）ためのひとつの方法は，アダーベス－ヨルノらによる研究（2006年）から引いてくることができる。その研究の中のあるパートでは，2グループの参加者にポスターを創作するように依頼し，それぞれのグループに対して言葉と画像に関する規範を**それとなく**伝えた。一方のグループには言葉の重要性を強調して伝え，もう一方のグループには画像の重要性を強調して伝えたのである。研究者らはまた，グループの**一員であること**を強調することで，参加者のグループへの帰属意識を高めた。その後その2つのグループは，研究者から提供された，90%が画像で構成された**チラシ**を評価した。その評価において，参加者らはグループの規範に従うことと創造性を**同等とみなした**。すなわち，「言葉」グループは「画像」グループよりも，そのチラシの創造性を低く評価したのである。異なる参加者を用いた，本研究の別のパートは，1つ目のパートに類似したものであったが，グループへの帰属意識よりもむしろ参加者の個が強調された。その結果，参加者の評価は正反対のものとなった。つまり創造性は，グループの規範と**一致しない**こととして理解されたのである。

❓推測しよう！ —考え方— **❗推測原則1**

文の形から意味を推測しよう。この箇所のように，**カッコ付きの説明が続く場合は，直前の内容の補足的な説明であることが多い**。したがって，encourage creativity ≒ overcome the influence of social norms と考えれば，「創造性をはぐくむこと」≒「社会規範の影響を**乗り越える**こと」のような意味だと推測できる。

1052 **institutional** [ìnstət(j)ú:ʃənl]	形 制度 (上) の；協会〔学会〕の
	□ push for **institutional** reform (制度改革を推し進める)
	○ **institution** [ìnstət(j)ú:ʃən] 名 組織；施設；(社会的) 慣習

1053 **adviser** [ədváizər]	名 助言者；顧問，アドバイザー
	□ consult one's investment **adviser** (投資顧問に相談する)
	○ **advise** [ədváiz] 他 に忠告〔助言〕する

1054 関 **consultant** [kənsʌ́ltənt]	名 顧問，コンサルタント，相談相手
	□ work as a management **consultant** (経営コンサルタントとして働く)
	○ **consult** [kənsʌ́lt] 他 (専門家) に相談する；(辞書など) を調べる

1055 **chronicle** [krá:nikl]	名 年代記；記録；物語；《C-》新聞 他 (人生・出来事など) を年代記に記録する
	□ a **chronicle** of the town's history (町の歴史をまとめた年代記)
	関 **narrative** [nérətiv, nǽr-] 名 物語，話；話法
	○ **narrate** [néreit, nǽr-] 自 話す，物語る 他 を語る，述べる

1056 関 **fable** [féibl]	名 寓話；作り話
	□ tell a **fable** (寓話を語る)

1057 関 **mythology** [miθá:lədʒi]	名 神話；神話学；《比喩的に》俗説，迷信
	□ a figure in Greek **mythology** (ギリシャ神話に出てくる人物)

1058 **explode** [iksplóud, eks-]	自 爆発する；急増する
	□ A bomb **exploded**. (爆弾が爆発した)
	○ **explosion** [iksplóuʒən, eks-] 名 爆発；急増
	○ **explosive** [iksplóusiv, eks-, -ziv] 形 爆発性の；爆発寸前の；(数の増加などが) 爆発的な

1059 関 **eruption** [irʌ́pʃən]	名 噴出；噴火；発生
	□ ash from the volcanic **eruption** (火山噴火の灰)
	○ **erupt** [irʌ́pt] 自 爆発〔噴火〕する 他 を爆発させる
	関 **outburst** [áutbə̀ːrst] 名 激怒；(怒り・火山などの) 爆発

1060	bang [bǽŋ]	他 をたたく 自 ドンとたたく；(戸・窓が) バタンと閉まる 名 ドカン〔バタン〕という音, 一撃 副 完全に；ドカンと

☐ **bang** the phone down (電話をガチャンと切る)

1061	閲 clap [klǽp]	他 (注意を引くために) (手など) をたたく 自 拍手〔喝采〕する 名 (同意・称賛の) 拍手

☐ **clap** one's hands (手をたたく)

1062	閲 clash [klǽʃ]	自 対立〔衝突〕する, ガチャンと鳴る 他 をガチャンとぶつける 名 衝突

☐ **clash** with the police (警察と衝突する)

1063	閲 slap [slǽp]	他 をピシャリとたたく；を乱暴に置く；を放り出す 自 ピシャリと音を立てる 名 ピシャリと打つこと〔音〕；非難；侮辱

☐ **slap** him on the back (彼の背中をたたく)

1064	nail [néɪl]	名 釘, びょう；(手足の) 爪 他 (もの) を (~に) 釘で留める (on, to), (犯人など) を捕らえる

☐ hammer a **nail** (釘を打つ)

1065	stick [stík]	自 突き出る；突き刺さる；固執する；くっつく 他 を貼り付ける；を刺す；《通例受身で》を行き詰まらせる stuck > stuck 名 棒きれ

☐ **stick** to one's own ideas (自分の考えに固執する)

○ **sticky** [stíki] 形 ねばねばする；粘着性の

1066	閲 linger [líŋɡər]	自 居残りする, 立ち去りかねている；まとわりつく；(香り・記憶などが) なかなか消えない

☐ **linger** around the village (村の周りをうろつく)

1067	excel [ɪksél, ek-]	自 秀でている 他 に勝る, より優れている

☐ **excel** in sport (スポーツに秀でている)

1068	subtly [sʌ́təli]	副 微妙に, かすかに；鋭敏に；ずるく

☐ be **subtly** different from the rest (他と微妙に違う)
○ **subtle** [sʌ́tl] 形 (違いなどが) 微妙な

1069	membership [mémbərʃɪp]	名 会員であること, 会員権；(クラブ・集団・組織などの) 会員, 構成員

☐ annual **membership** dues (年会費)

1070 leaflet
[líːflət]

名 ビラ；小冊子；リーフレット；若葉, 小さい葉
□ hand out **leaflets**（ビラを配る）

関 **pamphlet** [pǽmflət] 名 パンフレット, 小冊子
関 **brochure** [brouʃúər] 名 （旅行案内など営業用の）パンフレット

1071 equate
[ɪkwéɪt, iː-]

他 を等しいとみなす；を等しくする
□ **equate** democracy with elections（民主主義と選挙を同一視する）

1072 inconsistent
[ìnkənsístənt]

形 一致しない；相反する,（信条・規範などに）反して
□ be **inconsistent** with the facts（事実と一致しない）
○ **inconsistently** [ìnkənsístəntli] 副 一貫性なく

| まとめてチェック | **27** かすかな   ↪1068 subtly |

1073 obscure [əbskjúər]

形 不明瞭な；あいまいな；無名の 他 を覆い隠す
□ for some **obscure** reason（はっきりしない理由で）
○ **obscurity** [əbskjúərəti] 名 不明；不詳；難解さ, 理解できない箇所

1074 indefinite [ɪndéfənət]

形 不定の；ぼんやりした, 不明瞭な
□ for an **indefinite** period（無限期に）

1075 ambiguous
[æmbíɡjuəs]

形 あいまいな；両義にとれる
□ give an **ambiguous** reply（あいまいな返事をする）
○ **ambiguity** [æ̀mbɪɡjúːəti] 名 両義性；多義性；あいまいさ, あいまいな表現

関 **faint** [féɪnt] 形 かすかな 自 気を失う
関 **vague** [véɪɡ] 形 （考えなどが）あいまいな；（表情などが）ぼんやりとした
○ **vaguely** [véɪɡli] 副 ぼんやりと, 漠然と；かすかに
関 **indistinctly** [ìndɪstíŋktli] 副 ぼんやりと, 不明瞭に
関 **intangible** [ɪntǽndʒəbl] 形 ぼんやりした；実体のない, 触れることができない

STEP 1：接頭辞の推測 次の語から ex- の意味を推測してみよう。

excel (→ 1067)　　　　　express

❗ 接頭辞 ex- は，「外に，外へ」「まったく，完全に」「反対，否定」などの意味を表します。

ex- (…から離れて) + cel (そびえ立つ)　　　　　→ **excel** (秀でている)

ex- (外へ) + press (押す)　　　　　→ **express** (表現する)

STEP 2：未知語の推測 ex- の意味を意識して，太字の語の意味を推測しよう。

He tried to **execute** complicated tasks.

📖 彼は複雑な仕事を**遂行し**ようとした。

ex- (外へ) + secute (ついて行く)　　　　　→ **execute** (遂行する)

1076 execute [éksəkjùːt]	他 を実行 (遂行) する；の死刑を執行する，を処刑する ☐ **execute** complicated tasks (複雑な仕事を遂行する)	
	○ **execution** [èksəkjúːʃən] 名 死刑執行，処刑；実行，遂行	
1077 exile [éɡzaɪl, éksaɪl]	名 亡命，(国外) 追放 (者)　他 を国外追放する ☐ go into **exile** (亡命する)	
1078 expertise [èkspərtíːz]	名 専門知識，専門的意見 ☐ acquire a broad **expertise** (幅広い専門知識を身につける)	
1079 expire [ɪkspáɪər, eks-]	自 (契約などが) 終了する；死ぬ；息を吐き出す ☐ The contract **expired** last year. (その契約は昨年終了した)	
1080 expel [ɪkspél, eks-]	他 を追い出す，追い払う ☐ be **expelled** from school (学校から退学処分を受ける)	
1081 expend [ɪkspénd, eks-]	他 (労力・金・時間など) を費やす，消費する ☐ **expend** considerable energy (かなりのエネルギーを消費する)	
1082 extinguish [ɪkstíŋɡwɪʃ, eks-]	他 (火・明かりなど) を消す；(希望・熱意など) を失わせる ☐ **extinguish** the forest fire (森林火災を消火する)	

1　　Music can **evoke** a wide variety of strong emotions, including
joy, **sadness**, fear, and peacefulness or **tranquility**, and people cite
emotional impact and regulation as two of the main reasons why they
listen to music.　Music can produce feelings of intense pleasure or
5 **euphoria** in the listener, sometimes experienced as 'thrills' or '**chills**
down the **spine**'.　Musical pleasure is closely related to the intensity of
emotional **arousal**.　Even opposite emotional **valences** (e.g., 'happy'
or 'sad') can be experienced as pleasurable and listeners often report
that the most moving music evokes two or more emotions at once.
10 Music does not have the clear survival benefit associated with food
or sex, nor does it display the **addictive properties** associated with
drugs of **abuse**.　Nonetheless, the average person spends a considerable
amount of time listening to music, regarding it as one of life's most
enjoyable activities.　Many believe that music has special, **mystical**
15 properties and that its effects are not readily reducible to a **neuronal**
or **neurochemical** state.　Advances in cognitive **neuroscience**
have challenged this view, with evidence that music affects the same
neurochemical systems of reward as other reinforcing stimuli. (200 words)

音楽は，喜び，<u>悲しみ</u>，恐れ，そして安らかさや<u>平穏さ</u>を含む，多種多様な強い感情を<u>引き起こす</u>ことができ，人々は，感情への影響と感情の制御を，音楽を聴く2つの主な理由として挙げる。音楽は，聴き手の中に強い喜びや<u>歓喜の感情</u>を生み出すことができ，それは時に「ゾクゾクする感覚」や「<u>背筋</u>を走る<u>寒気</u>」として経験される。音楽的な喜びは感情的な<u>興奮</u>の強さと密接に関連している。正反対の感情<u>価</u>（たとえば「幸せ」か「悲しい」か）さえ，喜ばしいものとして経験されることができ，聴き手はしばしば，最も感動的な音楽が2つ以上の感情を同時に喚起することを報告している。音楽は，食べ物やセックスと結びつくような明確な生存利益を持たず，<u>乱用</u>薬物と結びつくような<u>依存性の特質</u>も示さない。しかしながら，平均的な人間は音楽を聴いてかなりの時間を過ごし，音楽を人生の最も楽しい活動の1つとみなすのである。多くの人々は，音楽が特別で<u>神秘的な特性</u>を持っていること，そして，その効果が<u>ニューロンの状態</u>あるいは<u>神経化学的な</u>状態にすぐに還元できるものではないことを信じている。認知<u>神経科学</u>の発展はこの考え方に異を唱えており，そのことには，音楽が他の強化刺激と同様に神経化学的報酬系に影響を与えるという証拠があるのだ。

❓推測しよう！ ―考え方―　　　　　　　　　　　　　　　　⚠️推測原則■

valence は難語で，意味がわからなくても読み進めることができるが，後に**カッコ付きの説明が具体例として続いている**ので，その内容から意味を推測しよう。「『幸せだ』と『悲しい』のような正反対の感情の〇〇」という内容なので，「種類」などのような意味ではないかと推測できればよいだろう。

1083 **evoke** [ɪvóʊk]	他 (感情・記憶など) を呼び起こす；(反応・笑いなど) を引き起こす，誘い出す □ **evoke** powerful memories (強烈な思い出を呼び起こす)
1084 関 **provoke** [prəvóʊk]	他 を引き起こす；を刺激して (〜) させる (to *do*) □ **provoke** a heated discussion (白熱した議論を巻き起こす) ○ **provocation** [prɑ̀:vəkéɪʃən] 名 怒 (らせ) ること ○ **provocative** [prəvá:kətɪv] 形 名 怒らせる (もの)
	関 **invoke** [ɪnvóʊk] 他 を行使 (発動) する 関 **vocal** [vóʊkl] 形 音声の 名 ボーカル
1085 **sadness** [sǽdnəs]	名 悲しみ □ feel a deep **sadness** (深い悲しみを感じる)
1086 関 **grieve** [grí:v]	自 (死などを) 深く悲しむ (about, for, over) 他 を深く悲しませる □ **grieve** for her late husband (夫の死を深く悲しむ) ○ **grief** [grí:f] 名 (不幸や災難による一時的な) 深い悲しみ
1087 関 **lament** [ləmént]	他 を悲しむ，嘆く 自 (〜を) 悲しむ (over, for) □ **lament** the loss of the bridge (橋がなくなるのを嘆く)
1088 関 **mourn** [mɔ́:rn]	自 (〜を) 悲しみ嘆く (for, over) 他 (死・不幸など) を悲しむ □ **mourn** the death of one's grandfather (祖父の死を悲しみ嘆く)
	関 **sorrow** [sá:roʊ, sɔ́:r-] 名 (喪失感や失望による長期的な) 悲しみ；後悔
1089 **tranquility** [træŋkwíləti, træŋ-]	名 平穏，静寂 □ bring peace and **tranquility** (平和と静寂をもたらす) ○ **tranquil** [trǽŋkwɪl, -kwəl] 形 平穏な；静かな
1090 関 **serene** [sərí:n]	形 穏やかな，平静な；(空が) 澄みきった □ **serene** waters (静かな海原) ○ **serenity** [sərénəti] 名 晴朗；落ち着いていること
1091 関 **temperate** [témpərət]	形 穏やかな；節度のある □ the **temperate** spring weather (穏やかな春の気候)
	関 **placid** [plǽsɪd] 形 落ち着いた；静かな

1092 **euphoria** [ju:fɔ́:riə]	名 (一時的な) 幸福感 □ a feeling of **euphoria** (多幸感)

| 1093 **chill**
[tʃíl] | 他 を冷やす；を怖がらせる 自 冷える；寒気を感じる 名 寒さ；恐怖心；寒気 形 寒い，ひんやりした
□ **chill** the drinking water (飲み水を冷やす)
○ **chilly** [tʃíli] 形 冷え冷えする；冷やかな，冷淡な；ぞくぞくする 副 冷淡に；肌寒く |

| 1094 **spine**
[spáin] | 名 背骨，脊柱
□ straighten one's **spine** (背筋を伸ばす) |

| 1095 関 **skull** [skʌ́l] | 名 頭がい骨，頭
□ fracture one's **skull** (頭がい骨を骨折する)
関 **skeleton** [skélətn] 名 骨格，骸骨；(建造物などの) 骨組み；(計画などの) 概略，骨子 |

| 1096 **arousal**
[əráuzl] | 名 (特に性的な) 興奮；目覚め
□ the effects of emotional **arousal** (感情喚起の効果) |

| 1097 ○ **arouse** [əráuz] | 他 を引き起こす，刺激する；を目覚めさせる
□ **arouse** strong emotions (強い感情を引き起こす) |

| 1098 関 **stir** [stə́:r] | 他 をかき混ぜる；を奮起させる；を駆り立てる 自 動く；かき混ぜられる
□ **stir** the pot of soup (鍋のスープをかき混ぜる) |

| 1099 **valence**
[véiləns] | 名 原子価
□ a **valence** electron (価電子) |

| 1100 **addictive**
[ədíktɪv] | 形 依存性の，中毒性の
□ a highly **addictive** drug (中毒性の高い薬物) |

| 1101 **property**
[prá:pərti] | 名 財産；特性
□ protect the intellectual **property** (知的財産を保護する) |

| 1102 関 **legacy** [légəsi] | 名 遺産；遺物，名残り
□ the **legacy** of the British Empire (大英帝国の名残り)
関 **inheritance** [ɪnhérətns] 名 遺産；相続；遺伝 |

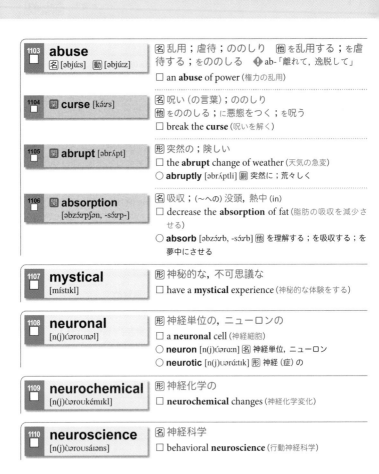

1103	abuse 名 [əbjúːs] 動 [əbjúːz]	名 乱用；虐待；ののしり　他 を乱用する；を虐待する；をののしる　❹ ab-「離れて, 逸脱して」 □ an **abuse** of power（権力の乱用）
1104	curse [kə́ːrs]	名 呪い（の言葉）；ののしり 他 をののしる；に悪態をつく；を呪う □ break the **curse**（呪いを解く）
1105	abrupt [əbrʌ́pt]	形 突然の；険しい □ the **abrupt** change of weather（天気の急変） ○ **abruptly** [əbrʌ́ptli] 副 突然に；荒々しく
1106	absorption [əbzɔ́ːrpʃən, -sɔ́ːrp-]	名 吸収；（～への）没頭, 熱中 (in) □ decrease the **absorption** of fat（脂肪の吸収を減少させる） ○ **absorb** [əbzɔ́ːrb, -sɔ́ːrb] 他 を理解する；を吸収する；を夢中にさせる
1107	mystical [místıkl]	形 神秘的な, 不可思議な □ have a **mystical** experience（神秘的な体験をする）
1108	neuronal [n(j)úərounəl]	形 神経単位の, ニューロンの □ a **neuronal** cell（神経細胞） ○ **neuron** [n(j)úərɑːn] 名 神経単位, ニューロン ○ **neurotic** [n(j)uərɑ́ːtık] 形 神経（症）の
1109	neurochemical [n(j)ùəroukémıkl]	形 神経化学の □ **neurochemical** changes（神経化学変化）
1110	neuroscience [n(j)ùərousáıəns]	名 神経科学 □ behavioral **neuroscience**（行動神経科学）

次のカタカナ語は和製英語です。英語では何と言うかを確認しよう。

□アルバイト   □part-time job [páːrt-tàɪm dʒáːb]

□オートバイ   □motorcycle [móʊtərsàɪkl]

□オープンカー   □convertible [kənvэ́ːrtəbl]

□ガードマン   □(security) guard [(sɪkjúərəti) gáːrd]

□ガソリンスタンド   □gas station [gǽs stèɪʃən],
《英》petrol station [pétrəl stèɪʃən]

□カンニング   □cheating [tʃíːtɪŋ]

□クーラー   □air conditioner [éər kəndìʃənər]
🔱 cooler は「クーラーボックス」

□クレーム   □complaint [kəmpléɪnt] 🔱 claim は「主張する」

□コンセント   □outlet [áʊtlèt, -lət],《英》socket [sáːkət]

□ジェットコースター   □roller coaster [róʊlər kòʊstər]

□シャープペンシル   □mechanical pencil [məkǽnɪkl pénsl]

□ストーブ   □heater [híːtər]
🔱 stove はふつう「料理用のこんろ」を指す

□チャック   □zipper [zípər]

□ノースリーブ   □sleeveless [slíːvləs]

□パン   □bread [bréd] 🔱 pan は「平なべ」

□ハンドル   □(車の)(steering) wheel [(stíərɪŋ) wíːl],
(自転車・バイクの) handlebar [hǽndlbàːr]

□フライドポテト   □French fries [fréntʃ fráɪz],《英》chips [tʃíps]

□ペットボトル   □plastic bottle [plǽstɪk báːtl], PET bottle [pét báːtl]

□ボールペン   □ballpoint (pen) [bɔ́ːlpɔ̀ɪnt (pén)]

□ホッチキス   □stapler [stéɪplər]

□マンション   □(分譲の) condominium [kàːndəmíniəm],
(賃貸の) apartment [əpáːrtmənt]

□ミシン   □sewing machine [sóʊɪŋ məʃíːn]

□ワイシャツ   □(dress) shirt [(drés) ʃэ́ːrt]

□ワンピース   □dress [drés]

1 In one of his dark moments, Pascal said that all man's unhappiness came from a single cause, his inability to remain quietly in a room. <u>Diversion</u>. <u>Distraction</u>. Fantasy. Change of fashion, food, love, and landscape. We need them as the air we breathe. Without change our brains and bodies <u>rot</u>. The man who sits quietly in a <u>shuttered</u> room is likely to be mad, <u>tortured</u> by illusions and <u>introspection</u>.

2 Some American brain specialists researched the brains of travelers using X-rays. They found that changes of scenery and awareness of the <u>passage</u> of seasons through the year stimulated the rhythms of the brain, increasing a sense of well-being. <u>Monotonous</u> surroundings and <u>tedious</u> regular activities wove patterns which produced <u>fatigue</u>, nervous disorders, <u>apathy</u>, self-<u>disgust</u>, and violent reactions. It's hardly surprising, then, that a generation protected from the cold by central heating, from the heat by air-conditioning, <u>carted</u> in clean transports from one house or hotel to another, should feel the need for journeys of mind or body, or for the exciting journeys of music and dance. We spend far too much time in shuttered rooms.

3 Children need paths to explore, to take <u>bearings</u> on the earth in which they live, as a navigator takes bearings on familiar <u>landmarks</u>. If we search the memories of childhood, we remember the paths first, things and people second — paths down the garden, the way to school, the way round the house, <u>corridors</u> through the long grass. Tracking the paths of animals was the first and most important part of early humans' education.

(257 words)

1　パスカルは陰鬱であったある時期，すべての人間の不幸は，ただひとつの原因，すなわち部屋の中で静かにじっとしていられないことから生じている，と言った。気晴らし。娯楽。空想。ファッション，食べ物，愛情や景色の変化。我々は，呼吸している空気のように，これらを必要としている。変化がなければ，我々の頭と体は腐ってしまう。閉め切った部屋の中で静かに座っている人は，おそらく発狂して，幻覚や内省によってひどく苦しめられることだろう。

2　数名のアメリカ人脳専門医が，X線を使って旅行者の脳を研究した。判明したのは，風景の変化，そして1年を通しての季節の移り変わりを認識することが脳のリズムを刺激し，幸福感を増幅するということであった。単調な環境と退屈で型どおりの活動は，疲労，神経障害，無関心，自己嫌悪，そして暴力的な反応を生み出すパターンを作り上げた。したがって，集中暖房システムによって寒さから守られ，空調によって暑さから守られ，家やホテルから別の場所へと清潔な交通機関で運ばれる世代の人々が，心や体の旅，あるいは音楽やダンスの胸躍るような旅に出かける必要性を感じるのは，およそ驚くべきことではない。我々はあまりにも多くの時間を閉め切った部屋の中で過ごしているのだ。

3　航海士が見慣れた陸標の方向に針路を取るように，子供には探検し，自分が生きている大地の上で針路を取るための道が必要である。子供の頃の思い出をたぐり寄せると，我々はまず道を思い出し，ものごとや人々のことはその次に思い出す—庭の小道，学校へ行く道，家のまわりの道，背の高い草の中を通る回廊。動物の通った道をたどることは，初期の人類の教育の中でも最初かつ一番重要な部分であった。

推測しよう！ —考え方— ⚠ 推測原則**1**

文脈から意味を推測しよう。cart を含む箇所は，「空調によって暑さから守られ，家やホテルから別の場所へと清潔な交通機関で○○する世代」という意味なので，「**移動する**」などの意味であると推測できる。

1111 **diversion** [dəvə́ːrʒən, daɪ-, -ʃən]	名 気晴らし，注意をそらすこと；目的変更；方向転換
	□ create a **diversion**（人の注意をそらす）
	○ **diversify** [dəvə́ːrsəfàɪ] 他（事業など）を多角化する 自 多角化する
	○ **divert** [dəvə́ːrt] 他（方向・進路など）を転換する；（注意・関心）をそらす 自 それる
	圏 **pastime** [pǽstàɪm] 名 気晴らし，娯楽

1112 **distraction** [dɪstrǽkʃən]	名 気が散ること；気を散らすもの；気晴らし
	□ drive him to **distraction**（彼をいらいらさせる）
	○ **distract** [dɪstrǽkt] 他（注意など）をそらす

1113 圏 **stray** [stréɪ]	自 横道へそれる；脱線する
	形 道に迷った；はぐれた
	□ **stray** from the path（進路から外れる）

1114 **rot** [rάːt]	自 腐る；堕落する 他 を腐らせる；を堕落させる 名 腐敗；悪化；衰退
	□ The roof **rotted** away.（屋根が朽ち果てた）
	○ **rotten** [rάːtn] 形 腐った；朽ちた，嫌な；不快な

1115 圏 **corruption** [kərʌ́pʃən]	名 腐敗，堕落
	□ expose political **corruption**（政治腐敗を暴く）
	○ **corrupt** [kərʌ́pt] 形 腐敗した，堕落した；不正な 他 を堕落させる 自 腐敗する

1116 圏 **deteriorate** [dɪtíəriərèɪt]	自 悪化する，低下する
	□ Her condition continued to **deteriorate**.（彼女の体調は悪化し続けた）

1117 **shuttered** [ʃʌ́tərd]	形 シャッターの閉まった〔付いた〕
	□ **shuttered** windows（シャッターの付いた窓）
	○ **shutter** [ʃʌ́tər] 名 シャッター，雨戸

1118 **torture** [tɔ́ːrtʃər]	他 を苦しめる 名 苦痛
	□ be **tortured** by jealousy（嫉妬にさいなまれる）

1119 introspection [ìntrəspékʃən]	名 内省，自己反省 □ take a bit of **introspection** (少し内省する)
1120 passage [pǽsɪdʒ]	名 (時の) 経過，移り変わり；通路；通行；(文章の) 一節 □ a secret underground **passage** (秘密の地下通路)
1121 prose [próuz]	名 散文 (体) □ be written in **prose** (散文で書かれている) **verse** [və́ːrs] 名 韻文；詩
1122 script [skrípt]	名 脚本；(ある言語の) 文字 (体系)；手書き，筆跡 □ write a movie **script** (映画の脚本を書く)
1123 monotonous [mənáːtənəs]	形 単調な，一本調子の；(変化がなくて) 退屈な ♦ mono-「単独の」 □ with **monotonous** regularity (相も変わらず) ○ **monotony** [mənáːtəni] 名 (生活・状態などの) 単調さ；一本調子 **repetitive** [rɪpétətɪv] 形 くり返しの多い，退屈な **monologue** [máːnəlɔ̀ːg, -làːg] 名 独白 **monopoly** [mənáːpəli] 名 (事業などの) 独占，専売；(物などの) 独り占め ○ **monopolize** [mənáːpəlàɪz] 他 (商売・産業など) を独占する
1124 tedious [tíːdiəs]	形 (仕事・状況などが) うんざりする〔させる〕，退屈な □ a **tedious** task (退屈な仕事)
1125 fatigue [fətíːg]	名 疲労 他 を疲れさせる □ suffer from **fatigue** (疲労を感じる)
1126 weary [wíəri]	形 ひどく疲れた；飽き飽きして 自 非常に疲れる，うんざりする 他 を疲れさせる □ become **weary** of the arguments (その議論に飽き飽きする)

1127 **apathy** [ǽpəθi]	图 無関心，無感動　❶ -pathy「感情」 □ political **apathy** (政治的無関心) 圞 **antipathy** [æntípəθi] 图 反感，嫌悪 圞 **empathy** [émpəθi] 图 感情移入，共感 圞 **telepathy** [təlépəθi] 图 テレパシー，精神感応
1128 **disgust** [dɪsgʌ́st]	图 嫌悪　他 をむかむかさせる □ look at him in **disgust** (うんざりしたように彼を見る)
1129 **cart** [káːrt]	他 (重いものなど) を運ぶ，荷車で運搬する 图 カート，手押し車；荷車 □ **cart** away garbage (ごみを運び出す)
1130 **bearing** [béəriŋ]	图 方向；関連，関係；(自分の) 位置；物腰，態度 □ have no **bearing** on the arguments (その議論に何の関係もない) ○ **bear** [béər] 他 に耐える；を支える；(責任) を持つ；(子) を産む　bore > born(e)　图 クマ
1131 圞 **posture** [pɑ́ːstʃər]	图 姿勢；態度 □ have good **posture** (姿勢がよい)
1132 **landmark** [lǽndmàːrk]	图 目じるし；画期的事件，歴史的建造物 □ a historic **landmark** of the town (その町の歴史的建造物) 圞 **milestone** [máɪlstòʊn] 图 重要 (画期的) な事件
1133 **corridor** [kɔ́ːrədər, kɑ́ːr-]	图 回廊 (地帯)，通路，廊下 □ walk down the **corridor** (廊下を歩く)
1134 圞 **stair** [stéər]	图 (ひと続きの) 階段；(階段の) 一段 □ go up the **stairs** (階段を上る) 圞 **staircase** [stéərkèɪs] 图 階段

28 苦しみ

🔊1118 torture

1135 afflict [əflíkt]

他《通例受身で》を悩ませる, 苦しめる
□ be **afflicted** with back pain（腰痛に悩まされる）
○ **affliction** [əflíkʃən] 名 苦悩；病気, 災難

1136 agony [ǽɡəni]

名（心身の）苦痛, 苦悩
□ cry out in **agony**（苦痛に叫び声をあげる）
○ **agonize** [ǽɡənàiz] 自 苦しむ 他 を苦しませる

1137 anguish [ǽŋɡwiʃ]

名（特に心の）苦悩 他 を苦悩させる 自 苦悩する
□ shut one's eyes in **anguish**（苦悩のあまり目を閉じる）

1138 hardship [hάːrdʃip]

名 苦難, 窮乏
□ endure financial **hardship**（経済的な苦難に耐える）

1139 nightmare [náitmèər]

名 悪夢, 悪夢のような経験〔事態〕
□ have a terrible **nightmare**（ひどい悪夢を見る）

1140 ordeal [ɔːrdíːl, ⁻̀]

名 苦労, 試練
□ get through the **ordeal**（試練を乗り越える）

1141 torment
名 [tɔ́ːrmənt] 動 [⁻̀]

名（精神的な）苦悩,（肉体的な）苦痛
他 を苦しめる, 悩ませる
□ cry in **torment**（苦しくて泣く）

1142 harass
[hərǽs, hérəs, hǽrəs]

他 を困らせる,（しつこく）悩ませる
□ be **harassed** by the police（警察からいやがらせを受ける）
○ **harassment** [hərǽsmənt] 名 嫌がらせ；悩みの種

推測で学ぶ接頭辞・接尾辞 **38** -ous

STEP 1：接尾辞の推測 次の語から -ous の意味を推測してみよう。

monoton<u>ous</u> (→ 1123)　　　　nerv<u>ous</u>

■ 接尾辞 -ous は，「…の多い」「…を持つ」「…性の」などの意味を表す形容詞を作ります。

monotone (単調) + -ous (…性の)　　　　→ **monotonous** (単調な)

nerve (神経) + -ous (…性の)　　　　→ **nervous** (神経質な)

STEP 2：未知語の推測 -ous の意味を意識して，太字の語の意味を推測しよう。

(1) He sent the politician an **anonymous** letter.

(2) The city used to be **notorious** for air pollution.

訳 (1) 彼はその政治家に**匿名の**手紙を送った。

anonym (匿名) + -ous (…を持つ)　　　　→ **anonymous** (匿名の)

(2) その市はかつて大気汚染で**悪名高かった**。

notori (注目) + -ous (…の多い)　　　　→ **notorious** (悪名高い)

1143  **anonymous** [ənɑ́:nəməs]	形 匿名の，無名の □ an **anonymous** letter (匿名の手紙)	
1144 **notorious** [noutɔ́:riəs]	形 (~で) 悪名高い (for) □ be **notorious** for air pollution (大気汚染で悪名高い)	

　　　　 hilarious [hɪléəriəs] 形 とてもおもしろい
　　　　 prestigious [prestí:dʒəs, -tí-, -dʒiəs] 形 名声のある，一流の

コラム　語の形から意味を推測する手順 (2)

　p.251で語の形から意味を推測する手順を整理しましたが，知らない接頭辞や接尾辞，語根が出てくることもあります。ここでは，そのような場合にどうすればよいかを考えてみましょう。次の英文のaggravateという単語の意味を知らない場合，どのように意味を推測すればよいのでしょうか。

They're afraid that we might **aggravate** an already bad situation.

① まずは文の前後関係や文脈から意味を推測します。aggravateは動詞として使われており，後に目的語として「すでに悪い状況」が続いています。「我々がすでに悪い状況を○○する」ということになりますが，それを「彼らが心配している」ということは，「悪い状況をさらに悪くする」のような意味になりそうです。

② 次に，aggravateという語の構成を分析します。aggravateはagとgravとateに分解できそうです。

③ さらに，分解した各要素の意味を考えます。ag-という接頭辞は見たことがないかもしれませんが，ここで「agg-で始まる語を見たら〈ad- +○○〉ではないか」という推測法を思い出しましょう（→p.147）。ad-は後に続く部分の意味をほとんど変えないので（→p.146），gravateの部分だけで考えればよさそうです。gravはgraveと似ているので，「重大な，深刻な」などの意味になりそうです。-ateは「…する」という意味の動詞を作る接尾辞でしたね（→p.210）。

④ 最後に，文の前後関係や文脈を念頭に，各要素の意味を組み合わせて意味を推測します。「重大な，深刻な」が動詞になるので，「重大にする，深刻にする」のような意味ではないかと推測できます。ここで，①で推測した意味で問題なさそうだとわかります（aggravateは「〜を悪化させる，深刻にする」という意味です）。

　このように，知らない接頭辞や接尾辞，語根が出てきても，知っている語からの類推で意味が推測できることもあります。前後関係や文脈など，さまざまなヒントを手がかりにして意味を推測するようにしましょう。

1　　The late Katharine Graham, the first female CEO of a Fortune 500 company, once said, "To love what you do and feel that it matters — how could anything be more fun?" Ms. Graham, who **guided** the Washington Post Co. for decades with her passion for quality 5 **journalism**, was ahead of her time in many ways. But her **insights** about how meaningful work brings joy to life date back to ancient Greece. In the fourth century B.C., Aristotle wrote that people achieve eudaimonia (a contented state of **flourishing**) when they fully use their unique talents, thereby fulfilling their basic function in life. In 10 the twentieth century, the psychologist Abraham Maslow **restated** the concept as "self-**actualization**," which he placed at the top of his hierarchy of human needs. Most recently, academics in the field of positive psychology have **underscored** the link between meaningful activities and happiness.

(145 words)

フォーチュン500企業の最初の女性CEOだった故キャサリン・グラハムは，かつて，「自分のすることを愛して，それが有意義だと感じること——それより楽しいことなんて，どうしたらあり得るでしょう」と言った。グラハム氏は，良質の<u>ジャーナリズム</u>への情熱を持って数十年にわたりワシントン・ポスト社を<u>率いた</u>が，多くの点で時代の先を行っていた。しかし，どのようにして意義深い仕事が人生に喜びをもたらすかに関する彼女の<u>洞察</u>は，古代ギリシャにまでさかのぼる。紀元前4世紀に，アリストテレスは，人々は自分独自の才能を十分に使い，それによって人生における基本的役割を果たすとき，ユーダイモニア（<u>活躍して</u>満足している状態）を獲得するのだと書いた。20世紀には，心理学者のアブラハム・マズローがその概念を「<u>自己実現</u>」と<u>言い換え</u>，人間の欲求の階層の最上位に位置づけた。最近では，ポジティブ心理学の分野の研究者たちが，意義深い活動と幸福との結びつきを<u>強調して</u>きた。

❓推測しよう！ —考え方—　　　　　　　　　　　　　　**❗推測原則 2**

文脈から意味を推測しよう。 この文では，「人生における仕事と幸福感の間には深い関連性がある」と述べている。underscore を含む英文も，このことについて言及していると考えれば，underscore は意義深い活動と幸福との関連性（link）を強く肯定する語だと推測できる。underscore は「下線を引く」「強調する」という意味で，underline と同意。

1145 **guide** [gáɪd]	他 自 案内する；指導する 名 案内人〔書〕；指導者；指針 □ **guide** him to the door (彼をドアまで案内する)
1146 関 **fetch** [fétʃ]	他 を (行って) 取って来る；を連れて来る (up) 自 取って来る，進路を取る　名 取って来ること □ **fetch** the doctor (医師を連れて来る)

1147 **journalism** [dʒə́ːrnəlìzm]	名 ジャーナリズム □ get a job in **journalism** (ジャーナリズムの職に就く) ○ **journalist** [dʒə́ːrnəlɪst] 名 ジャーナリスト；新聞記者 ○ **journal** [dʒə́ːrnl] 名 (定期刊行) 雑誌；日誌

1148 **insight** [ínsàɪt]	名 洞察 (力)；見識，理解 □ gain **insight** into human nature (人間の本質について理解する)
1149 関 **comprehension** [kàːmprɪhénʃən]	名 理解力 □ be beyond his **comprehension** (彼には理解できない) ○ **comprehensive** [kàːmprɪhénsɪv] 形 包括的な，(理解力が) 広範囲にわたる ○ **comprehend** [kàːmprɪhénd] 他 を (しっかりと) 理解する ○ **comprehensible** [kàːmprɪhénsəbl] 形 理解しやすい，理解できる 関 **fathom** [fǽðəm] 他 を理解する，見抜く

1150 **flourish** [flə́ːrɪʃ]	自 (文化などが) 栄える；(植物が) 繁茂する □ The culture **flourished** in the 19th century. (その文化は 19 世紀に栄えた)
1151 関 **bloom** [blúːm]	自 栄える；(花が) 咲く 名 《集合的に》花；開花期，最盛期 □ The flowers **bloom** in winter. (その花は冬に咲く)
1152 関 **thrive** [θráɪv]	自 繁殖する；栄える，繁盛する □ Her business is **thriving** now. (彼女の仕事は今，繁盛している)
1153 関 **prosper** [prɑ́ːspər]	自 繁栄する，成功する □ Your business will **prosper** in the future. (あなたの仕事は将来繁盛するだろう) ○ **prosperous** [prɑ́ːspərəs] 形 繁栄している ○ **prosperity** [prɑːspérəti] 名 繁栄

1154 restate [rɪstéɪt]	他 を再び述べる, 言い直す
	□ **restate** one's opinion (意見を言い直す)

1155 actualization [ˌæktʃuəlɪzéɪʃən]	名 実現化
	□ the **actualization** of goals (目標の実現)
	○ **actualize** [ˈæktʃuəlàɪz] 他 を実現する
	関 **entity** [éntəti] 名 実在するもの；実在

1156 underscore [ˌʌndərskɔ́ːr]	他 《主に米》に下線を引く；を強調する
	□ **underscore** the necessity of education (教育の必要性を強調する)
	類 **underline** [ˌʌndərláɪn] 他 に下線を引く；を強調する

1
2
3
4
5
6
7
8
9
10
11
12
13
14
15
16
17
18
19
20
21
22
23
24
25
26
27
28
29
30
31
32
33
34
35
36
37
38
39
40
41
42
43
44
45
46
47
48

1 **1** Meaning is the motivation in your life. It's finding what engages you, what makes your heart beat faster, what gives you energy and creates passion. Meaning enables you to push yourself to the limits of your **capabilities** — and beyond. Without meaning, work is a **slog**
5 between weekends. With meaning, any job can become a **calling**. By **deploying** your greatest strengths in service of a meaningful purpose that **transcends** everyday goals, you open yourself up to **long-lasting** happiness.

2 Meaning is a defining characteristic among female leaders. When
10 asked what the most important factors are in choosing a job and staying in it, women **consistently** cite the meaningful elements of the work. Women like Amina Susannah Agbaje, who started her own law **firm** to fulfill a childhood dream, have a profound belief in what they are doing. That leads to a higher level of **commitment** and gives you
15 the courage to **plunge** ahead, no matter what the **odds** and no matter who says, "No, you can't." Finding meaning helps you set **audacious** goals and venture forth to meet them.   (178 words)

1　意味とは，あなたの人生における動機付けである。それは，あなたを引き付けるもの，あなたの心臓の鼓動を速めるもの，あなたに活力を与え情熱を創り出すものを見つけることだ。意味のおかげで，あなたは自分の能力の限界まで——そしてその先へ——押しやることが可能になる。意味がなければ，仕事は週末と週末の間の苦行である。意味があれば，どんな仕事も天職になりうる。日常的な目標を超越する意義深い目的に仕えるために自分の最大限の力を使うことで，あなたは永続する幸福へと自分を開くことになるのだ。

2　意味は，女性指導者たちの中では決定的な特徴だ。仕事を選択し，そこにとどまるに当たって最も重要な要因は何かと問われたとき，女性は常に，その仕事の意義深い要素を挙げる。子供時代の夢を実現するために自分の法律事務所を開いたアミナ・スザンナ・アグバエのような女性たちは，自分のしていることの意義に深い信念を持っている。それは，より高いレベルの献身へとつながり，見込みがどうであろうとも，そして誰が「いいえ，あなたにはできません」と言おうとも，あなたに前へと突き進む勇気を与えてくれる。意味を見つけることは，あなたが大胆な目標を設定し，それを実現するために思い切って前進する手助けをしてくれるのだ。

? 推測しよう！ —考え方—　　　　　　　　　　　　**! 推測原則 3**

文脈から意味を推測しよう。slog の前後は，Without meaning ... と With meaning ... というきれいな**対立構造**になっている。この文では，冒頭から meaning の重要性を説いているので，それがある場合とない場合で，生きがいにどのような差ができるのかについて述べているとわかる。したがって，slog は With meaning ... に出てくる **calling**（天職）の反対の意味を**持つ語**だと推測できる。

1157 **capability** [kèɪpəbíləti]	图 能力，処理能力；将来性
	□ have the **capability** of dealing with the matter（その問題を処理する能力がある）
	○ **capable** [kéɪpəbl] 形 ～できる；有能な
	○ **capacity** [kəpǽsəti] 图 容量；能力
	閏 **accommodate** [əkά:mədèɪt] 他 を収容する；を宿泊させる

1158 **slog** [slά:g, slɔ́:g]	图 つらい仕事，強行軍　自 苦労して進む
	□ a long hard **slog**（長くつらい仕事）

1159 閏 **toil** [tɔ́ɪl]	自 精を出して〔骨を折って〕働く，苦労して進む
	图 苦労；わな；苦境
	□ **toil** away all day long（1日中あくせく働く）

1160 **calling** [kɔ́:lɪŋ]	图 天職，職業
	□ find one's **calling**（天職を見つける）

1161 閏 **vocation** [voʊkéɪʃən]	图 天職，職業；神の召命
	□ have a **vocation** for teaching（教えることが天職である）

1162 **deploy** [dɪplɔ́ɪ]	他 を有効活用する；（部隊など）を配置する
	□ **deploy** the resources effectively（資源を効果的に活用する）
	○ **deployment** [dɪplɔ́ɪmənt] 图 展開；（部隊などの）配置

1163 **transcend** [trænsénd]	他 を超越する，しのぐ　❶ -scend「登る」
	□ **transcend** cultural differences（文化の違いを超える）

1164 閏 **surpass** [sərpǽs]	他（能力などで）を超える，に勝る (in)
	□ **surpass** all expectations（期待をはるかに超える）
	閏 **exceed** [ɪksí:d, ek-] 他 を超える

1165 閏 **ascend** [əsénd]	自 登る，（道・階段が）登りになる
	他（山・階段など）を登る；（より高い地位）につく
	□ **ascend** to the third floor（3階に上る）

1166	**long-lasting** [lɔ́ːŋ-lǽstɪŋ]	形 長続きする □ establish a **long-lasting** friendship (長く続く友情を築く) 關 **lasting** [lǽstɪŋ] 形 永続的な, 長続きする
1167	關 **lifelong** [láɪflɔ̀ːŋ]	形 生涯を通じての；一生の □ become a **lifelong** friend (生涯の友になる)
1168	**consistently** [kənsístəntli]	副 絶えず, 一貫して □ **consistently** refuse to talk (話すことを一貫して拒否する) ○ **consistent** [kənsístənt] 形 (言動などが) 首尾一貫した (in)；継続的な
1169	關 **coherent** [kouhíərənt]	形 首尾一貫した；密着した □ provide a **coherent** explanation (首尾一貫した説明をする)
1170	關 **consecutive** [kənsékjətɪv]	形 論理の一貫した, (中断なしで) 連続した；引き続いて起こる □ sleep for eight **consecutive** hours (8時間続けて寝る)
1171	**firm** [fɚ́ːrm]	名 会社, 商会 □ work for a well-known **firm** (有名な会社に勤めている)
1172	關 **personnel** [pɜ̀ːrsənél]	名 (官庁・会社・軍隊などの) 職員, 社員；隊員；人事課 〔部〕 □ emergency medical **personnel** (救急医療隊員)
		關 **recruit** [rɪkrúːt] 名 新人, 新入社員　他 を勧誘する ○ **recruitment** [rɪkrúːtmənt] 名 (社員などの) 新規募集；人員補充 關 **dismissal** [dɪsmísl] 名 解雇 (通告)；(提案などの) 放棄 ○ **dismiss** [dɪsmís] 他 を解雇する 關 **shareholder** [ʃéərhòʊldər] 名 株主 關 **investor** [ɪnvéstər] 名 投資家, 出資者
1173	**commitment** [kəmítmənt]	名 公約；献身 □ make a **commitment** to provide support (支援を行うことを約束する) ○ **commit** [kəmít] 他 《受身で》(真剣に) 関わる；(罪) を犯す

1174 **plunge** [plʌ́ndʒ]	自 突進する；(量・割合・値などが) 減少する；(道路・崖などが) 急に下り坂になる 他 を (〜に) 突っ込む (into) 名 突入，突進；(急な) 下落	
	□ **plunge** into the sea (海に飛び込む)	
1175 関 **tumble** [tʌ́mbl]	自 転ぶ；(価格・価格などが) 暴落する 他 を倒す；をひっくり返す，名 (高い所からの) 転落；(株価・価格などの) 暴落	
	□ **tumble** down the hill (丘を転げ落ちる)	
1176 **odds** [ɑ́dz]	名 《通例複数扱い》見込み，可能性；賭け率，オッズ	
	□ against all **odds** (見込みがないにもかかわらず)	
1177 関 **likelihood** [láɪklihʊ̀d]	名 見込み，ありそうなこと	
	□ predict the **likelihood** of success (成功の可能性を予測する)	
	関 **prospect** [prɑ́:spekt] 名 見込み；期待；《〜s》将来性	
1178 **audacious** [ɔ:déɪʃəs]	形 大胆な；厚かましい	
	□ have an **audacious** goal (大胆な目標を持つ)	
	○ **audacity** [ɔ:dǽsəti] 名 大胆さ；厚かましさ	

STEP 1：接頭辞の推測 次の語から com- の意味を推測してみよう。

commitment (→ 1173)　　　　complain

❚ 接頭辞 com- には，「共に，一緒に」の意味 (→p.46) のほかに，「**まったく，完全に**」の意味を表すこともあります。

com- (完全に) + mit (送る) + -ment (状態)　　→ **commitment** (公約)

com- (完全に) + plain (嘆く)　　→ **complain** (不平を言う)

STEP 2：未知語の推測 com- の意味を意識して，太字の語の意味を推測しよう。

(1) The system **commenced** operations in 2002.

(2) She felt a **compulsion** to make a donation.

訳 (1) そのシステムは 2002 年に運用を**開始した**。

com- (完全に) + ence (始める)　　→ **commence** (始める)

(2) 彼女は寄付をしようという**衝動**にかられた。

com- (完全に) + pul (押す) + -sion (状態)　　→ **compulsion** (衝動)

1179 ☐ **commence** [kəméns]	他 (事・行為など) を開始する　自 始まる；開始する
	☐ **commence** operations (運用を開始する)
1180 ☐ **complementary** [kà:mpləméntəri]	形 (~に) 補足的な (to)
	☐ use blue as a **complementary** color (青を補色として使う)
	○ **complement** [ká:mpləmènt] 他 を補う　名 補語
1181 ☐ **compulsion** [kəmpʌ́lʃən]	名 (~したいという) (抑えられない) 衝動 (to do)；(外からの) 強制 (力)
	☐ feel a **compulsion** to make a donation (寄付をしようという衝動にかられる)
	関 **compel** [kəmpél] 他 に無理に (~) させる (to do)，を強いる

1　　An important difference between persons and other creatures is that only persons can be morally responsible for what they do.　When we accept that someone is a morally responsible agent, this typically involves more than holding a particular belief about him; it **entails**[1] a **willingness**[2] to adopt certain attitudes toward that person and to behave toward him in certain kinds of ways.　Imagine, for example, that you return home one evening and find your treasured Waterford vase **shattered**[3] on the **dining**[4] room floor.　Discovering that the vase has been purposely shattered by a **malicious**[5] houseguest will give

10　rise to a set of reactions much different than those which would seem appropriate were you to discover that the vase had been accidentally **toppled**[6] from the shelf by your **clumsy**[7] cat.　In the latter case, you might feel regret and perhaps even anger at your cat, but you would hardly feel the same sort of **resentment**[8] and moral **indignation**[9] that

15　would seem **warranted**[10] had your guest intentionally broken the vase in order to hurt you.　Moreover, it would be appropriate to blame your guest and to hold him responsible for the **misdeed**[11] in a way much different from the way in which you might **discipline**[12] your cat and try to train him not to climb on the furniture in the future.　　(219 words)

　人間とその他の生物との大きな違いの一つは，自分の行動に道義的な責任を持つことができるのは人間だけだということである。ある人のことを道義的責任感を持った人だと認めた場合，通常，その人に対してある特定の見方をするだけではなく，その人に対してある種の態度をとったりその人に対してある種の接し方をしたりしたいという<u>積極的な気持ちが</u><u>必然的に出てくる</u>のである。たとえば，夜あなたが家に帰ると，大切にしていたウォーターフォードの花瓶が<u>ダイニング</u>の床で<u>粉々に割れていた</u>としよう。<u>悪意を持った</u>滞在客がわざと花瓶を割ったのだと知った場合，その後の反応は，あなたの<u>不器用な飼いネコ</u>が偶然棚の上の花瓶を<u>ひっくり返した</u>のだと知った場合にふさわしいような反応とはまったく違ったものになるだろう。後者の場合，あなたは悔しがったり，ことによってはネコに怒りすら覚えたりするかもしれないが，客があなたを困らせるためにわざと花瓶を割った場合なら<u>当然考えられる</u>ような<u>恨み</u>や<u>義憤</u>のたぐいを抱くことはまずないだろう。それに，そういう場合には，ネコに罰を与えたり二度と家具の上にのぼらないように<u>しつけ</u>ようとしたりする時とはまったく違うやり方で，客を非難し，その<u>悪行</u>の責任を問うのが適切だろう。

❓推測しよう！ ―考え方― ⚠ 推測原則 1

　文の形から意味を推測しよう。toppleを含む文は受動態で，「花瓶が偶然，ネコによって棚から○○される」という意味を表しているので，「落とす」「倒す」などの意味だと推測できる。**未知語の前後には，意味の正確な推測につながる表現があることが多い。**未知語が出てきたら，まずは前後の表現に注目するようにしよう。

1182 **entail** [ɪntéɪl, en-]	他 を伴う；を引き起こす；を課す □ **entail** an obligation (義務を伴う)

| 1183 **willingness**
[wílɪŋnəs] | 名 積極的な気持ち，進んで～すること (to do)
□ show a **willingness** to learn (学ぶ意欲を示す)
○ **willing** [wílɪŋ] 形 (～する) 気がある (to do)；進んで行う
○ **willingly** [wílɪŋli] 副 進んで，快く |

| 1184 **shatter**
[ʃǽtər] | 他 を粉々に割る；を打ち砕く；を害する
自 粉々になる
□ **shatter** a vase (花瓶を粉々に割る) |

| 1185 **dining**
[dáɪnɪŋ] | 名 食事 (をすること)
□ **dining** table (食卓)
○ **dine** [dáɪn] 自 ディナーを食べる；食事をする |

| 1186 関 **feast** [fíːst] | 名 ごちそう；祝宴；祝祭 (日)
□ hold a **feast** (祝宴を開く) |

| 1187 関 **cater** [kéɪtər] | 自 食事を出す；(人などに) 必要なものを提供する；(人などの) 要求を満たす (to, for) 他 (宴会など) の食事を出す
□ **cater** to the needs of tourists (観光客のニーズに応える) |

| 1188 **malicious**
[məlíʃəs] | 形 悪意のある，意地の悪い
□ spread **malicious** rumors (悪意のあるうわさを広める)
○ **malice** [mǽlɪs] 名 悪意，敵意 |

| 1189 **topple**
[tɑ́ːpl] | 他 を倒す 自 ぐらつく；ぐらついて倒れる
□ The earthquake **toppled** many buildings. (その地震で多くの建物が倒れた) |

1190	clumsy [klʌ́mzi]	形 不器用な, ぎこちない；不格好な；扱いにくい □ do a **clumsy** dance (ぎこちないダンスをする)
1191	関 awkward [ɔ́ːkwərd]	形 気まずい；不器用な；やっかいな, 困った □ an **awkward** silence (気まずい沈黙) ○ **awkwardly** [ɔ́ːkwərdli] 副 不器用に；きまり悪そうに ○ **awkwardness** [ɔ́ːkwərdnəs] 名 ぎこちなさ, 気まずさ；不器用さ
1192	resentment [rɪzéntmənt]	名 憤慨；恨み □ feel **resentment** against the government (政府に憤りを覚える)
1193	indignation [ìndɪgnéɪʃən]	名 (不正・侮辱などに対する) 憤慨 □ flush with **indignation** (憤慨して顔を真っ赤にする) ○ **indignant** [ɪndígnənt] 形 憤慨して
1194	warrant [wɔ́ːrənt, wɑ́ːr-]	他 を正当と認める；を保証する　名 根拠；保証；証明書 □ **warrant** medical attention (医師の診察を必要とする)
1195	○ warranty [wɔ́ːrənti, wɑ́ːr-]	名 (商品の) 保証；保証書；(〜の) 正当な理由 (根拠) (for) □ be under **warranty** (保証期間中である)
1196	関 certificate 名 [sərtífikət] 動 [-kèrt]	名 証明書　他 に証明書を与える □ issue a birth **certificate** (出生証明書を発行する) ○ **certify** [sɔ́ːrtɪfàɪ] 他 を証明する, 保証する 関 **attest** [ətést] 自 (〜を) 証明する (to)　他 を証明する；を真実だと証言する 関 **disprove** [dɪsprúːv] 他 の誤りを証明する
1197	関 diploma [dɪplóumə]	名 (学科・大学院などの) 卒業 (修了) 証書；学位授与証 □ a high school **diploma** (高校の卒業証書)
1198	misdeed [mìsdíːd]	名 悪行, 非行, 犯罪 □ commit a **misdeed** (悪事を働く)

1199	**discipline** [dísəplɪn]	他 をしつける；を訓練する；を罰する　名 しつけ；訓練；規律
		□ **discipline** oneself to save money（お金を貯めるために自分を律する）
1200	関 **scold** [skóʊld]	他 を（〜の理由で）しかる (for)
		□ **scold** him for breaking the dish（お皿を割ったことで彼をしかる）
1201	関 **domestication** [dəmèstɪkéɪʃən]	名 飼い慣らすこと，順応
		□ the **domestication** of the cow（牛の家畜化） ○ **domesticate** [dəméstɪkèɪt] 他 を飼い慣らす
1202	関 **tame** [téɪm]	形 飼い慣らされた，おとなしい　他 を飼い慣らす
		□ have a **tame** lion（飼い慣らされたライオンを飼う）

㉙ 悪意　　　　　　　　　　　⤶1188 malicious

1203	**nasty** [nǽsti]

形 意地の悪い；不快な
□ ask a **nasty** question (意地の悪い質問をする)

1204	**vicious** [víʃəs]

形 残忍な；乱暴な；悪意〔敵意〕のある；意地の悪い
□ launch a **vicious** attack (残忍な攻撃をしかける)

関 **malevolent** [məlévələnt] 形 (他人を傷つけようとする) 悪意のある

関 **malignant** [məlígnənt] 形 悪意のある, 敵意に満ちた

関 **spiteful** [spáɪtfl] 形 悪意に満ちた, 意地の悪い

○ **spite** [spáɪt] 名 悪意；恨み

㉚ 犯罪　　　　　　　　　　　⤶1198 misdeed

1205	**fraud** [frɔ́ːd]

名 詐欺 (行為)；(金銭などの) 搾取；詐欺師；偽善者；偽物
□ prevent credit card **fraud** (カード詐欺を防ぐ)

関 **robbery** [rάːbəri] 名 強盗 (事件)；強盗罪

関 **burglar** [bə́ːrglər] 名 (夜間の) 強盗

関 **bribery** [bráɪbəri] 名 収賄行為

○ **bribe** [bráɪb] 名 わいろ　他 をわいろで買収する

1206	**slaughter** [slɔ́ːtər]

名 虐殺, 殺すこと　他 を屠殺する；(多数の人) を虐殺する
□ stop the **slaughter** of elephants (ゾウの虐殺を止める)

関 **homicide** [hάːməsàɪd] 名 殺人 (罪)

関 **assassination** [əsæ̀sənéɪʃən] 名 暗殺

○ **assassinate** [əsǽsənèɪt] 他 を暗殺する

関 **massacre** [mǽsəkər, mǽsɪ-] 名 大量虐殺

関 **delinquency** [dɪlíŋkwənsi] 名 (特に未成年者の) 非行, 犯罪

1 Of course, to make these claims is not to deny that there is one sense in which both the guest and the cat are responsible for breaking the vase in the **respective scenarios**. Each is **causally** responsible — each plays a **causal** role in bringing about the destruction of the vase. But whereas both persons and nonpersons can be causally responsible for an event, only persons can be **morally** responsible.

2 For many people, questions of moral responsibility are associated primarily with **wrongdoing** like that described in the **preceding** example. According to this view, questions concerning who may **legitimately** be held responsible are seen to stem from more **practical** questions concerning who should be blamed and punished for their misdeeds; similarly, a concern to understand the **propriety** of our responsibility **ascriptions** is driven mostly by a concern to understand what justifies the **punitive** measures we take toward those who injure us and **violate** the norms of society. Such a view helps to give expressions such as "I am going to hold you responsible" or "I promise to find out who is responsible for this" a mostly negative **connotation**, calling to mind the **retributive** attitudes and **harsh** treatment that **await** wrongdoers.

(198 words)

1 もちろん，そのように主張するということは，客にせよネコにせよ，ある意味<u>それぞれの事情</u>で花瓶を割ったことに責任があるのを否定しないことになる。それぞれに<u>原因を作った</u>責任がある―花瓶が割れるという事態を招いたことに対して，それぞれがその<u>原因を作る</u>役割を担っているのである。しかし，人間も人間以外のものも，ある出来事の原因となったことの責任があるということはあり得るが，<u>道義的な意味で</u>責任を問われることができるのは人間だけである。

2 多くの人にとって，道義的責任の問題というのは主に<u>前述の</u>例の中に出てきたような<u>悪行</u>を連想させる。この考え方に従えば，<u>正当に見て</u>誰に責任があるのかという問題は，誰がその悪行の責めを負い罰を受けるべきかという，もっと<u>現実的な</u>問題に端を発していると考えられる。同様に，<u>責任を帰着させる先</u>についての<u>正当性</u>を理解したいという気持ちは，主に私たちを傷つけたり社会の規範を<u>破ったり</u>する人に対する懲罰措置を正当化するものは何なのかを理解したいという気持ちから起こるものなのである。このような考え方をしていると，「責任はあなたにとってもらいます」とか「これは誰に責任があるのか，必ず突き止めてみせます」といった言い方に，たいていはネガティブな<u>含み</u>が出てきてしまい，悪いことをした人を<u>待ち受ける</u> <u>因果応報の</u>姿勢や<u>厳しい</u>処分を想起させることになる。

47
48

❓推測しよう！▶ ―考え方―　　　　　　　　　　　　**❗推測原則2**

文脈から意味を推測しよう。 the retributive attitudes and harsh treatment が A and B の形になっているので，retributive attitudes と harsh treatment（厳しい処分）は悪いことをした人に待ち受ける同じような措置だとわかる。また，直前に「責任はあなたにとってもらいます」という表現があるので，retributive attitudes は「（被害者側からの）**報復的な姿勢**」のような意味だと推測できる。

1207 respective [rɪspéktɪv]	形 それぞれの □ play their **respective** roles (それぞれの役割を果たす) ○ **respectively** [rɪspéktɪvli] 副 それぞれ, 各自
1208 scenario [sənǽriòu, -nér-, -nɑ́ːr-]	名 筋書き, シナリオ □ assume the worst **scenario** (最悪のシナリオを想定する)
1209 causally [kɔ́ːzli]	副 原因となって □ be **causally** related to crime (犯罪と因果関係がある)
1210 causal [kɔ́ːzl]	形 原因となる, 因果関係の □ the **causal** relationship between conduct and result (行為と結果の因果関係)
1211 morally [mɔ́ːrəli]	副 道徳的に, 道義上 □ be **morally** wrong (道徳的に間違っている) ○ **moral** [mɔ́ːrəl] 名《〜s》道徳規範 形 道徳的な
1212 閧 sin [sín]	名 (道徳・宗教上の) 罪 □ commit a **sin** (罪を犯す)
1213 wrongdoing [rɔ́(ː)ŋdùːɪŋ]	名 悪事 (を働くこと), 犯罪 □ expose a **wrongdoing** (悪事を暴く)
1214 preceding [prɪsíːdɪŋ]	形 前の, 先行する；前述の □ in the **preceding** year (前年に) ○ **precede** [prɪsíːd] 他 より先に起こる
1215 legitimately [lɪdʒítəmətli]	副 正当に, 合法的に □ the **legitimately** elected government (正当に選挙で選ばれた政府) ○ **legitimate** [lɪdʒítəmət] 形 適法の；筋道の通った ○ **legitimacy** [lɪdʒítəməsi] 名 合法 (性), 正当 (性)
1216 practical [prǽktɪkl]	形 実際的な, 現実的な；実用的な □ gain **practical** experience (実務経験を積む)
1217 閧 pragmatic [prægmǽtɪk]	形 現実的な；実用的な, 実用主義の □ take a **pragmatic** approach (現実的なアプローチをとる)

Listen! □ ① 単語の発音を確認する □ ② 例文の音声を聞いてみる
□ ③ 例文の音声を聞きながら音読してみる
▶ 音声

1218 **propriety** [prəpráiəti]	名 正当性, 適当；礼儀 □ act with **propriety** (礼儀正しく行動する)

| 1219 **ascription** [əskrípʃən] | 名 (〜に) 帰因〔帰属〕すること (to)
□ the **ascription** of consciousness (意識の帰属)
○ **ascribe** [əskráib] 他 を (〜の) せいにする, を (〜に) 帰する (to)
國 **attribution** [ætrəbjúːʃən] 名 《the attribution of 〜》〜を (〜の) せいにすること (to)
○ **attribute** 動 [ətríbjuːt, ətríbjət] 名 [ǽtrəbjùːt] 他 (結果など) を (〜に) 帰する (to) 名 特質 |

| 1220 **punitive** [pjúːnətɪv] | 形 刑罰の, 罰する
□ take **punitive** measures (制裁措置を取る) |

| 1221 **violate** [váiəlèit] | 他 (法律・規則・約束など) を破る；を妨害する
□ **violate** the rule (規則を破る)
○ **violation** [vàiəléiʃən] 名 違反；妨害 |

| 1222 **connotation** [kùːnətéiʃən] | 名 含蓄, 言外にほのめかすこと；内包
□ have a negative **connotation** (否定的な意味合いを含む)
○ **connote** [kənóut] 他 (特別の意味) を含む, を暗示する；(結果として) を伴う |
| 1223 國 **suggestive** [səgdʒéstɪv, sədʒés-] | 形 暗示的な, 示唆的な；(〜を) 連想させる (of)
□ show signs **suggestive** of cancer (がんを示唆する兆候を示す)
國 **indicative** [ɪndíkətɪv] 形 (〜を / 〜ということを) 暗示して (of/that節)；(〜の) 徴候があって (of) |

| 1224 **retributive** [rɪtríbjətɪv] | 形 報いの, 応報の
□ suffer **retributive** punishment (報復的な罰を受ける)
○ **retribution** [rètrəbjúːʃən] 名 (当然の) 報い, 応報 |

| 1225 **harsh** [háːrʃ] | 形 (状況・現実などが) 厳しい；不快な；粗い
□ get through the **harsh** weather (厳しい気候を乗り切る) |
| 1226 國 **grim** [grím] | 形 厳しい；断固とした, 不屈の；暗い
□ with **grim** determination (断固たる決意で) |

323

1227 ᴺ **savage** [sǽvɪdʒ]	形 獰猛な, 凶暴な；(批判などが) 手厳しい　名 残酷〔残忍〕な人；不作法者　他 を襲う；(人・著作など) を激しく批判する □ a **savage** beast (獰猛な獣) ■ **relentless** [rɪléntləs] 形 情け容赦ない, 厳しい；過酷な
1228 **await** [əwéɪt]	他 を待つ；を待ち受ける　自 待つ □ **await** trial (裁判を待つ)
1229 ᴺ **queue** [kjúː]	名 (~を求める) (人・車などの) 列；行列, 待ち行列 (for) 自 (人・車などが) (~を求めて) 列を作る (for) □ join the taxi **queue** (タクシーの列に加わる)

まとめてチェック	**31** 妨げる　　　Ｇ **1221** violate
1230 **deter** [dɪtə́ːr]	他 を妨げる；に (~を / ~することを) 思いとどまらせる (from/from doing) □ **deter** the rival from entering the market (ライバルが市場に参入するのを阻止する)
1231 **hinder** [híndər]	他 (発展など) を妨げる；(動きなど) を妨害する 自 邪魔になる, 障害となる □ **hinder** the development of electronic money (電子マネーの発展を妨げる)
1232 **impede** [ɪmpíːd]	他 を邪魔する, 妨げる □ **impede** medical progress (医学の進歩を妨げる) ○ **impediment** [ɪmpédəmənt] 名 故障；障害 (物)
1233 **inhibit** [ɪnhíbət]	他 (成長・進展など) を妨げる；に (~するのを) やめさせる (from doing)　名 抑制するもの〔人〕 □ **inhibit** economic growth (経済の成長を妨げる)
1234 **obstruct** [əbstrʌ́kt]	他 (通路など) をふさぐ；を妨げる □ **obstruct** the safe passage (安全な通行を妨げる) ○ **obstruction** [əbstrʌ́kʃən] 名 障害 (物) ○ **obstructive** [əbstrʌ́ktɪv] 形 (~を) 妨害する (to, of)
1235 **prohibit** [proʊhíbət]	他 を禁止する；が (~するのを) 禁止する；が (~するのを) 妨げる (from doing) □ **prohibit** smoking in the streets (路上で喫煙するのを禁止する) ○ **prohibition** [pròʊəbíʃən, pròʊhə-] 名 禁止 (令) ■ **preclude** [prɪklúːd] 他 を排除する；を妨げる

STEP 1：接尾辞の推測　次の語から -scribe の意味を推測してみよう。

ascribe（→ 1219 ascription）　　　　describe

■ 接尾辞 -scribe は，「書く」という意味を表します。

a（…へ）＋ -scribe（書く）　　　　　→ **ascribe**（～のせいにする）

de（下へ）＋ -scribe（書く）　　　　　→ **describe**（言い表す）

STEP 2：未知語の推測　-scribe の意味を意識して，太字の語の意味を推測しよう。

(1)　Do you **subscribe** to a newspaper?

(2)　The names of all the dead were **inscribed** on the monument.

訳 (1) あなたは新聞を**購読して**いますか。

sub（下へ）＋ -scribe（書く）　　　　→ **subscribe**（購読する）

(2) 記念碑には死者全員の名前が**刻ま**れていた。

in（中へ）＋ -scribe（書く）　　　　　→ **inscribe**（刻む）

1236 □	**subscribe** [səbskráɪb]	圓（～を）(予約) 購読する；(～に) 署名する；(～に) 寄付する；《疑問文・否定文で》(～に) 同意する (to)　他 を寄付する；を予約する

□ **subscribe** to a newspaper（新聞を購読する）

○ **subscription** [səbskrípʃən] 图 署名；寄付；予約購読

圞 **describe** [dɪskráɪb] 他 を言い表す；を描く

○ **description** [dɪskrípʃən] 图 描写；記述；説明書

○ **descriptive** [dɪskríptɪv] 形 記述的な，描写的な

圞 **inscribe** [ɪnskráɪb] 他 （文字など）を（～に）刻む，書く (on, in)；に（文字などを）刻む，書く (with)

○ **inscription** [ɪnskrípʃən] 图 銘，碑文

圞 **transcribe** [trænskráɪb] 他 を書き写す；を文字に起こす

○ **transcription** [trænskrípʃən] 图 書き写すこと；写し，複写

In contrast to this approach, however, others take a broader view of moral responsibility. They associate responsibility not only with negative responses like resentment and blame, but also with more positive responses such as **gratitude**, respect, and **praise**. To see the **intuition** behind this view, imagine that you once again return home after work. This time, instead of finding a shattered vase, you discover that your neighbor's exceedingly ugly tree (which had long blocked the otherwise spectacular view from your living room) has been knocked down. As in the previous examples, your reactions will vary depending upon what you subsequently learn about the causes that led to the tree's **demise**. For instance, your reaction would presumably depend on whether the tree's **uprooting** was the result of a **fortuitous gust** of wind or the efforts of your **considerate** neighbor who **removed** the **eyesore** as a birthday surprise for you. In the former case, you might feel fortunate or happy, but you would hardly feel the gratitude and desire to **praise** that would seem appropriate had your **thoughtful** neighbor torn down the **offensive** tree just to please you. The point stressed by the **proponent** of the broader conception of responsibility is that there is a **spectrum** of reactions (including positive reactions) that are appropriately applied only to persons.

(216 words)

だが，こうした態度とは対照的に，道義的責任というものをもっと大きな視野で捉える人もいる。そのような人は，責任というものを恨みや非難といったネガティブな反応だけでなく，**感謝の気持ち**や敬意，**賞賛**といったポジティブな反応と結びつけて考える。このような考え方の背後にある**直感**を理解するには，次のように想像してみるといい。再び仕事から帰宅した場面である。今度は，割れた花瓶ではなく，隣の家の非常に不格好な木（しかも，その木がなければあなたの家のリビングからすばらしい眺めが見られたはずだが，長い間その木が眺めを遮っていた）が倒されているのを見つけたとしよう。先の例と同様に，あなたの反応は，その木を**消滅させた**原因について後でわかることによって，変わるだろう。おそらく，例えばその木が**倒れたこと**が**偶発的な突風**によってもたらされたものなのか，それとも**思いやりのある**隣人が誕生日のお祝いにあなたをびっくりさせようとしてその**目ざわりなもの**を**取り払ってくれた**のかによって，あなたの反応は変わるだろう。前者の場合，あなたは運がいいと感じたりうれしく思ったりはするかもしれないが，**思いやりのある**隣人があなたを喜ばせたいがためにその**不快な木**を切り倒してくれた場合にふさわしいような感謝の気持ちや**ほめて**あげたいという気持ちを感じることはまずないだろう。責任というものを幅広くとらえることを**支持する人**が強調するポイントは次のようなことだ。（ポジティブな反応も含めて）人間にだけ正しく当てはめられる反応には**幅**があるのだと。

🤔 推測しよう! ―考え方―　⚠ **推測原則❷**

文脈から意味を推測しよう。the tree's demise は，前の文に出てきた ugly tree has been knocked down の**言い換え表現**になっていると気づけば，demise は「倒れること」「朽ちること」のような意味になると推測できるだろう。

| 1237 **gratitude**
[grǽtət(j)ùːd] | 名 感謝 (の気持ち)
□ express one's **gratitude** (感謝の気持ちを示す) |

| 1238 **praise**
[préɪz] | 名 賞賛　他 を賞賛する
□ deserve high **praise** (大いに賞賛される) |

| 1239 **intuition**
[ìnt(j)uíʃən] | 名 直感〔直観〕(力);洞察 (力)
□ trust one's **intuition** (直感を信じる)
○ **intuitive** [ɪnt(j)úːətɪv] 形 直観的な |

| 1240 **demise**
[dɪmáɪz] | 名 消滅, 終わり;死去
□ the **demise** of the dinosaurs (恐竜の滅亡) |

| 1241 **uproot**
[ʌprúːt] | 他 を根こそぎ引き抜く;(悪習など) を根絶する
□ **uproot** cherry trees (桜の木を根こそぎ引き抜く) |

| 1242 **fortuitous**
[fɔːrt(j)úːətəs] | 形 偶然の, 思いがけない
□ a **fortuitous** meeting (偶然の出会い) |

| 1243 **gust**
[gʌ́st] | 名 突風;噴出;(感情の) 爆発
□ a **gust** of laughter (どっとわき起こる笑い)
関 **breeze** [bríːz] 名 そよ風, 微風 |

| 1244 **considerate**
[kənsídərət] | 形 思いやりのある
□ be **considerate** of the elderly (お年寄りに配慮する)
関 **sympathetic** [sìmpəθétɪk] 形 (〜に) 同情的な, 思いやりのある;共感して (to)
○ **sympathy** [símpəθi] 名 同情, 思いやり;共感 |

| 1245 **remove**
[rɪmúːv, rə-] | 他 を取り除く;を移す
□ **remove** obstacles (障害を取り除く) |

| 1246 関 **erase** [ɪréɪs] | 他 を消し取る;を削除する
□ **erase** the blackboard (黒板を消す) |

| 1247 関 **wipe** [wáɪp] | 他 をふく, ふき取る;を絶滅させる (out)
□ **wipe** the kitchen counter (調理台をふく) |

| 1248 関 **banish** [bǽnɪʃ] | 他 を追い出す, 追放する;を放出する
□ **banish** him from the team (彼をチームから追放する) |

1249 **eyesore** [áiɔ̀ːr]	名 目ざわりなもの □ hide the **eyesore**（目ざわりなものを隠す）

1250 **thoughtful** [θɔ́ːtfl]	形 思いやりのある；思慮〔注意〕深い □ give him a **thoughtful** look（彼を思いやりのある表情で見る）

1251 **offensive** [əfénsıv]	形 不快な；無礼な；攻撃的な □ be **offensive** to other people（他人を不快にさせる） ○ **offense** [əféns] 名 犯罪，違反，侮辱；立腹させるもの 　❶《英》では offence とつづる ・・・・・・・・・・・・・・・・・・・・・・・・・・・・・・・・・・・ 類 **militant** [mílıtənt] 形 攻撃的な，好戦的な 反 **defensive** [dıfénsıve] 形 防衛の

1252 **proponent** [prəpóʊnənt, prou-]	名 支持者；提案者 □ a **proponent** of nuclear power（原子力発電の支持者）

1253 **spectrum** [spéktrəm]	名 (変動する) 範囲；スペクトル　複 ～s, spectra □ a broad **spectrum** of opinion（幅広い意見）

まとめてチェック	**32** 賞賛する　↺1238 praise

1254 **applaud** [əplɔ́ːd]	他 に拍手を送る；を支持する　自 拍手する □ **applaud** the opera singer（そのオペラ歌手に拍手を送る） ・・・・・・・・・・・・・・・・・・・・・・・・・・・・・・・・・・・ ○ **applause** [əplɔ́ːz] 名 拍手，称賛

1255 **flatter** [flǽtər]	他 (人) にお世辞を言う，おべっかを使う；を喜ばせる 自 お世辞を言う □ You **flatter** me!（お世辞が上手ですね） ○ **flattery** [flǽtəri] 名 お世辞 (を言うこと)；ごますり ・・・・・・・・・・・・・・・・・・・・・・・・・・・・・・・・・・・ 類 **commend** [kəménd] 他 をほめる，賞賛する 類 **compliment** 動 [ká:mpləmènt] 名 [ká:mpləmənt] 　他 をほめる　名 賛辞；お世辞 ○ **complimentary** [kà:mpləméntəri] 形 無料で提供される；お世辞の 類 **hail** [héıl] 他 を称賛する，認めて歓迎する 類 **tribute** [tríbjuːt] 名 賛辞，尊敬〔感謝，賞賛〕の言葉

INDEX

INDEX

W

Y

Z

INDEX

A B C D E F G H I J K L M N O P Q R S T U V W Y Z

英文出題大学・出典

1 東京大学

Karmiloff-Smith, Annette., *Beyond Modularity*, pp.Approx.400-words from p.31, © 1992 Massachusetts Institute of Technology, by permission of The MIT Press.

2～**3** 東京大学

From MATING STRATEGIES IN BUTTERFLIES (Scientific American, July 1998) (posted on http://www.scientificamerican.com/article/mating-strategies-in-butterflies/) by Ronald L. Rutowski. Reproduced with permission. Copyright © 1998 SCIENTIFIC AMERICAN, Inc. All rights reserved.

4～**5** 福島大学

From *HOW LANGUAGE WORKS* by David Crystal published by Penguin Books. Copyright © David Crystal 2005. Reprinted by permission of Penguin Books Limited.

6～**7** 早稲田大学

From WE CAN THANK AGRICULTURE AND SOFT FOOD FOR THE 'F' WORD, CLAIMS PROVOCATIVE NEW STUDY (Gizmodo; 2019/03/14) (posted on https://gizmodo.com/we-can-thank-agriculture-and-soft-food-for-the-f-word-1833292068) by George Dvorsky. Copyright © 2019 by George Dvorsky. Used by permission of George Dvorsky.

8 東京都市大学

From CONTROLLING ANGER BEFORE IT CONTROLS YOU (posted on http://www.apa.org/topics/anger/control/) by American Psychological Association. Copyright © by American Psychological Association.

9～**10** 成城大学

From WHY HAVING A GOOD SENSE OF HUMOR IS ESSENTIAL IN LIFE (Big Think, NEUROPSYCH—April 13, 2019) by Matt Davis. Copyright © 2019 by Matt Davis. Used by permission of The Big Think, Inc.

11～**12** お茶の水大学

From *IN THE COMPANY OF ANIMALS* by James Serpell. Copyright © 1986 by James Serpell. Used by permission of Cambridge University Press c/o PLS Clear.

13 埼玉大学

From *ESSENIAL MCLUHAN* by Eric McLuhan and Frank Zingrome. Copyright © 1996 by Eric McLuhan and Frank Zingrome. Used by permission of The Estate of Corinne & Marshall McLuhan.

14～**16** 佐賀大学

Excerpt(s) from IF LIFE IS A GAME, THESE ARE THE RULES: TEN RULES FOR BEING HUMAN AS INTRODUCED IN CHICKEN SOUP FOR THE SOUL by Chérie Carter-Scott, copyright © 1998 by Chérie Carter-Scott. Used by permission of Broadway Books, an imprint of Random House, a division of Penguin Random House LLC. All rights reserved.

17～**18** 信州大学

From *AFFIRMING DIVERSITY: THE SOCIOPOLITICAL CONTEXT OF MULTICULTURAL EDUCATION, 3rd Edition* by Sonia Nieto. Copyright © 2000 by Sonia Nieto. Used by permission of Pearson Education, Inc.

19～**20** 一橋大学

From PRISON RESEARCH: DOES LOCKED UP MEAN LOCKED OUT? (September 6, 1999) (posted on http://edition.cnn.com/HEALTH/bioethics/9909/prison.research/) by Jeffrey P. Kahn. Copyright © 1999 by Jeffrey P. Kahn. Used by permission of Jeffrey P. Kahn.

21 早稲田大学

From *TOPICAL ANTIMICROBIAL TESTING AND EVALUATION* by Daryl S. Paulson.

22～25 愛媛大学

26～27 東京慈恵会医科大学

28～30 札幌医科大学

31～33 上智大学

34～35 東京医科歯科大学

36～39 慶応義塾大学

40～41 早稲田大学

42 早稲田大学

43 早稲田大学

44～45 杏林大学

46～48 千葉大学

速読英単語　上級編　［改訂第5版］

初版第 1 刷発行　…………1992 年 3 月21日
増訂版第 1 刷発行　………1994 年 3 月 1 日
増訂第 2 版第 1 刷発行　…1997 年 3 月 1 日
改訂第 3 版第 1 刷発行　…2003 年 3 月20日
改訂第 4 版第 1 刷発行　…2015 年 1 月20日
改訂第 5 版第 1 刷発行　…2023 年 3 月10日
改訂第 5 版第 5 刷発行　…2024 年 8 月10日

著者……………………………風早寛
発行人…………………………藤井孝昭
発行……………………………Z会
　　　　　　　　　　　〒411-0033 静岡県三島市文教町 1-9-11
　　　　　　　　　　　【販売部門：書籍の乱丁・落丁・返品・交換・注文】
　　　　　　　　　　　TEL 055-976-9095
　　　　　　　　　　　【書籍の内容に関するお問い合わせ】
　　　　　　　　　　　https://www.zkai.co.jp/books/contact/
　　　　　　　　　　　【ホームページ】
　　　　　　　　　　　https://www.zkai.co.jp/books/
装丁……………………………山口秀昭（Studio Flavor）
印刷・製本……………………シナノ書籍印刷株式会社
編集協力………………………株式会社 シー・レップス
音声録音・編集………………一般財団法人 英語教育協議会（ELEC）

速読英単語

Vocabulary Building × Rapid Reading

上級編
[改訂第5版]

速読トレーニングブック

（英文 + 英文解説）

※この別冊は強く引っぱると取り外せます。

速読トレーニングブック

　この冊子には，本体に掲載されている1～48の全英文の白文（下線・太字などの修飾を取り除いた英文）と，各英文の語彙・文法・構文・内容の解説が掲載されています。まずは本体で学習したことを思い出しながら英文を読み，わからない箇所があれば，英文解説で確認して確実に理解するようにしましょう。また，各英文には目標時間（100wpm）が示してあるので，英文を理解した後で目標時間内に読めるようトレーニングすると，速読力向上にもつながるでしょう。p.2～3には，トレーニングの結果を記録するための表があるので，トレーニングの成果の確認に活用しましょう。

※ wpm ＝ words per minute（1分間あたりの語数）

英文図解の凡例
＝：同一のものを結ぶ　→：矢印の先のものにかかる
＝：同義　≒：類義語（句）　S：主語　V：述語動詞
O：目的語　C：補語　∧：省略　［　］…関係詞節・名詞節
＜＞…動詞句（不定詞など）　｜：並列
文法：文法・構文の解説　語句：語句の解説
内容：英文の内容の解説

速読トレーニング　記録表

課	タイトル	語数	目標時間	1回目	2回目
1	人間と動物の違い	211	2分6秒		
2	蝶が互いを見分ける方法（1）	144	1分24秒		
3	蝶が互いを見分ける方法（2）	150	1分24秒		
4	「原始的な」言語（1）	119	1分11秒		
5	「原始的な」言語（2）	136	1分21秒		
6	発音と食事の関係（1）	132	1分19秒		
7	発音と食事の関係（2）	177	1分46秒		
8	怒りのメカニズム	201	2分		
9	ユーモアの種類と効能（1）	195	1分57秒		
10	ユーモアの種類と効能（2）	180	1分48秒		
11	孤立感（1）	134	1分20秒		
12	孤立感（2）	173	1分43秒		
13	暴力はなぜ起きる	207	2分4秒		
14	謙虚さが教えてくれること（1）	200	2分		
15	謙虚さが教えてくれること（2）	148	1分28秒		
16	謙虚さが教えてくれること（3）	157	1分34秒		
17	人種差別を排除するには（1）	175	1分45秒		
18	人種差別を排除するには（2）	133	1分19秒		
19	受刑者に対する実験の是非（1）	131	1分18秒		
20	受刑者に対する実験の是非（2）	212	2分7秒		
21	ホーソン効果	194	1分56秒		
22	ジャンクフードから見る経済格差（1）	125	1分15秒		
23	ジャンクフードから見る経済格差（2）	177	1分46秒		
24	ジャンクフードから見る経済格差（3）	202	2分1秒		

課	タイトル	語数	目標時間	1回目	2回目
25	ジャンクフードから見る経済格差（4）	163	1分37秒		
26	適切な塩の摂取量とは（1）	222	2分13秒		
27	適切な塩の摂取量とは（2）	236	2分21秒		
28	健康によい運動量の本当の目安（1）	158	1分34秒		
29	健康によい運動量の本当の目安（2）	136	1分21秒		
30	健康によい運動量の本当の目安（3）	155	1分33秒		
31	プラスチックが健康に与える影響（1）	177	1分46秒		
32	プラスチックが健康に与える影響（2）	197	1分58秒		
33	プラスチックが健康に与える影響（3）	163	1分37秒		
34	光害と生態系（1）	255	2分33秒		
35	光害と生態系（2）	200	2分		
36	電子決済が幸福感に与える影響（1）	158	1分34秒		
37	電子決済が幸福感に与える影響（2）	193	1分55秒		
38	電子決済が幸福感に与える影響（3）	183	1分49秒		
39	電子決済が幸福感に与える影響（4）	142	1分25秒		
40	集団規範が創造性を壊す（1）	233	2分19秒		
41	集団規範が創造性を壊す（2）	223	2分13秒		
42	音楽がもたらすもの	200	2分		
43	人間の性としての探検	257	2分34秒		
44	仕事を喜びにするには（1）	145	1分27秒		
45	仕事を喜びにするには（2）	178	1分46秒		
46	責任とは（1）	219	2分11秒		
47	責任とは（2）	198	1分58秒		
48	責任とは（3）	216	2分9秒		

1   What makes us specifically human? The complexity of our language? Our problem-solving strategies? You may be shocked by my suggestion that, in some very deep sense, language and some aspects of human problem solving are no more or less complex than
5 the behaviors of other species. Complexity as such is not the issue. Spiders weave complex webs, bees transmit complex information about sources and quality of nectar, ants interact in complex colonies, beavers build complex dams, chimpanzees have complex problem-solving strategies, just as humans use complex language. Nor are our problem-
10 solving skills so remarkable: there are human beings who have perfectly normal human mental abilities, but who nevertheless are unable to solve certain problems that a chimpanzee can solve. There is, however, one extremely important difference between human and non-human intelligence, a difference which distinguishes us from all other species.
15 Unlike the spider, which stops at web weaving, the human child — and, I maintain, only the human child — has the potential to take its own representations as objects of cognitive attention. Normally, human children not only become efficient users of language; they also have the capacity to become little grammarians. By contrast, spiders, ants,
20 beavers, and probably even chimpanzees do not have the potential to analyze their own knowledge.

(211 words)

*l.*4 [文法] no more or less complex than 〜＝ no more complex than 〜 or no less complex than 〜「〜よりもより複雑でもなければ，より単純でもない→大差がない」

*l.*5 [語句] Complexity as such is not the issue.「そのような複雑性そのものが問題ではない」

*l.*7 [語句] sources and quality of nectar「蜜のありかとその質」

*l.*9 [文法] Nor are our problem-solving skills so remarkable. ＝ Our problem-solving skills are not so remarkable, either. Nor V + S … は，「また…でもない」

*l.*10

> ▶関係詞の修飾する対象を正確に読み取る
>
> human beings
>
> ┌─[who have perfectly normal human mental abilities,]
> └─[but who nevertheless are unable to solve certain problems]
>
> [that a chimpanzee can solve]

*l.*13 [語句] important difference between human (intelligence) and non-human intelligence「人の知能と人以外の生物の知能の間の重要な相違点」

*l.*15 [内容] which stops at web weaving「(クモが) クモの巣を作るところで (その知能の発達が) 止まる」→「クモはきわめて複雑な仕事をすることができるが，それ以上にはならない」

*l.*15 [内容] and, I maintain「そして私は主張する」。この節を挿入することで the human child を only the human child と言い換え，主張を強調している。

*l.*16 [語句] 動詞 take には，take 〜 for granted「〜を当然だと考える」という表現に見られるように，「考える，みなす」という意味がある。ここも take 〜 as … で regard 〜 as … と同意である。

*l.*17 [内容] objects of cognitive attention「認識の関心の対象」。自分自身が発する言葉を分析したり認識の対象にしたりすることを言っている。

*l.*17 [内容] human children not only become efficient users of language「人間の子供は言葉を巧みに使うことができるようになるだけではない」。言葉を使えるだけなら，クモが精巧なクモの巣を作る能力とあまり差がないということ。筆者の主張のポイントは they also 以降である。

*l.*19 [内容] little grammarians「小さな文法家」。言葉の認識能力や分析能力を発達させるということを述べている。

5

1 **1** The clearest evidence for the role of color in sexual attraction among butterflies comes from studies of species in which males and females have distinctly different appearances. Obviously, to mate successfully, individuals must be able to determine whether other 5 conspecific butterflies are of their own or of the opposite sex. The rest, it can be argued, is fine-tuning.

2 A gorgeous butterfly species whose males and females differ in color is the Little Yellow, *Eurema lisa*. Both sexes appear an identical yellow to the human eye, the shade being produced by pigments in 10 the tiny scales that cover the butterflies' translucent wings. Males and females look quite different to butterflies, however, which perceive light at wavelengths beyond the human visible range and into the ultraviolet. Yellow wing scales on the upper surface of the males' wings reflect ultraviolet light, and those of females do not. (144 words)

*l.*1

> The clearest evidence <for 〜 in … among …>
> S
>
> comes from studies of species
> V
>
> [in which males and females have distinctly different appearances].
> S'　　　　　　　　V'　　　　　O'

*l.*1　語句 the role of color「色彩が果たす役割」

*l.*1　語句 sexual attraction「性的魅力 (異性の気を引く力)」

*l.*3　語句 mate successfully「うまく交尾する, 交尾を成功させる」

*l.*5　語句 conspecific「同一種の」

*l.*5　文法 of their own (sex) or of the opposite sex「自分と同じ性なのか, それとも異性なのか」。前置詞 of には,「〜に特有な, 〜の (性質を持つ), 〜の特徴を示している」という意味を表す用法がある。

*l.*8　語句 appear an identical yellow to the human eye「人間の眼にはまったく同一の黄色に見える」。この appear は「〜のように見える」。

*l.*9　文法 the shade being produced … = though the shade is produced … 分詞構文の意味上の主語にあたる the shade は, この文の主語である both sexes とは一致しないため, 分詞の前に置かれている (独立分詞構文)。shade は基本単語ではあるが,「陰」の他に「色合い (の濃淡)」という意味もあることに注意。

*l.*11

> look quite different to butterflies
>
> appear an identical yellow to the human eye (*l.*8)
>
> 副詞 however による対比

内容 ここでは対比・対立関係を示す副詞の however に注目する。however は節を作る接続詞ではないから, however を含む 1 文の中に対立構造はない。その代わり, however を含む文が直前の文と対比・対立されている。

*l.*11　語句 which perceive light at wavelengths 〜「〜の波長の光を感じ取ることができる (＝見ることができる)」

*l.*12　内容 beyond the human visible range and into the ultraviolet「人間の可視範囲を超えて, さらには紫外線 (の範囲) まで」。蝶は人間が見ることのできる範囲を超えた波長の光を見ることができる。

*l.*13　内容 Yellow wing scales on the upper surface … and those of females do not. この文では, 接続詞 and によって対立する内容が提示されている。このように, 接続詞 and は順接関係だけでなく, 時に逆接関係も表すので十分に注意したい。

13 蝶が互いを見分ける方法 (2) [科学]

1 On encountering a female, a Little Yellow male flutters about her briefly before landing and attempting to copulate. On confronting another male, he speeds away and continues his search. These simple behaviors allowed me to develop a test for the cues males use to recognize females. I first glued Little Yellow wings to cards and presented them to males. Males landed on, and even attempted to copulate with, female wings. But male study subjects paid scant attention to male wings similarly mounted.

2 The next phase of the experiment showed that color was responsible for this choice. I prepared a card with two sets of male wings. A quartz slide that transmits both visible and ultraviolet light covered one set of wings, and a filter that blocks ultraviolet wavelengths overlaid the other. Males now attempted to mate with the male wings under the filter — wings that appeared to be female. (150 words) *l.*3　語句 speed away「急いで去っていく」

*l.*4　語句 develop a test「(新たな)実験(方法)を開発する」。なお、「実験を行う」と言う場合には、動詞には conduct, carry out, do などを用いる。

*l.*4　▶**関係代名詞の省略と前置詞の解釈に注意**

a test for the cues
　　　　　　↑
　　　[(which) <u>males</u> <u>use</u> to recognize females]
　　　　　　　　S　　 V

*l.*7　内容 copulate with female wings「メスの翅と交尾する」。オスは「メスそのもの」と交尾しようとしたのではなく「メスの翅」(をメスと勘違いして)と交尾しようとした点に注意。オスにとっての目印(手掛かり)は、あくまでもメスの翅だということがわかる。

*l.*7　内容 male study subjects「オスの実験体」。研究(study)の対象となっている被験者(subject)であるオス。前の文の主語Malesの言い換えになっている。

*l.*8　内容 male wings similarly mounted「同じように台紙に貼られたオスの翅」。ここまでの実験では、「オスはメスの翅に惹かれる」ということがわかるだけであって、紫外線については証明されていない点に注意。

*l.*9　語句 The next phase of the experiment「実験の次の段階」

*l.*10

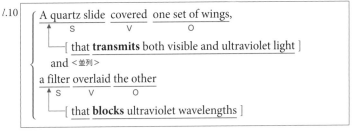

内容 2組のオスの翅のうち、一方の組は紫外線を透過させる状況にしておき、他方は作為的に紫外線をさえぎるようにした(＝偽のメスの翅を作った)ということ。

1 **1** It comes near to stating the obvious that all languages have developed to express the needs of their users, and that in a sense all languages are equal. All languages meet the social and psychological needs of their speakers, are equally deserving of scientific study, and
5 can provide us with valuable information about human nature and society.

2 There are, however, several widely held misconceptions about languages which stem from a failure to recognize this view. The most important of these is the idea that there are such things as 'primitive'
10 languages — languages with a simple grammar, a few sounds, and a vocabulary of only a few hundred words, whose speakers have to compensate for their language's deficiencies through gestures.

(119 words)

l.1 ▶形式主語 it の内容を把握する

> It comes near to stating the obvious
> S'
> ‖
> ⎰ that all languages have developed to ～ users, (＝ S₁)
> ⎱ and
> ⎱ that \<in a sense\> all languages are equal. (＝ S₂)

【文法】It は形式主語で，that 以下の名詞節を受ける。

l.1 【語句】come near to *doing* ＝ come near *doing*「もう少しで～しそうになる，ほとんど～する」

l.2 【語句】express the needs of their users「その言語を使う人々の要求を表現する」

l.3 ▶コンマと and で並列される対象を把握する

> All languages ⎰ meet ～ ,
> S ⎱ V₁
> ⎱
> ⎱ are equally deserving ～ ,
> ⎱ V₂
> ⎱ and
> ⎱ can provide us with valuable information
> ⎱ V₃
> about human nature and society.

【文法】主語 All languages に対して A, B, and C の形で (述語) 動詞が3つ続いている。

【内容】meet the social and psychological needs「社会的および心理的な要求を満たす」。この意味で使われる meet には注意。この意味では，satisfy と同義。

【語句】human nature and society「人間の特質や社会」

l.7
> several widely held misconceptions about languages
> [which stem from a failure \<to recognize this view\>]
> S V

【内容】this view (この見解) は，第1段落の内容を指す。

l.9 【内容】'primitive' languages「いわゆる『原始的な』言語」。primitive が引用符でくくられているのは「多くの人が誤解して言うところの『原始的な』」というニュアンスを出すため。筆者は「原始的な言語」などというものは存在しないと考えている。

1 **1** Speakers of 'primitive' languages have often been thought to exist, and there has been a great deal of speculation about where they might live, and what their problems might be. If they relied on gestures, how would they be able to communicate at night? Without abstract terms,
5 how could they possibly develop moral or religious belief? In the 19th century, such questions were common, and it was widely thought that it was only a matter of time before explorers would discover a genuinely primitive language.

2 The fact of the matter is that every culture which has been
10 investigated, no matter how 'primitive' it may be in cultural terms, turns out to have a fully developed language, with a complexity comparable to those of the so-called 'civilized' nations. There are no 'bronze age' or 'stone age' languages.

(136 words)

l.1 文法 have often been thought to *do*「…するとしばしば考えられてきた」。S is thought to *do*（Sは…すると考えられている）の現在完了形。

l.2
there has been a great deal of speculation
about where they might live, and what their problems might be
　　　　　　　A　　　　　　　　　　　　　　　　B

l.3 内容 If they relied on gestures, how would they be able to communicate at night?「もしも身振りに頼っているのであれば、夜間にはどのようにしてコミュニケーションがとれるのだろうか」。現実に存在するかどうかわからない人々についての仮定であるため、仮定法が用いられている。rely on 〜「〜に頼る」= depend on 〜

l.4 内容 Without abstract terms, how could they possibly develop moral or religious belief?「抽象的な言い方がないとしたら道徳的な、あるいは宗教的な信仰をどのようにして発達させることができるのだろうか」。ここも同上の理由から without 〜「もし〜がなければ」という仮定法が用いられている。過去のことを述べているわけではないのに過去形の助動詞が使われている場合は要注意。

l.9 ▶挿入句と関係詞節の修飾対象に注意
The fact of the matter is
that every culture [which has been investigated,
　　　　　　　S
< no matter how 'primitive' it may be 〜 ,>]
turns out to have a fully developed language,
　　V
with a complexity [(which is) comparable to those
　　　　　　　　　　　　　　　　↑ (= languages)
　　　　　　　　of the so-called 'civilized' nations].

文法 The fact of the matter is that …「実は…だ」。The fact is that …や、in fact などと同意。

語句 no matter how 'primitive' it may be「それが、たとえどんなに『原始的』であろうとも」

l.10 語句 in cultural terms「文化的な見地から言って」

l.11 語句 be comparable to 〜「〜に匹敵する」

1 **1** Humans couldn't always easily produce "f" and "v" sounds, according to a surprising new study. The reason we can now enjoy words like "flavor" and "effervescent," say the researchers, has to do with changes to the ancestral human diet and the introduction
5 of soft foods — a development that altered the way we bite, and by consequence, the way we talk.

2 Human speech involves all sorts of wacky noises, from the ubiquitous "m" and "a" sounds found in virtually all languages to the rare click consonants expressed in some South African dialects.
10 Anthropologists and linguists have traditionally assumed that the inventory of all possible speech sounds used by humans has remained unchanged since our species emerged some 300,000 years ago, but new research published today in *Science* is challenging this long-held assumption.

(132 words)

*l.*1　語句　humans「人間；人類」

*l.*1　文法　couldn't always *do*「いつも〜できたわけではなかった」。部分否定。

*l.*2　文法　The reason we can now enjoy …　reason の後に関係副詞 why または同格の接続詞 that を補って考える。

*l.*2　語句　enjoy「(能力など) を持っている；〜に恵まれている」。それらの単語を苦労なく使えるということ。

*l.*3　内容　"flavor" and "effervescent,"「『味』と『陽気な』」。どちらも f と v を含む語の例として挙げられている。

*l.*3　文法　…, say the researchers, …「…と研究者たちは言う」。主語の The reason …と (述語) 動詞 has to do の間に say the researchers が挿入されている。

*l.*3　語句　have to do with 〜「〜と関係がある」

*l.*4　語句　the introduction of 〜「〜を導入すること」。of の後の名詞は the introduction の意味上の目的語にあたる。

*l.*5　語句　bite「〜を噛む，〜に噛みつく」。「咀嚼する」ということではなく，前歯で「噛みつく，噛みちぎる」という行為を表す。

*l.*5　語句　by consequence「その結果」。≒ in consequence, as a consequence

*l.*7　語句　speech「発話；言葉；言語能力」。speak a language (言語を話す) の speak の名詞形と考えればよい。「演説，スピーチ」ではないことに注意。

*l.*7　内容　from the ubiquitous "m" and "a" sounds 〜 to the rare click consonants …　from A to B「A から B まで」の形で，前の all sorts of wacky noises の具体的な説明になっている。sounds と複数形になっているのは，m と a の 2 つの音のことを指しているから。

*l.*8　文法　found in virtually all languages　found で始まる過去分詞句が直前の sounds を後ろから修飾している。

*l.*9　語句　click consonants「クリック子音，舌打ち音」。舌打ちのようにして発音される子音。

*l.*9　文法　expressed in some South African dialects　expressed で始まる過去分詞句が直前の consonants を後ろから修飾している。

*l.*12　語句　some 300,000 years ago「約 30 万年前」。some は数字の前に付けると「約」の意味を表す。

*l.*13　語句　*Science*『サイエンス』。アメリカ科学振興協会が発行する権威ある学術雑誌。

*l.*13　語句　challenge「〜に異議を唱える，〜を疑問視する」

1 An interdisciplinary research team led by Damian Blasi from the University of Zurich is claiming that "f" and "v" sounds were only recently introduced into the human lexicon, emerging as a side effect of the agricultural revolution. These sounds, which are now present in the vast majority of all human languages, are what linguists call labiodental consonants — sounds produced by pressing our upper teeth to our lower lip.

2 Here's the story, as presented in the new study: Around 8,000 years ago, as humans transitioned from predominantly meat-eating lifestyles to agriculture, the foods our ancestors ate became softer, which had a pronounced effect on the human bite. Instead of the edge-on-edge bite exhibited by hunter-gatherers, who had to tear into tough meat, agricultural humans retained the juvenile overbite that usually disappears by adulthood. With the upper teeth slightly in front of the lower teeth, it became much easier to make labiodental sounds. Gradually, and quite by accident, these sounds were integrated into words, which eventually spread across time and space, most notably within the last 2,500 years.

(177 words)

*l.*1　**文法** led by ～「～によって率いられる」。led は lead（～を率いる）の過去分詞。

*l.*2　**語句** only recently「つい最近になって」。〈only ＋時の表現〉は「つい～, ほんの～」という意味。

*l.*3　**文法** …, emerging as ～「…, そして～として現れた」。emerging as ～ は分詞構文で, 主節の "f" and "v" sounds が意味上の主語。were introduced と emerging が同時に起こったことを表している。

*l.*4　**内容** agricultural revolution「農業革命」。約 8,000 年前に, 人類が狩猟採集社会から農業社会へ移行したことを, 18 世紀の「産業革命（industrial revolution）」と対比していう語。次の段落に具体的内容が書かれている。

*l.*4　**語句** the vast majority of ～「～の大多数」

*l.*5　**語句** what linguists call ～「言語学者が～と呼ぶもの」。what you call ～（あなたが～と呼ぶもの → いわゆる～）と同じ形になっている。

*l.*5　**語句** labiodental「唇歯音の」。labio- は「唇」, dental は「歯の」。後のダッシュ以降にその内容が書かれているので, そこから意味を推測できる。

*l.*8　**内容** Here's the story「こういう話だ」。Here's ～ . は相手の注意を引いて何かを見せたり伝えたりする表現。具体的内容は後のコロン以降に書かれている。

*l.*8　**文法** as presented in ～「～に提示された通り」。この as は「～する通りに〔の〕」の意味の接続詞で, as の後に主語と be 動詞が省略されている。〈as ＋過去分詞〉の形でよく用いられる。as planned（計画通りに）

*l.*9　**文法** as humans transitioned「人類が移行したとき」。この as は〈時〉を表す接続詞。

*l.*10　**語句** foods「食物」。food はふつう不可算名詞だが, 種類が意識される時は可算名詞として複数形で用いられることもある。

*l.*10　**文法** …, which had a pronounced effect「…, そしてそのことは著しい影響を与えた」。この which は非制限用法の関係代名詞で, 先行詞はコンマの前の「食物が軟らかくなったこと」。

*l.*11　**語句** bite「噛むこと」。「咀嚼」ではなく「噛みつくこと；ものに歯を食い込ませること」を表す。

*l.*13　**語句** overbite「被蓋咬合」。次文の With the upper teeth slightly in front of the lower teeth が overbite の説明になっているので, そこから意味を推測できる。

*l.*17　**文法** …, which eventually spread「…, そしてそれはついに広がった」。この which は非制限用法の関係代名詞で, 先行詞は these sounds。

*l.*18　**語句** the last 2,500 years「最近の 2,500 年, 過去 2,500 年」

1 Anger is "an emotional state that varies in intensity from mild irritation to intense fury and rage," according to Charles Spielberger, a psychologist who specializes in the study of anger. Like other emotions, it is accompanied by physiological and biological changes; when you get angry, your heart rate and blood pressure go up, as do the levels of your energy hormones and adrenalin.

2 Anger can be caused by both external and internal events. You could be angry at a specific person (such as a co-worker or supervisor) or event (a traffic jam or a canceled flight), or your anger could be caused by worrying about your personal problems. Memories of traumatic or enraging events can also trigger angry feelings.

3 The instinctive, natural way to express anger is to respond aggressively. Anger is a natural, adaptive response to threats; it inspires powerful, often aggressive, feelings and behaviors, which allow us to fight and to defend ourselves when we are attacked. A certain amount of anger, therefore, is necessary to our survival. On the other hand, we can't physically attack every person or object that irritates us; laws, social norms, and common sense place limits on how far our anger can take us.

(201 words)

*l.*1

▶前置詞の意味を的確につかもう

Anger is "an emotional state

[that varies |in| intensity |from| mild irritation |to| intense fury and rage,"] according to Charles Spielberger,

|| 同格

a psychologist [who specializes in the study of anger].

語句 varies in intensity from mild irritation to vary in 〜 from A to B は「〜においてAからBまでさまざまである」の意。

内容 according to 〜「〜によると」。本文では，引用符にくくられた "an emotional state … fury and rage," 部分が Charles Spielberger による考えであるということ。

語句 specialize in 〜「〜を専門に研究する」

*l.*5

▶ '倒置' の語順を見抜こう

your heart rate and blood pressure go up,

　　S　　　　　　　　　　　　　V

as do the levels of your energy hormones and adrenalin

　　V'　　　　　　　　S'

語句 as 〜「〜ように；〜と同様に」

文法 as 以下は，主語 (the levels of your energy hormones and adrenalin) が長いために，倒置の語順をとっている。do は代動詞で，go up の代わりをしている。

*l.*13

▶修飾関係を整理して文意を把握しよう

it inspires <powerful, often aggressive,> feelings and behaviors,

[|which| allow us { to fight / and / to defend ourselves } when we are attacked]

内容 主語の it は前文の主語の anger を指している。

*l.*18　語句 place limits on 〜「〜に制限を課す」

⏱ **目標時間** ▶ 1分57秒　　　　　　　　　　　　　　▶ 音声

❶ Being funny is possibly one of the best things you can do for your health. You can almost think of a sense of humor as your mind's immune system. People at risk for depression tend to fall into depressive episodes when exposed to some kind of negative stimuli, and afterwards, it becomes easier and easier for them to relapse into depression. However, reframing a negative event in a humorous light acts as a kind of emotional filter, preventing the negativity from triggering a depressive episode.

❷ Humor doesn't just guard against depression. It also improves people's overall quality of life. Researchers have found that people who score highly in certain types of humor have better self-esteem, more positive affect, greater self-competency, more control over anxiety, and better performance in social interactions. Not all kinds of humor are made equal, however. In the same study, the researchers identified four types of humor: affiliative humor, or humor designed to strengthen social bonds; self-enhancing humor, which is akin to having a humorous view of life in general; aggressive humor, such as mocking others; and self-defeating humor, in which individuals encourage jokes that self-deprecate or have themselves as the target.

(195 words)

*l.*2　語句　almost「ほとんど」。ここでは動詞 think を修飾している。

*l.*2　語句　think of ～ as …「～を…と考える〔見なす〕」

*l.*3　語句　immune system「免疫系」

*l.*3
> People <at risk for depression> tend to fall into …,
> 　S　　　　　　　　　　　　　　　 V
>
> and <afterwards>,
> it becomes easier and easier ….
> S

*l.*4　語句　depressive episode「うつ病エピソード」。抑うつ気分，物事への興味の喪失，食欲や活動性の減退といった，うつ病に見られる症状のこと。

*l.*4　文法　when exposed = when they are exposed

*l.*4　語句　stimuli「刺激」。stimulus の複数形。

*l.*5　語句　relapse into ～「病気が再発して～の状態に陥る」

*l.*6　文法　reframing ～, preventing …　reframing は動名詞で，文の主語。preventing は分詞構文で，「その結果…」の意味を表す。

*l.*6　語句　in a ～ light「～な光の中で；～な観点で」

*l.*9　文法　Humor doesn't just ～. It also ….　2文に分かれているが，not just ～ (but) also …の形になっていることに注意。

*l.*11　文法　better self-esteem, … in social interactions　コンマで区切られた5つの名詞句が have の目的語になっている。

*l.*12　語句　self-competency「自分が有能であるという意識」

*l.*12　語句　control over ～「～を制御する力」

*l.*14　文法　are made equal「イコール〔等価〕とされる」。make O equal の受動態。

*l.*15　内容　four types of humor: affiliative humor, or humor designed to …　コロンの後にユーモアの4つの型がセミコロンで区切られて列挙されている。セミコロンはコンマより大きな区切りに使われる。

*l.*15　文法　or humor designed to ～「つまり，～することを意図したユーモア」。or 以下が affiliative humor の言い換えになっている。designed で始まる過去分詞句が humor を後ろから修飾している。

*l.*16　語句　akin to ～「～と同類で」

*l.*17　語句　life in general「人生全般」。in general は名詞を後ろから修飾する形容詞句になることが多い。

*l.*19　文法　that self-deprecate or have themselves as the target　that は主格の関係代名詞で，self-deprecate と have が動詞。

1 The positive contributions mentioned above only occurred when individuals scored highly in affiliative and self-enhancing humor, while aggressive and self-defeating humor was associated with poorer overall well-being and higher anxiety and depression. So, when cultivating your sense of humor, it's important to strive for the right kind — besides, it's a crummy thing to make fun of others anyhow.

2 In addition to working as a mental immune system, research has shown that humor can actually improve your physical immune system. Laughter can also improve cardiovascular health and lowers heart rates, blood pressure, and muscular tension.

3 Aside from improving your health, laughter can be a productivity tool as well. A study from Northeastern University found that volunteers who watched a comedy were measurably better at solving a word association puzzle that relied on creative thinking as compared to control groups that watched horror films or quantum physics lectures. Another study measured people's performance on a brainstorming task and found that participants who were asked to come up with a New Yorker-style caption generated 20% more ideas than those who did not.

(180 words)

l.1 　[語句] mentioned above「上で述べられた」。前の contributions を後ろから修飾している。

l.2 　[文法] …, while 〜「…の一方で〜」。2つの内容の対比を表す while で始まる節が主節の後に来る場合，直前にコンマが置かれる。

l.3 　[文法] poorer overall well-being and higher anxiety and depression　前の affiliative and self-enhancing humor と比較対照されているので，比較級の poorer, higher が用いられている。

l.3 　[語句] overall「全体としての，全般的な」

l.4 　[語句] well-being「幸福；健康；快適」。well（よく）＋ being（あること）＝心身ともに健康で幸福な状態をいう。

l.5 　[語句] strive for 〜「〜を求めて奮闘する」

l.5 　[文法] the right kind　後ろに of humor が省略されている。

l.6 　[語句] besides「その上；さらに」。beside（〜のそばに）と混同しないよう注意。

l.6 　[文法] it's a crummy thing to make fun of others anyhow　この it は形式主語で，真の主語は to make 以下。make fun of 〜「〜をばかにする」

l.7 　[文法] In addition to working as 〜「〜として働くのに加え」。working は動名詞で，意味上の主語は後出の that 節内の humor。

l.8 　[内容] physical immune system　immune system だけでも「(体の)免疫系」の意味を表すが，直前の mental immune system と対比させるために physical を加えている。

l.9 　[語句] lower「〜を低下させる，抑える」。主語は Laughter。can (also) improve と lowers が and で並列されている。

l.11 　[語句] aside from 〜「〜は別として」

l.11 　[語句] can be 〜 as well ＝ can also be 〜「〜でもありうる」

l.14 　[語句] as compared to 〜「〜と比較して」

l.15 　[語句] quantum physics「量子物理学」。分子や原子以下のミクロレベルに関する物理学。

l.16 　[内容] Another study「別の研究」。1つ目の研究は *l*.12 の A study from Northeastern University。

l.16 　[語句] performance「仕事ぶり；成績」。

l.17 　[文法] … and found that 〜　found の主語は Another study。measured と found が and で並列されている。

l.17 　[語句] New Yorker-style caption「ニューヨーカー誌のようなやり方のキャプション」。New Yorker はアメリカの伝統ある週刊誌。ユーモラスなキャプション（説明文）をつけた1コマ漫画（cartoon）が有名。

1　　People generally know soon enough when they are dehydrated, in need of food, or exposed to some kind of noxious stimulus. They start experiencing unpleasant subjective feelings such as thirst, hunger, and pain which goad them into taking appropriate corrective

5　action. Messages of this kind have also evolved to notify us when we are separated from and in need of close, affectionate contact with others. These messages are often collectively referred to as "loneliness". Loneliness is something that nearly everyone experiences at some stage during their lives and it can be caused by almost any event involving a

10　change in the quality or number of one's social relationships. The death of a close friend or relative, or a divorce or separation, are extreme examples, although even relatively minor upheavals can also create profound distress.

(134 words)

*l.*1 ▶**因果関係の対応に注目**

when ⎧ they are dehydrated, → thirst (*l.* 3)
⎪ (they are) in need of food, → hunger (*l.* 4)
⎪ or
⎩ (they are) exposed 〜 noxious stimulus → pain (*l.* 4)

【内容】 when 以下はいずれも次の文の unpleasant subjective feelings の原因であり，such as 以下の thirst, hunger, and pain がこれらに対応。この対応に気づけば，後ろにある pain から noxious stimulus の意味を「有害な刺激物」に近いところまで推測できる。

【語句】 be dehydrated「脱水状態になる」
【語句】 be in need of 〜「〜が不足して」
【語句】 be exposed to 〜「〜にさらされる」

*l.*3 【語句】 unpleasant subjective feelings「不快な自覚的感覚」

*l.*6 【文法】 we are separated from and in need of close, affectionate contact with others「他人との親しい，愛情に満ちた接触から切り離されてしまったり，それが不足したりしている」。close, affectionate contact with others は，are separated from 〜 および in need of 〜 の共通の目的語。

*l.*9 【語句】 it can be caused「孤独感は引き起こされうる」。it = loneliness。

*l.*9 【語句】 event involving a change「変化を伴うできごと」。involving は動詞 involve「〜を伴う，〜を含む」の現在分詞で直前の event を修飾している。

*l.*9 【内容】 a change in the quality or number of one's social relationships「人の社会的関係における質的あるいは数的な変化」。in the quality or number of 〜は，in the quality or in the number of 〜。「人の社会的関係」とは，人を社会の一員としてとらえた場合に生じる他人との関係。その具体例が直後に列挙されている。

*l.*10 【内容】 The death of a close friend or relative = The death of a close friend or the death of a relative「親しい友人や身内の死」。たとえば，親しい友人の死を例にとってみれば，話し相手がいなくなったという点では質的な変化が起こったのであり，同時に，友人が一人減ったという点では数的な変化が起こったことになる。

12 孤立感 (2) [人間]

目標時間 1分43秒　　　　　　　　　　　　　▶ 音声

1　　Moving to a new neighborhood, a new school or a new job, even a change in status such as a promotion at work can result in moderate to severe bouts of loneliness. People vary markedly in how susceptible they are to the feelings of isolation associated with loneliness. When
5 human subjects have been isolated in featureless rooms as part of psychological experiments, some have managed to remain for periods of up to eight days without feeling anything more than slight nervousness or unease. Others have been ready to batter the door down within a few hours. Loneliness must also be clearly distinguished
10 from the state of being alone. The latter may be actively sought out and enjoyed. The former is always a negative concept. Hence, it is possible for a person to be alone yet contented hundreds of miles from the nearest human being, while the same individual may feel desolate with loneliness in the middle of a large crowd of people. In this respect,
15 loneliness differs from the symptoms of physical deprivation.

（173 words）

*l.*2　語句 moderate to severe bouts of loneliness ＝ moderate bouts of loneliness to severe bouts of loneliness「軽度から重度までの一時的な孤独感」。bout は「(一時的な) 期間；発作」の意味の名詞。*e.g.* a *bout* of work (一仕事)。ここでは bouts of は飛ばし読みする程度でよい。

*l.*3　語句 People vary markedly in ～「人は～の点で著しく異なる (＝さまざまだ)」

*l.*4　語句 the feelings of isolation (which are) associated with loneliness「孤独感に伴う孤立感」。associated から始まる過去分詞句が the feelings of isolation を後ろから修飾している。

*l.*6　文法 some have managed to *do*「どうにかこうにか…する人もいた」。次の文の others と対応していて，some ～, others … で「～の人もいれば…の人もいる」という意味の重要構文。

*l.*7　語句 anything more than slight nervousness or unease「軽いいらいらや不安感以上のもの」。more than ～ 以下は直前の anything を修飾している。nervousness は nervous (神経質な) の名詞形で「いらいら，神経質」。unease は uneasy (不安な) の名詞形で「不安」。

*l.*10　語句 The latter「後者」。ここでは the state of being alone を指している。なお，「前者」(＝ the former) は Loneliness。

*l.*11　語句 negative concept「否定的な概念」。直前の「積極的に求めたり，楽しんだりする」と「否定的な概念」とが対立している点にも注目。

*l.*12　語句 be alone yet contented「ひとりぼっちだが満足している」

*l.*12　語句 from the nearest human being「もっとも近くの人から」。hundreds of miles を修飾する。「周囲何百マイルもの空間に人が誰ひとりいないという孤立状態」を表現したもの。

*l.*13　文法 while「その一方で」。2つの節の内容が対比されていることを表す場合に用いられる接続詞。

*l.*13　語句 the same individual「その同一人物」

*l.*15　語句 the symptoms of physical deprivation「物理的な欠乏状態の症状」。この部分は各単語の意味だけで考えようとすると難解だが，この英文全体が, loneliness (孤独感) と being alone (ひとりぼっちでいること) とを対比させていることに気づけば，physical deprivation というのは，being alone の言い換え表現だと考えることができるだろう。deprivation は，動詞 deprive (～から奪う) の名詞形で，「はく奪，喪失，欠乏」という意味。symptom は，「兆候，しるし，症状」の意味。

1 Violence results from humanity's feeling of impotence. The loss of individual and personal meaning in our age ensures a corresponding violence from those who are deprived of their identities; for violence, whether spiritual or physical, is a quest for identity and the meaningful. The less identity, the more violence.

2 It's why they have to kill in order to find out whether they are real. This is where the violence comes from. This meaningless killing around our streets is the work of people who have lost all identity and who have to kill in order to know if they are real or if the other person is real.

3 Violence as a form of quest for identity is one thing that people who have been ripped off feel the need of. Such a person is going to show who he is, or that she's tough. So anybody on a psychic frontier tends to get tough or violent, and it's happening to us on a mass scale today. It might even be said that in a society which proceeds at the speed of light, humankind has neither goals, objectives, nor private identity. A person is an item in a data bank — software only, easily forgotten — and deeply resentful.

(207 words)

*l.*1 　語句 humanity「人間」

*l.*1 　語句 The loss of individual and personal meaning「ひとりの人間として，個人として意味を喪失すること」。individual は「（グループではなく）個々の」，personal は「（他の誰でもなく）一個人の」という意味。

*l.*2 　語句 in our age「現代における」

*l.*2 　語句 ensure「〜を確実なものにする，〜を保証する」。目的語の a corresponding violence は「それ（喪失）に相当するだけの暴力」。

*l.*3 　語句 violence from those who …「…する人からの暴力」

*l.*3 　語句 for violence, …, is 〜「というのは，暴力が〜だからだ」。for は接続詞。whether …physical は挿入節。

*l.*4 　文法 whether spiritual or physical ＝ whether the violence is spiritual or physical「その暴力が精神的なものにせよ，身体的なものにせよ」。whether A or B（A にせよ B にせよ）という副詞節の主語と be 動詞が省略された形。

*l.*6 　語句 It's (the reason) why …「それだから…だ」

*l.*6 　文法 find out 〜「〜を明らかにする，…を見つける」。目的語は whether …以降の名詞節。「自分が実存するのかどうかを見いだすために」

*l.*7 　語句 This is where 〜 comes from. ＝ This is the place where 〜 comes from.「ここから〜が発生する」

*l.*11

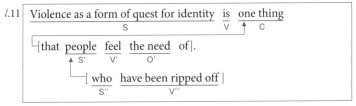

語句 rip (off) 〜「〜を引き裂く」

*l.*12 　内容 show who he is, or that she's tough「自分の本当の姿や自分が強いことを示す」。who he is（自分が誰であるのか）と that she's tough（自分が強いこと）はともに名詞節で show の目的語である。ここで he と she が用いられているのは，その人が男性のこともあれば女性のこともあるから。

*l.*15 　内容 in a society which proceeds at the speed of light「光の速度で進む社会においては」。これは科学技術などの進歩が非常に速い現代社会のことを言ったもの。

1 A person with humility has a confident yet modest sense of his or her own merits, but also an understanding of his or her limitations. The moment you think you have seen everything or know it all, nature senses arrogance and gives you a great big dose of humility. You must give up on the idea that you can ever become so enlightened that you have nothing left to learn; Zen masters know that even for them learning never ends.

2 Humility is the lesson that stings, for along with it usually comes some kind of loss or downfall. Nature likes to keep things in balance, so when an inflated ego ignores civility and patience, it introduces humility as a way to bring the ego back down to Earth. Though the sting feels like a wound at the time, it really is just a poke from the higher power to keep you balanced.

3 Some people experience so much success in life that they take it for granted, expecting things to go their way automatically. When this results in an inflated ego that ignores patience and civility, arrogance is bred, and humility has to be taught. That is what happened to Will.

(200 words)

*l.*1　文法　a confident yet modest sense「自信に満ちているが控えめな感覚」。yet は but と同様の意味で，sense を修飾する2つの形容詞 confident と modest を結んでいる。

*l.*1　文法　his or her「彼の，または彼女の」。文頭の A person の性別が明示されていないために使われる，やや硬い表現。their で受けることもある。

*l.*3　語句　The moment ～「～する瞬間に」。接続詞的に用いる。

*l.*3　語句　know it all　直訳は「それをすべて知っている」だが，it は文中の何かを指すわけではなく，慣用句的に「何でも知っている」という意味になる。ハイフンでつないだ know-it-all は「知ったかぶりをする（人）」。

*l.*3　語句　nature「自然（な心の働き）」。直後の senses は「～を感じ取る」という意味の動詞の三人称単数現在形。dose は「（薬の1回分の）服用量」

*l.*4　語句　a great big dose of …「大量の…」。dose は「（薬の1回分の）服用量」という意味だが，a ～ dose of A で「～な量の A」という意味を表す。

*l.*5　語句　give up on ～「～を見限る；～を捨てる」

*l.*5　語句　ever　ここは「～という考えを捨てる」という否定的な文脈なので，ever は you can never become ～（決して～にはなれない）の never にあたる強調の意味を表している。

*l.*8　語句　for …「というのも…だから」。この for は理由を言い添える接続詞。

*l.*8　文法　along with it usually comes some kind of loss or downfall　副詞句 along with it が文頭に出て，主語と動詞の語順が入れ替わった倒置の形になっている。主語は some kind of loss or downfall。

*l.*10　文法　so when …, it introduces ～　接続詞 so の節の SV は it introduces で，so と it の間に when で始まる副詞節が挿入されている。

*l.*11　語句　bring ～ back down to Earth「～を（空想状態などから）現実に引き戻す」

*l.*12　内容　the higher power「より高いところにある力」　ここでは前の nature のことを指している。

*l.*14　語句　experience so much success in life that …「人生でとても多くの成功を経験するので…」。so ～ that …の構文になっている。

*l.*14　語句　take ～ for granted「～を当然と思う」

*l.*15　文法　…, expecting ～「…して，～を期待する」。expecting ～は分詞構文。

*l.*15　語句　go *one's* (own) way「思った通りに進む」

*l.*16　語句　result in ～「～という結果になる」

*l.*16　文法　arrogance is bred … to be taught　この部分が When 節に対する主節。

1 **1** Extremely handsome, tan, and athletic, with penetrating eyes, Will looked and dressed like a fashion model. Things came easily to him, and he mastered everything he tried. With his charm, intelligence, and talents, his business was lively and success was a way of life.

5 **2** So when Will was served a lawsuit one day, he assumed that the case would work out as easily as everything else in his life and he didn't worry about it. But it didn't, and the suit eventually led to the breakup of his company. He tried for months afterward to get a job, but no one would hire him. His finances became strained, payments fell behind, 10 and finally bankruptcy was his only option. Will couldn't understand why his "magic" was no longer intact, and after seven years of various jobs that yielded no magic, he finally faced up to the lesson of humility.

(148 words)

*l.*1	文法	Extremely handsome, …, Will looked 〜　(Extremely) handsome という形容詞で始まる一種の分詞構文で, Being extremely handsome と補って考えるとよい。
*l.*1	語句	with penetrating eyes　この with は「〜を持って；〜があって」。
*l.*2	内容	looked and dressed like 〜　「〜のように見え, 〜のような身なりをしていた」。looked は容姿・容貌, dressed は服装のこと。
*l.*2	内容	Things came easily to him　things は漠然と「物事」を指し, 「さまざまなことが彼には容易にできた」ということ。
*l.*4	語句	a way of life「生き方；生きがい」
*l.*5	語句	be served a lawsuit「訴訟を起こされる」。〈serve ＋人＋もの〉「(人)に〈公式文書など〉を送付する」の受動態。
*l.*5	語句	assume that …「…と思い込む；(当然) …と思う」
*l.*6	語句	case「訴訟 (の案件)」
*l.*6	文法	would　assumed (過去形) の時点から見た未来を表すので, 過去形になっている。
*l.*6	語句	work out ＋副詞「(物事が)〈副詞〉のように進む；うまくいく」。ここでは work out easily の easily が as 〜 as の形になっている。
*l.*7	文法	But it didn't ＝ But it didn't work out as easily as 〜 in his life
*l.*7	語句	eventually「最後には；ついに」
*l.*7	語句	lead to 〜「〜につながる, 至る」
*l.*8	内容	his company「彼の経営していた会社」。前段落の his business was lively を参照。
*l.*8	文法	He tried for months afterward to get a job　try to *do* の try と to の間に副詞句 for months afterward (その後何か月も) が挿入されている。
*l.*8	語句	no one would 〜「だれも〜しようとしなかった」。would は過去の強い意志 (否定文では拒絶) を表す。
*l.*9	文法	His finances became strained 以下は, 3つの文が並列されている。3つ以上の要素が並列される場合, 原則として〈A, B, and C〉のように最後の要素の前にだけ and が置かれる。
*l.*11	内容	his "magic"　前段落の Things came 以下の2文のことを指しており, 才能だけで成功していたことを「魔法」と表現している。
*l.*11	語句	no longer「もう〜ない」
*l.*12	語句	yield「〜を生み出す, もたらす」
*l.*12	語句	face up to 〜「〜を受け入れる, 認める」

1 **1** When he came to see me, Will couldn't understand how so much misfortune could come to a "perfect person" like him. He had to learn that his talents were wonderful but were overshadowed alongside an attitude of arrogance. He looked down upon people who didn't have his

5 gifts — speaking to them in a patronizing manner, treating them with impatience and annoyance, judging them as worthless or stupid. Over time, Will came to understand why life had given him so many intense lessons in humility. The lessons were difficult for him at first but with understanding, Will made sense of his situation and committed to

10 learning his lessons, and he turned his circumstances around.

2 Have pride in who you are and what you have accomplished. However, if you find yourself holding secret thoughts of arrogance or self-importance, remind yourself of the lesson of humility before nature does it for you. It will sting much less that way.

(157 words)

*l.*1 　内容 When he came to see me　この文章の筆者はカウンセラーで，ウィルは相談に来たと考えられる。

*l.*2 　文法 could come　could は疑問文で「いったい〔はたして〕～だろうか」の意味を表す。ここは間接疑問になっており，普通の疑問文に直すと How <u>could</u> so much misfortune come to ～？となる。

*l.*3 　文法 his talents were wonderful but were overshadowed　but は 2 つの were ～を結んでおり，主語は his talents。

*l.*4 　語句 his gifts「彼の（生まれ持った）才能」。「天からの贈り物」といった意味。

*l.*5 　文法 speaking …, treating …, judging …　3 つの ing 形はいずれも分詞構文で，前の looked down upon people の具体的内容を示している。

*l.*5 　語句 treat ～ with impatience and annoyance「いらだちと困惑を持って～を扱う」→「いらいらと迷惑そうに～を扱う」

*l.*6 　語句 judge O as ～「O を～と判断する」

*l.*6 　語句 over time「時がたつにつれて；徐々に」

*l.*7 　語句 come to *do*「（自然と）～するようになる」

*l.*7 　文法 life had given　主節の came to understand という過去の時点を基準とする過去完了。

*l.*8 　語句 lessons in ～「～についての教訓」。ここは「授業」と取ってもよい。

*l.*8 　文法 with understanding「理解が伴うと；（教訓の内容が）理解できたときには」。but と Will made sense of ～の間に副詞句が挿入された形になっている。

*l.*9 　語句 make sense of ～「～を理解する」

*l.*10 　語句 turn ～ around「（状況）を一変させる；好転させる」

*l.*11 　内容 この段落はウィルのエピソードを受けた全体のまとめになっている。

*l.*11 　語句 have pride in ～「～に誇りを持つ」

*l.*11 　文法 who you are「あなたがそうである人」→「自分という人間；今のあなた」。who は先行詞を含む関係代名詞で，名詞節を導く。

*l.*12 　語句 find O *doing*「O が～しているのに気づく」

*l.*13 　語句 remind *oneself* of ～「自分に～を思い出させる」→「（意識して）～を思い起こす」

*l.*14 　内容 does it ＝ reminds you of the lesson of humility　ウィルのように痛い目を見て思い知らされる前に，謙虚さの教訓を自分で思い起こしなさいということ。

*l.*14 　内容 that way「そのようにすれば」。前文の「謙虚さの教訓を自分で思い起こす」ということ。

¹　　Many teachers and schools, in an attempt to be color-blind, do not want to acknowledge cultural or racial differences. "I don't see Black or White," a teacher will say, "I see only students." This statement assumes that to be color-blind is to be fair, impartial, and objective because to ⁵ see differences, in this line of reasoning, is to see what seems on the surface to be defects and inferiority. Although this sounds fair and honest and ethical, the opposite may actually be true. Color blindness may result in refusing to accept differences and therefore accepting the dominant culture as the norm. It may result in denying the very ¹⁰ identity of our students, thereby making them invisible. What seems on the surface to be perfectly fair may in reality be fundamentally unfair. In the classic sense, being color-blind can mean being nondiscriminatory in attitude and behavior, and in this sense, color blindness is not a bad thing. However, too often it is used as a way to ¹⁵ deny differences that help make us who we are. 　　　　　　(175 words)

内容 本文のように対立する概念を扱った論説文では「同意表現」と「対立表現」とをしっかりと把握していくことが読解上，特に有効である。

「肌の色の違い（文化の違い）を認めよう」とする立場が，accept differences（違いを認める）に代表される表現で，その同意表現は，acknowledge differences, affirm differences, see differences と動詞を変えながら登場する。

一方，「初めから肌の色をまったく無視すれば平等だと考える」立場は，deny differences という表現で表されており，それは refuse to accept differences という形でも表現されている。

*l.*1 **語句** color(-)blind「色覚異常の」が転じて，「肌の色の違いに目をつぶった，人種差別のない」の意味を表す。

*l.*2 **語句** acknowledge cultural or racial differences「文化的な違いや人種的な違いを認める」。動詞 acknowledge は，「～を事実として認める；～の存在を認める」というのが基本的な意味。

*l.*3 **内容** This statement「このように述べること」。直前にある教師の言葉を指す。

*l.*5 **語句** in this line of reasoning「この論理の道筋においては」→「この論理では」。line は多義語だが，ここでは「一本の道，道筋」。reasoning は「推理，論理，論法，論拠」などの意。名詞および動詞の reason の意味をチェックしておきたい。

*l.*5 **文法** what seems on the surface to be defects and inferiority「表面的に欠点や劣った点であるように思えるもの」。副詞句 on the surface が seem to be ～（～のように思える）の seem と to の間に挿入されている。

*l.*7 **語句** color blindness「肌の色の違いを無視すること」。color(-)blind の名詞形。

*l.*8 **内容** and therefore (it may result in) accepting the dominant culture as the norm「それゆえに，支配的な文化を規範として受け入れることにもなるかもしれない」。たとえば白人が圧倒的多数であれば，白人の文化を「標準」としてものごとを考えること。

*l.*9 **内容** the very identity of our students「生徒の独自性そのもの」。very はここでは形容詞で，「まさにその」の意味。identity という名詞は現代英語のキーワード。

*l.*10 **内容** making them invisible「生徒の真の姿を目に見えなくしてしまう」。分詞構文。them は複数だから students を指すと考えられるが，内容的には「生徒一人ひとりの独自性（個性）」ということ。

*l.*12 **語句** In the classic sense「伝統的な意味では」。このように，「伝統的に考えると」，「多くの人々の考えでは」のような表現は，著者が後で「しかし…」とそれを否定する譲歩表現になることが多い。

*l.*14 **語句** a way to deny differences「違いを否定する方便」

*l.*15 **語句** who we are「私たちが誰であるのか」→「今の私たち」

37

1 A good example was provided by the U.S. Supreme Court in 1974. The San Francisco School Department was sued on behalf of Chinese-speaking students who, parents and other advocates charged, were not being provided with an equal education. The school department, however, argued that they were indeed providing these students with an equal education because they had exactly the same teachers, instruction, and materials as all the other students. The U.S. Supreme Court, in a unanimous decision, ruled against the school department.

2 The dictum "Equal is not the same" is useful here. It means that treating everyone in the same way will not necessarily lead to equality; rather, it may end up perpetuating the inequality that already exists. Learning to affirm differences rather than deny them is what a multicultural perspective is about.

(133 words)

*l.*2 語句 The San Francisco School Department「サンフランシスコの教育委員会」

*l.*3 語句 parents and other advocates charged「子供たちの両親や支援者が告発した」。挿入節として用いられている。

*l.*8 語句 rule against 〜「〜に反対の裁決をする」→「教育委員会の言い分を棄却する」。

*l.*9 内容 Equal is not the same「平等と同一は違う」。ことわざや格言の中には，このように現代の文法には少し合わないものもある。この equal は形容詞だが，この格言の中では「平等であること」くらいの意味合いである。ここでは「同じものを与えたからといって平等であるとは言えない」という意味を表している。

1 At a recent professional meeting, a Stanford University researcher discussed the results of a test of the effects of a drug to control aggression. The trouble is that the research was carried out on juvenile inmates in a California prison, creating a lot of legal and ethical problems.

2 The Stanford research gave groups of juvenile inmates varying doses of an anti-aggression drug and assessed its effect on their behavior. The controversy lies in the fact that the researcher reportedly admitted setting the dose so low as to be a placebo, intentionally denying the subjects any therapeutic effect from the drug.

3 Federal regulations allow research in prisons under only very limited conditions: when there is a prospect of direct therapeutic benefit for the subjects. This means no placebo-controlled trials are allowed.

(131 words)

l.2 語句 control aggression「攻撃性を抑制する」

l.4 文法 …, creating 〜 = … and it (= the research) created 〜「…して、その研究はまた〜を作り出した」。分詞構文である。このように、〈コンマ + *doing*〉という形が文末に続いていたら、分詞構文ではないかと考えてみるとよい。

l.6

The Stanford research	gave	groups of juvenile inmates
S	V	IO (間接目的語)

varying doses of an anti-aggression drug
DO (直接目的語)

l.7 内容 and (the Stanford research) assessed its effect on their behavior　its は an anti-aggression drug (攻撃抑制剤) を指している。

l.8 語句 The controversy lies in 〜「論争の種は〜に存在する」→「〜が争点だ」

l.8 文法 the researcher reportedly admitted setting …　reportedly は「伝えられるところによれば」の意味で、文全体を修飾する副詞 (文修飾副詞) である。つまり it is reported that the researcher admitted setting … とほぼ同じ意味。

l.9 語句 so low as to be 〜 = low enough to be 〜「〜であるくらい低く (=少なく)」

l.9 語句 placebo「偽薬、プラセボ、プラシーボ」。ある薬の効果を調べるために、被験者Aにはその薬を与え、被験者Bには、その薬だと言っておいて実は他の (栄養剤程度の害のない) ものを与える方法がある。その際に用いられるのが偽薬である。

l.9 語句 intentionally denying the subjects any therapeutic effect from the drug　分詞構文。この deny は「〜に…を与えない」の意味で SVOO の形をとる。

l.11 文法 under only very limited conditions「非常に限られた条件の下でのみ」。副詞句で、動詞 allow を修飾している。この「非常に限られた条件」を具体的に説明したのがコロン以下の部分である。

l.13 語句 placebo-controlled「偽薬で管理された」→「偽薬を用いた」

1 Research in prisons was not always so limited. Before the early 1980s, prisoners were considered to be a popular research population. Prisoners offered a controlled environment: No prisoners would be "lost to follow-up." Prisoners were highly motivated subjects, whether to earn extra money or other forms of payment, make up for previous behavior, or get better access to medical care. In fact, a study performed in the early 1980s demonstrated that research participation was a popular and highly-valued activity; the most powerful inmates were the most likely to be research subjects.

2 But such motivation is precisely why concerned regulators moved to limit research participation by prisoners. How can subjects give truly voluntary consent in a setting where freedom is so severely constrained? In the case of the Stanford research, consent is doubly complicated by the fact that the prisoners were juveniles.

3 The Stanford researcher has not yet commented on his motives, but he might have found inmates a desirable research population for a number of reasons. For research into ways to control aggression, whom is it better to study and who is more likely to benefit than aggressive prisoners? Deceitfully breaking the rules as he did, however, runs the risk of harming not only subjects but the future of such research altogether.

(212 words)

*l.*1 　語句 Research in prisons was not always so limited.「刑務所での実験はずっとこれほど制約が多いわけではなかった」。not … always 〜も not … so 〜もともに部分否定を表す。それぞれ「いつも〔前から〕…とはかぎらない」、「それほど…でもない」の意味。

*l.*2 　語句 a popular research population「研究対象として（研究者の間で）評判のよい集団」→「（研究者にとって受刑者は）かっこうの被験者」

*l.*3 　内容 Prisoners offered …　ここから、研究者にとって受刑者がなぜかっこうの被験者なのかに関する具体的な説明がいくつか述べられる。

*l.*3 　内容 a controlled environment「管理された環境」。受刑者は規則正しい生活をしているため、たとえば一定の時刻に体温や血圧を継続的に測定するなど、研究者からみれば、管理しやすいわけである。

*l.*4 　語句 be "lost to follow-up"「追跡調査をしそこなう」。

*l.*4 　語句 highly motivated subjects「高度に動機づけされた被験者」とは、「なんらかの動機があるために、実験に積極的に参加してくれる被験者」のこと。

*l.*6 　語句 medical care「治療」

*l.*10 　語句 such motivation is precisely (the reason) why …「そのような動機こそまさに…の理由だ」→「そのような動機がこそが理由となって、…した」

*l.*10 　語句 concerned regulators「（事態を）憂慮した当局者たち」。過去分詞 concerned が名詞 regulations を前から修飾している。動詞の concern には「〜に関わる」「〜を心配させる」などの意味があるが、ここは前後関係から「憂慮した」くらいが適切。

*l.*11 　文法 How can subjects …?　修辞疑問文。「どのようにして被験者が…できるだろうか？」→「被験者は…できはしない」

*l.*13 　内容 consent is doubly complicated「同意は二重に複雑だ」。「二重に」というのは、「極端に自由が制限された条件の下での同意が有効かどうか」および未成年者の（単独の）同意が有効かどうか、この2点のことである。

*l.*17 　文法 whom is it better to study (than aggressive prisoners)?　修辞疑問文。疑問詞 whom は study（〜を研究する）の目的語。「攻撃的な受刑者よりも、いったい誰が研究（対象）により適しているというのか」→「攻撃的な受刑者が最も研究に適している」。

*l.*18 　語句 who is more likely to benefit than aggressive prisoners?　これも修辞疑問文。benefit はここでは自動詞で、「利益を得る、得をする」の意味。「誰が攻撃的な受刑者よりも利益を得そうであろうか」→「最も受刑者自身のためになる」。

1　In experiments involving human subjects, a great many subtle influences can distort research results. One distortion arises from the Hawthorne Effect. This refers to any situation in which the experimental conditions are such that the mere fact that the subject
5 is aware of participating in an experiment, is aware of the hypothesis, or is receiving special attention tends to improve performance. The name came from studies carried out at the Hawthorne Plant of the Western Electric Company. In one of these studies the illumination of three departments in which employees inspected small parts,
10 assembled electrical relays, and wound coils was gradually increased. The production efficiency in all departments generally went up as the light intensity increased. Experimenters found, however, that upon decreasing the light intensity in a later experiment, the efficiency of the group continued to increase slowly but steadily. Further experiments,
15 with rest periods and varying the length of working days and weeks, were also accompanied by gradual increases in efficiency whether the change in working conditions was for the better or for the worse. Apparently the attention given the employees during the experiment was the major factor leading to the production gains. (194 words)

l.3 ▶長い同格節を見極める

This refers to any situation

[in which the experimental conditions are such that

the mere fact 〔that the subject
　　　　　S
　　　　　　⎰ is aware of participating in an experiment,
　　　　　　⎱ is aware of the hypothesis,
　　　　　　　　or
　　　　　　　is receiving special attention 〕

tends to improve performance].
　V

内容 主語の This は，直前に示された the Hawthorne Effect を指している。

語句 A is such that 〜「A は〜のようなものである」

文法 the mere fact that …「…という単なる事実」。that … は同格節を導いている。

文法 同格節の中は，主語 the subject に対して，述部が<A, B, or C>の形（= is aware of 〜, is aware of 〜, or is receiving 〜）で並列されている。すなわち，… is receiving special attention までが同格節に含まれ，主語 the mere fact に対する述語動詞は tends (to improve 〜) である。

l.12 Experimenters found, however,
　　　　　　S　　　V

[that <upon decreasing the light intensity in a later
　　O

experiment,> the efficiency of the group continued to … steadily.]
　　　　　　　　　S'　　　　　　　　　　V'

語句 upon *doing*「〜すると；〜のすぐ後で」

l.18 Apparently the attention
　　　　　　　　　S └─ <given the employees / during the experiment>

was the major factor <leading to the production gains>.
　V　　　C

文法 given … the experiment（過去分詞句）と leading to … gains（現在分詞句）は，それぞれ直前の名詞を修飾している。

語句 lead to 〜「〜を引き起こす；〜につながる」

45

1 THE VERDICT IS in: food deserts don't drive nutritional disparities in the United States the way we thought. Over the past decade, study after study has shown that differences in access to healthful food can't fully explain why wealthy Americans consume a healthier diet than poor Americans.

2 If food deserts aren't to blame, then what is?

3 I've spent the better part of a decade working to answer this question. I interviewed 73 California families — more than 150 parents and kids — and spent more than 100 hours observing their daily dietary habits, tagging along to grocery stores and drive-through windows. My research suggests that families' socioeconomic status affected not just their access to healthful food but something even more fundamental: the meaning of food.

(125 words)

*l.*1 　語句 THE VERDICT IS in「判定は下された」。ここでは「研究で明らかに
　　　　　なった」ということで，具体的な内容がコロン以下に示されている。

*l.*1 　語句 food desert「食品砂漠」。健康によい生鮮食料品を買える店がない地
　　　　　域のこと。

*l.*1 　語句 drive ～ the way we thought「～を私たちが考えていた方向に追いや
　　　　　る；推し進める」

*l.*2 　語句 over＋期間「～にわたって，～の間ずっと」

*l.*3 　語句 ～ after ～「次々に」。同じものが次々繰り返されること。study と
　　　　　単数なので動詞は has となっている。

*l.*3 　語句 access to ～「～を入手する機会〔権利〕」

*l.*3 　文法 can't fully *do*「完全には～できない」。部分否定。

*l.*4 　語句 consume「(飲食物)を摂取する」

*l.*4 　語句 a diet「(日常の習慣的な)食事；常食」

*l.*6 　内容 If food deserts aren't to blame, then what is?　前段落で「栄養的不均
　　　　　衡は生鮮食料品店の有無が原因と考えられていたが，そうではない
　　　　　ことが研究でわかった」と述べたのを受けて，「では何が原因なの
　　　　　か」と本論に誘導している。If ～, then ….は「もし～なら，その場
　　　　　合には…」。what is の後ろには to blame が省略されている。

*l.*6 　語句 be to blame「責任がある；原因である」。

*l.*7 　語句 spend＋時間＋*doing*「～して(時間)を費やす」

*l.*7 　語句 the better part of ～「～の大半の部分，ほぼ～」

*l.*10 　語句 dietary habits「食習慣」

*l.*10 　語句 tag along「付きまとう」。ここでは分詞構文になっており，付きま
　　　　　とってまで徹底的に観察したということを表している。

*l.*10 　語句 grocery store「食料雑貨店，スーパーマーケット」

*l.*12 　内容 something even more fundamental　直前の access to healthful food
　　　　　も十分に fundamental だが，それより「さらに(even)」ということ。
　　　　　具体的な内容はコロンの後に書かれており，次の段落以降でくわし
　　　　　く説明される。

23 ジャンクフードから見る経済格差 (2) [社会]

目標時間 1分46秒 ▶音声

1 Most of the parents I interviewed — poor and affluent — wanted their kids to eat nutritious food and believed in the importance of a healthful diet.

2 But parents were also constantly bombarded with requests for junk food from their kids. Across households, children asked for foods high in sugar, salt, and fat. They wanted Cheetos and Dr Pepper, not broccoli and sweet potatoes. One mom echoed countless others when she told me that her kids "always want junk."

3 While both wealthy and poor kids asked for junk food, the parents responded differently to these pleas. An overwhelming majority of the wealthy parents told me that they routinely said no to requests for junk food. In 96 percent of high-income families, at least one parent reported that they regularly decline such requests. Parents from poor families, however, almost always said yes to junk food. Only 13 percent of low-income families had a parent that reported regularly declining their kids' requests.

4 One reason for this disparity is that kids' food requests meant drastically different things to the parents.

(177 words)

*l.*1

Most of the parents [I interviewed] — poor and affluent —

S（下線）／挿入句

> wanted their kids to eat nutritious food
> V₁
> and
> believed in the importance of a healthful diet.
> V₂

*l.*4 　[語句] believe in ～「～（の価値）を信じる」

*l.*4 　[語句] bombard O with ～「O を～で爆撃する；攻め立てる」。ここでは受動態になっている。

*l.*4 　[語句] junk food「（塩分やカロリーなどが高く体に悪い）ジャンクフード」。healthful food と対比させて用いられている。

*l.*5 　[語句] across ～「（境界など）をまたがって；超えて」

*l.*5 　[語句] household「世帯；（1つの）家族」

*l.*5 　[語句] foods high in ～「～の高い食物」。形容詞句の後置修飾。

*l.*6 　[語句] Cheetos and Dr Pepper　それぞれアメリカのスナック菓子と飲料の商品名。ジャンクフードの例として示されている。

*l.*7 　[内容] One mom echoed countless others when she told me …　動詞echo は「（こだまのように）～と同じことを言う」。「私に…と言った時，ある母親は他の無数の母親と同じことを言った」→「ある母親は他の無数の母親と同じように…と言った」

*l.*9 　[語句] while「～する一方で」。対比を表す。

*l.*10 　[語句] a majority of ～「～の大多数；大多数の～」

*l.*12 　[内容] at least one parent「少なくとも1人の親」→「父母のどちらか」

*l.*13 　[語句] report「～と報告する」。インタビューでそのように答えたということ。目的語として that 節または動名詞を取る。

*l.*13 　[語句] Parents from poor families　この from は出自・所属を表す。

*l.*15 　[文法] reported regularly declining ＝ reported that they regularly declined

*l.*17 　[語句] One reason for ～ is that …「～の理由の1つは…ということだ」

*l.*17 　[内容] kids' food requests meant drastically different things to the parents は，英文22 (p.46) の最後に出てくる the meaning of food を言い換えたもの。

1 ❶ For parents raising their kids in poverty, having to say no was a part of daily life. Their financial circumstances forced them to deny their children's requests — for a new pair of Nikes, say, or a trip to Disneyland — all the time. This wasn't tough for the kids alone; it also
5 left the poor parents feeling guilty and inadequate.

❷ Next to all the things poor parents truly couldn't afford, junk food was something they could often say yes to. Poor parents told me they could almost always scrounge up a dollar to buy their kids a can of soda or a bag of chips. So when poor parents could afford to oblige such
10 requests, they did.

❸ Honoring requests for junk food allowed poor parents to show their children that they loved them, heard them, and could meet their needs. As one low-income single mother told me, "They want it, they'll get it. One day they'll know. They'll know I love them, and that's all that
15 matters."

❹ Junk food purchases not only brought smiles to kids' faces but also gave parents something equally vital: a sense of worth and competence as parents in an environment where those feelings were constantly jeopardized.

(202 words)

*l.*1 〔文法〕 having to say no　have to say no（ノーと言わなければならない）の動名詞。文の主語になっている。

*l.*2 〔文法〕 S force O to *do*「SはOに無理やり〜させる」→「SのためにOは〜せざるを得ない」。無生物主語構文。

*l.*3 〔語句〕 for a new pair of Nikes　前置詞 for は request for 〜 というつながり。Nike は「（スポーツ用品メーカーの）ナイキ（の靴）」。

*l.*3 〔語句〕 say「例えば」

*l.*4 〔語句〕 not A alone … (but) also B = not only A but also B

*l.*4 〔語句〕 tough「つらい；困難な」

*l.*5 〔語句〕 S leave O *doing*「SはOが〜しているままにする」→「SのためにOは〜したままになる」

*l.*6 〔語句〕 next to 〜「〜と比べると」

*l.*6 〔文法〕 all the things poor parents truly couldn't afford　poor の前に関係代名詞 that を補って考える。

*l.*6 〔語句〕 can't afford「〜を買う（経済的）余裕がない」

*l.*7 〔文法〕 something they could often say yes to　they の前に関係代名詞 that を補って考える。関係代名詞は文末の前置詞 to の目的語になっており，say yes to something という関係になる。

*l.*8 〔語句〕 scrounge up 〜「〜を（探し回って）何とか手に入れる」

*l.*10 〔内容〕 they did = they obliged such requests

*l.*11 〔語句〕 Honoring requests for junk food　honor requests for junk food の動名詞。文の主語になっている。

*l.*11 〔語句〕 S allow O to *do*「SはOが〜するのを許可する」→「SのおかげでOは〜することができる」

*l.*12 〔文法〕 that they loved them, heard them, and could meet …　loved, heard, could meet はいずれも時制の一致により過去形になっている。日本語では現在時制のように意味を取る。

*l.*13 〔文法〕 They want it, they'll get it. = If〔When〕they want it, they'll get it. 接続詞なしで2文を並べるのは，くだけた言い方。

*l.*14 〔文法〕 that's all that matters　1つ目の that は代名詞で，前の内容（They'll know I love them）を指している。2つ目の that は all を先行詞とする主格の関係代名詞。matters は動詞で「重要である」の意味。

*l.*17 〔内容〕 something equally vital「（子供を笑顔にすることと）同じだけ重要なもの」。具体的な内容はコロン以下に示されている。

*l.*17 〔語句〕 a sense of worth and competence「価値と能力があるという感覚」

*l.*18 〔内容〕 those feelings = a sense of worth and competence as parents

1 To wealthy parents, kids' food requests meant something entirely different. Raising their kids in an affluent environment, wealthy parents were regularly able to meet most of their children's material needs and wants. Wealthy parents could almost always say yes, whether it was to the latest iPhone or a college education.

2 With an abundance of opportunities to honor their kids' desires, high-income parents could more readily stomach saying no to requests for junk food. Doing so wasn't always easy, but it also wasn't nearly as distressing for wealthy parents as for poor ones.

3 Denying kids Skittles and Oreos wasn't just emotionally easier for wealthy parents. These parents also saw withholding junk food as an act of responsible parenting. Wealthy parents told me that saying no to kids' pleas for candy was a way to teach kids how to say no themselves. Wealthy parents denied junk food to instill healthful dietary habits, such as portion control, as well as more general values, such as willpower.

(163 words)

*l.*1　内容　something entirely different　後ろに from what kids' food requests meant to poor parents などを補って考える。

*l.*2　文法　Raising …「…を育てているので」。コンマの後に SV が来ていることから分詞構文とわかる。

*l.*3　語句　material「物質的な」

*l.*3　語句　needs and wants　どちらも似た意味だが，needs は「生きるためにどうしても必要なもの」，wants はそれ以外の「ほしいもの」。

*l.*4　文法　whether it was to A or B　譲歩の副詞節を導く whether。it は前の say yes を指す。to は say yes to 〜というつながり。「イエスと言うのが A に対してであれ B に対してであれ」

*l.*6　語句　with an abundance of 〜「〜が豊富にあるので」

*l.*8　文法　Doing so = saying no to requests for junk food

*l.*8　語句　not nearly「決して〜でない」

*l.*9　語句　distressing「苦悩を与えるような；つらい」。distress（〜に苦悩を与える；〜を悲嘆にくれさせる）の現在分詞が形容詞になったもの。

*l.*10　語句　deny +人+もの「〈人〉に〈もの〉を与えない」

*l.*10　語句　Skittles and Oreos　前者はフルーツキャンディー，後者はビスケットの商品名。

*l.*10　文法　wasn't just 〜. These parents also …　2 文に分かれているが，not just 〜 (but) also…の形になっていることに注意。

*l.*11　語句　see O as 〜「O を〜と見なす」。ここでは O が withholding junk food（ジャンクフードを与えないこと）という動名詞句になっている。

*l.*12　語句　responsible「責任のある，責任感を持った」

*l.*12　語句　parenting「子育て」

*l.*13　語句　themselves「自分自身（で）」。強調の意味を持つ。「人から言われるのではなく自分でノーと言う」ということ。

*l.*15　語句　portion「（食べ物の）1 人前の量」

*l.*15　内容　A as well as B は「B だけでなく A も」の意味になることが多いが，ここでは「A だけでなく B も」の順に解釈するほうが適切。A = healthful dietary habits は前の文脈を受けた内容であるのに対して，B = more general values はこれまでの話には出ていない新情報であることから，解釈としては「より一般的な価値観だけでなく，健康的な食習慣も」よりも「健康的な食習慣だけでなく，より一般的な価値観も」のほうが自然である。

1 How much salt do we eat? In the 1980s, before it was widely known to be associated with high blood pressure, salt consumption in the United States was between 6 and 15 grams a day. The WHO target daily intake is 5 grams. National governments are happy to sanction higher levels — 6 grams in the UK — which are reprinted on many food packets. But we still eat more salt than this. On its website the European Salt Producers' Association proudly, if perhaps a little incautiously, touts a figure of 8 grams a day per capita salt consumption. Americans still consume around 10 grams a day.

2 The producers are vigorous in their defense of people's right to consume as much salt as they want, in tones that at times recall the tobacco lobby. There is no need for healthy people to reduce their salt intake, they insist, while casting doubt on studies linking sodium to high blood pressure. In some cases, they point out, elderly people have died apparently because they have not been getting enough salt. Although the 6-gram daily allowance applies to adults of all ages, the elderly are more susceptible to high blood pressure and so presumably more likely to act on heightened fears by cutting out salt. Not all people should automatically reduce their salt intake, therefore.

(222 words)

l.1 　[内容] before it was widely known to … 　it は salt を指している。

l.7 　[語句] , if perhaps a little incautiously, 「ひょっとすると少し軽率かもしれないが」。if 節が挿入節として用いられて「…だけれども」という意味を表す場合がある。このとき、if 節内の〈主語＋動詞〉は省略される。

l.11

> , in tones [that <at times> recall the tobacco lobby]
> ‾‾‾‾‾‾‾‾‾‾‾‾‾‾‾‾‾‾‾‾‾‾‾‾‾‾‾‾‾‾‾‾‾‾

[内容] tone は「調子」の意で、that 以下は関係代名詞節。したがって in tones that … で「…な調子で（生産者たちは精力的になっている）」ということ。

l.12

> There is no need <for healthy people> to reduce their salt intake,
> 　they insist,
> while casting doubt on studies <linking sodium to high blood
> 　　　　　　　　　　　　　　　　　　　　　　　　　　pressure>.

[語句] for healthy people 　不定詞 to reduce ～ の意味上の主語。

[文法] , they insist, の部分は挿入されている。通常の語順に直せば、they insist (that) there is no need for healthy people to reduce their salt intake, while … となる。

[文法] while casting doubt on ～ = while they are casting doubt on ～　主節の主語と、while や though などが導く副詞節の主語が同じ場合、その副詞節の中では〈主語＋ be 動詞〉が省略されることが多い。主節の主語は they であることに注意。

[語句] cast doubt on ～ 「～に疑問を投げかける」

[語句] link A to B 「A を B に結び付ける〔関連付ける〕」

l.16

> Although the 6-gram daily allowance applies to adults of all ages,
> the elderly are ｜ more susceptible to high blood pressure
> 　S　　　　V 　｜ 　　　　　C
> 　　　　　　　　｜ and so presumably
> 　　　　　　　　　more likely to act on heightened fears
> 　　　　　　　　　　　C 　　　　　<by cutting out salt>.

[語句] the elderly 「高齢者」

[語句] be susceptible to ～ 「～にかかりやすい」

[語句] act on ～ 「～に基づいて行動する」。act on ～ by *doing* で「…することで～に対処する」の意味を表す。

1 But salt is not like smoking, because you aren't always aware of it when you indulge. The recommended daily allowance is well publicized, but this information is of little use if you cannot calculate your intake. This is almost impossible to do. Packaged foods have long been obliged to list their major ingredients, which often include salt, but they do not have to declare the relative amount of salt present. More recently, in response to concerns not only about salt, but also about fats and sugar, manufacturers have begun to include panels of "nutrition information," and some also give overall "guideline daily amounts" of these dietary elements. In the UK, this apparently helpful gesture has been viewed as a pre-emptive measure to head off a "traffic lights" scheme proposed in 2005 by the Food Standards Agency to display much more readily understood red, yellow or green gradings for these substances.

2 But even declaring salt content is not transparently done. Some global brands such as Heinz and Kellogg's responsibly give figures for salt and for that salt in terms of its sodium content alone. Cereals are especially assiduous about displaying this information, perhaps because it is at breakfast that we are most likely to pause to consider our dietary health. But many products indicate salt only as sodium. In a sense, this is medically useful since sodium is the component of salt linked to high blood pressure.

(236 words)

l.3 　内容　this information は the recommended daily allowance を指している。

l.3 　語句　of little use 〈of ＋抽象名詞〉は形容詞の働きをする。無冠詞の little は「ほとんど〜ない」という否定的な意味合いを持つので、of little use で「ほとんど役に立たない」という意味になる。

l.4 　内容　This is almost impossible … 　主語の This は、直前の内容（自分の摂取量を算出すること）を受けている。

l.6 　語句　salt present「含まれている塩」。present は、名詞 salt を後ろから修飾している形容詞。salt which is present のように考えるとよい。

l.7 **▶ not only A but also B の構造を把握する**

More recently, ＜in response to concerns

　　　　　　　　　　　　┌ not only ┐ about salt,
　　　　　　　　　　　　└ but also ┘ about fats and sugar＞,

manufacturers have begun to include panels of "nutrition information,"
　　　S　　　　　　　 V　　　　　　　　　　　　 O

and some (manufacturers) also give …

　文法　concerns not only about salt, but also about fats and sugar　concern about 〜（〜についての関心）に not only A but also B（A だけでなく B も）が組み込まれた形。

l.10 **▶名詞を後ろから修飾する過去分詞句**

this apparently helpful gesture has been viewed
　　　　　　S　　　　　　　　　　　　　 V

as a pre-emptive measure ＜to head off a "traffic lights" scheme＞

＜proposed in 2005 / by the Food Standards Agency / to display …＞

　語句　be viewed as 〜「〜とみなされている」

　文法　proposed in 〜 以下は、a "traffic lights" scheme を修飾する過去分詞句。「2005年に、食品基準庁によって、…を表示するために提案された（「信号」計画）」ということ。

l.19 　語句　pause to *do*「〜するためにちょっと止まる」

1 In America, the conventional wisdom of how to live healthily is full of axioms that long ago shed their origins. Drink eight glasses of water a day. Get eight hours of sleep. Breakfast is the most important meal of the day. Two thousand calories a day is normal. Even people who don't regularly see a doctor are likely to have encountered this information, which forms the basis of a cultural shorthand. Tick these boxes, and you're a healthy person.

2 In the past decade, as pedometers have proliferated in smartphone apps and wearable fitness trackers, another benchmark has entered the lexicon: Take at least 10,000 steps a day, which is about five miles of walking for most people. As with many other American fitness norms, where this particular number came from has always been a little hazy. But that hasn't stopped it from becoming a default daily goal for some of the most popular activity trackers on the market.

(158 words)

l.1 　語句　conventional wisdom「世間知, 一般通念」。conventional は「伝統的な, 慣例的な」。

l.2 　文法　that long ago shed their origins　that は主格の関係代名詞で, 節内の動詞は shed (ここでは過去形)。副詞句 long ago が間に挿入されている。

l.2 　内容　Drink eight glasses of water a day.　この文以下の 4 つの文は *l.*2 の axioms の具体例になっている。a day「1 日につき」

l.4 　語句　Two thousand calories「2,000 キロカロリー」。英語の calorie は食物から摂取する熱量を表す単位で, 日本語でいう「キロカロリー」に相当する。日本語と同じく kilocalorie ということもある。

l.5 　語句　regularly「しばしば, 頻繁に」。必ずしも「定期的に」とは限らない。

l.5 　文法　be likely to have *done*「〜した (ことがある) 可能性が高い」。完了形の不定詞が用いられていることに注意。People are likely to have encountered 〜 . = It is likely that people have encountered 〜 .

l.6 　文法　which forms　この which は非限定用法の関係代名詞で, 先行詞は this information。forms は関係詞節内の動詞。

l.6 　語句　cultural shorthand「文化的簡略表現」。ある文化に特徴的な考え方などを簡潔に説明したもの。

l.6 　内容　Tick these boxes, and …「これらの欄にチェックを入れてください。そうすれば…」。box は「チェック欄」のこと。先の 4 つのような原理 (axioms) を守っていれば (＝チェックすれば), 誰でも健康になれるということ。

l.9 　語句　fitness tracker「フィットネストラッカー」。運動量や睡眠時間などを自動的に記録してくれる端末。fitness (健康) ＋ tracker (追跡するもの)。

l.10 　語句　lexicon「語彙リスト; 辞書」。ここでは健康に関するさまざまな言葉の集合体のイメージ。

l.11 　語句　as with 〜「〜と同様に」

l.11 　語句　norm「基準; 規範」。この文では同じものが axiom, benchmark, norm などさまざまな語で言い換えられている点に注意。

l.12 　文法　where this particular number came from has always been a little hazy　疑問詞 where で始まる間接疑問 (名詞節) が主語になっている。this particular number は 10,000 steps (a day) のこと。

l.13 　文法　that hasn't stopped it from becoming …「そのことは, それが…になるのを妨げなかった」。stop O from *doing*「O が〜するのを妨げる」。that は「数字の由来が不明確であること」, it は「1 日 1 万歩歩きなさい」という言葉。

l.14 　語句　activity tracker「アクティビティートラッカー」＝ fitness tracker

1 I-Min Lee, a professor of epidemiology at the Harvard University T. H. Chan School of Public Health and the lead author of a new study published this week in the *Journal of the American Medical Association*, began looking into the step rule because she was curious about where it came from. "It turns out the original basis for this 10,000-step guideline was really a marketing strategy," she explains. "In 1965, a Japanese company was selling pedometers, and they gave it a name that, in Japanese, means 'the 10,000-step meter.'"

2 Based on conversations she's had with Japanese researchers, Lee believes that name was chosen for the product because the character for "10,000" looks sort of like a man walking. As far as she knows, the actual health merits of that number have never been validated by research.

(136 words)

*l.*1 [文法] I-Min Lee, a professor ～ , began … a professor ～は主語のI-Min Lee について説明する同格表現。

*l.*2 [語句] public health「公衆衛生」

*l.*3 [文法] published this week「今週公表された」。published で始まる過去分詞句が前の名詞を後ろから修飾している。

*l.*4 [語句] look into ～「～を調べる」

*l.*4 [内容] the step rule 前出の「1日1万歩歩きなさい」というルールのこと。

*l.*4 [語句] be curious about ～「～に好奇心がある」

*l.*5 [語句] It turns out (that) the original basis …「おおもとの根拠は…と判明する」。the original basis の前に接続詞の that を補って考える。it は形式主語で，真の主語は that 節。

*l.*5 [語句] basis for ～「～の基礎；根拠」

*l.*6 [語句] marketing strategy「マーケティング戦略，市場戦略」

*l.*7 [内容] a name that, in Japanese, means 'the 10,000-step meter.' 日本の会社が販売した歩数計の商品名が「万歩メーター（万歩計）」だということを説明している。

*l.*9 [文法] Based on ～「～に基づいて」。過去分詞で始まる分詞構文。

*l.*9 [文法] conversations (that) she's had with ～「彼女が～と交わしてきた会話」。she's の前に関係代名詞の that を補って考える。she's had ＝ she has had

*l.*9 [文法] Lee believes that name was chosen この that は name にかかる指示形容詞。believe の目的語になる名詞節を導く接続詞 that は省略されている。

*l.*10 [内容] the character for "10,000"「『1万』を表す文字」、「万」という漢字のこと。character は主に漢字 (Chinese character) などの表意文字をいう。アルファベットなどの「(表音) 文字」は letter。

*l.*11 [語句] sort of「多少，いくぶんか」≒ somewhat 副詞の働きをしており、look like の間に挿入されている。

*l.*11 [文法] a man walking は前置詞 like の目的語になっているが、「人が歩くこと」(意味上の主語＋動名詞) とも、「歩いている人」(名詞＋現在分詞) とも解釈できる。

*l.*11 [語句] as far as ～「～する限りでは」

1 Scientific or not, this bit of branding ingenuity transmogrified into a pearl of wisdom that traveled around the globe over the next half century, and eventually found its way onto the wrists and into the pockets of millions of Americans. In her research, Lee put it to the test by observing the step totals and mortality rates of more than 16,000 elderly American women. The study's results paint a more nuanced picture of the value of physical activity.

2 "The basic finding was that at 4,400 steps per day, these women had significantly lower mortality rates compared to the least active women," Lee explains. If they did more, their mortality rates continued to drop, until they reached about 7,500 steps, at which point the rates leveled out. Ultimately, increasing daily physical activity by as little as 2,000 steps — less than a mile of walking — was associated with positive health outcomes for the elderly women.

(155 words)

*l.*1 　**文法** 〜 or not「〜であろうとなかろうと」＝ whether it is 〜 or not

*l.*1 　**語句** a bit of 〜「少しの〜」。ここでは a が this になっている。

*l.*1 　**内容** branding ingenuity「ブランディングの工夫」。歩数計に「万歩メーター（万歩計）」という商品名を付けたことを指している。

*l.*1 　**語句** transmogrify into 〜「〜に姿を変える」

*l.*2
```
a pearl of wisdom
  └─ that ┌ traveled around the globe over the next half century,
          │ and (eventually)
          └ found its way ┌ onto the wrists ┐
                          │ and            │ of millions of Americans
                          └ into the pockets┘
```

　　語句 a pearl of wisdom「（しばしば皮肉を込めて）知恵に富んだ言葉；ありがたい助言」。前出の「1日1万歩歩きなさい」という言葉のこと。

　　内容 over the next half century 「万歩メーター（万歩計）」が発売された 1965 年から 2010 年代までの約 50 年を指す。

　　語句 find one's way ＋前置詞句「（場所）にたどり着く」。on the wrist（手首に着けて）という関係から onto the wrists となっている。

*l.*4 　**内容** put it to the test「それをテストにかけた」。it は a pearl of wisdom を指している。

*l.*6 　**語句** paint a picture of 〜「〜のイメージ〔像〕を描き出す」

*l.*6 　**語句** nuanced「微妙な差異を伴った」。a more nuanced picture とは、「単純に1万歩歩けばよい」ということではない複雑な事情があること。

*l.*8 　**語句** finding「結論；調査結果」

*l.*9 　**語句** significantly「有意に」。統計的に「偶然ではないと考えられる違いがある」状態を significant（有意な）という。ここでは、4,400 歩歩いて初めて死亡率を下げる効果が見られたということ。

*l.*9 　**語句** compared to 〜「〜と比較して」

*l.*11 　**文法** …, until 〜「…して，（やっと）〜する」。until の前にコンマがある場合は前から順に意味を取るとよい。

*l.*11 　**文法** at which point　この which は非制限用法の関係代名詞で，先行詞は about 7,500 steps。

*l.*11 　**語句** level out「（数値が）変化しなくなる」

*l.*12 　**語句** increase O by 〜「O を〜だけ増やす」。by は〈差〉を表す。

*l.*12 　**語句** as little as 〜「〜ほどにも少ない；わずか〜」

*l.*13 　**語句** be associated with 〜「〜と関連がある」

1 In the hierarchy of human needs, good health is right at the top. There's a reason we say, "to your health," whenever we clink glasses.

2 In the complicated world of politics, therefore, with numerous competing issues coming at us 24 hours a day, it's not surprising that concerns clearly relevant to our health and that of our families regularly rise to the top of our society's priority list. The effect of plastic on our health should be at the top of that list today.

3 As Bruce Lourie and I explain in our book *Slow Death by Rubber Duck*, once an issue transforms into a human health concern, it becomes far more likely to be taken up by our elected leaders, noticed by the general public and consequently solved.

4 The smoking debate followed this path. Once the focus became the damaging effects of second-hand smoke, i.e., it's not just the health of smokers at risk but the health of all those around them, the momentum for change became impossible for even the most defiant cigarette companies to resist.

(177 words)

l.1 〔語句〕 right「まさに」。場所を表す副詞句などを強調する副詞。

l.2 〔文法〕 There's a reason (that) 〜 「〜する理由がある」。reason の後に接続詞の that を補って考える。

l.2 〔語句〕 to your health「あなたの健康のために；健康を祝して乾杯」

l.3

(In the complicated world of politics), (therefore),

(with numerous competing issues coming at us 24 hours a day),

it's not surprising [that

主節（形式主語構文）　　以下文末までが真の主語

concerns (clearly) relevant to our health and that of our families

S'　　　　　　　　　　　　　　　　　　= health

(regularly) rise to the top of our society's priority list].

V'

〔文法〕 therefore「したがって」。このように文の途中に使われることも多い。

〔文法〕 with 〜 coming at us「〜が私たちに向かって来ている状態で」。〈with＋名詞＋分詞〉で付帯状況を表す。

〔語句〕 relevant to 〜「〜に関連する」。relevant で始まる形容詞句が concerns を後置修飾している。clearly は relevant を修飾している。

l.6 〔語句〕 the effect of A on 〜 「A が〜に与える影響」

l.9 〔語句〕 once 〜 「いったん〜すると」。接続詞。

l.10 〔語句〕 become far more likely to *do*「〜する可能性がはるかに高くなる」。far は比較級の強調。

l.10 〔文法〕 to be taken up …, noticed by … and (consequently) solved　不定詞 to be の後に3つの過去分詞が続いている。

l.10 〔語句〕 elected「選挙で選ばれた」。elect（選挙で〜を選ぶ；選出する）の過去分詞。

l.12 〔内容〕 followed this path の「この道」とは，前文の to be taken up … and consequently solved という過程のこと。次文に具体的な経緯が書かれている。

l.12 〔文法〕 Once …　これも接続詞で，導く節は around them まで。

l.13 〔語句〕 second-hand smoke「副流煙」。喫煙者以外が間接的に吸う煙。

l.13 〔語句〕 i.e.「つまり，すなわち」

l.13 〔文法〕 it's not just the health of smokers (that is) at risk　一種の強調構文で，at risk の前に that is を補って考える。not just は後の but と対応して「〜だけでなく…も」。

l.15 〔語句〕 became impossible for 〜 to resist「〜が抵抗することが不可能になる」

1 What we are witnessing now is the genesis of another human health problem that I believe has the potential to dominate public debate over the next decade: the discovery that tiny plastic particles are permeating every human on earth.

2 Plastic, it turns out, never really disappears. In response to time and sunlight, or the action of waves, it just gets mushed into smaller and smaller bits. These microscopic particles then enter the food chain, air and soil. In the past couple of years, scientists have started to find these particles in an astonishing range of products including table salt and honey, bottled and tap water, shellfish and ... beer. In one recent study, 83 per cent of tap water in seven countries was found to contain plastic micro-fibres.

3 When the snow melts in Canada to reveal a winter's worth of Tim Hortons' cups and lids, every person in this country notices the plastic litter that surrounds us. Many of us know of the vast and accumulating patches of garbage in the ocean. I hear shoppers in the produce aisles of my local grocery store grumbling at the increasing size of the plastic that encases the organic arugula.

(197 words)

l.1 [内容] another human health problem　直前の「喫煙の問題」に対して「もう1つ」と言っている。具体的な内容は，文の後半のコロン以下の the discovery that …「…ということの発見」。

l.2 [文法] problem that I believe has the potential「可能性を持つと私が考える問題」。that は主格の関係代名詞。that と has の間に I believe が挿入されている。I believe the problem has the potential. という関係。

l.2 [語句] dominate「〜を支配する；〜に強く影響する」

l.5 [文法] Plastic, it turns out, never really disappears.　= It turns out that plastic never really disappears.　主節に当たる it turns out（結果として〜とわかる）を挿入句とすることで，「プラスチックが消えない」ことを強調している。

l.5 [語句] in response to 〜「〜に応じて；〜に反応して」

l.6 [文法] gets mushed into 〜「つぶされて〜になる」。〈get＋過去分詞〉は「〜される」という動作を明示する受動態。mush O into 〜「Oをつぶして〜にする」

l.6 [文法] smaller and smaller bits「ますます小さな破片」。〈比較級 and 比較級〉で「ますます〜，どんどん〜」と変化を含む意味になる。

l.7 [語句] food chain「食物連鎖」。生物が食べる／食べられる関係でつながり合う連鎖。

l.9 [語句] an astonishing range of 〜「驚異的な範囲の〜」。astonishing は astonish（〜を驚かせる）から派生した分詞形容詞。

l.9 [文法] table salt and honey, bottled and tap water, shellfish and ... beer　接続詞 and による並列に注意。全体は (table salt and honey), (bottled and tap water), (shellfish) and ... (beer) と4つに分かれる。

l.11 [語句] S is found to *do*「Sは〜するとわかる」。find O to *do*「Oが〜するとわかる」の受動態。

l.13 [文法] the snow melts in Canada to reveal 〜「カナダで雪が解けて〜を見せる」。この不定詞は副詞的用法の〈結果〉。本文の筆者がカナダ人なのでカナダの例を挙げている。

l.13 [語句] a winter's worth of 〜「ひと冬分の量の〜」。a …'s worth of 〜は「…分の〜」という意味を表し，a week's worth of food（1週間分の食べ物）のように使う。

l.13 [語句] Tim Hortons「ティム・ホートンズ」。カナダのドーナツ店チェーン。

l.15 [語句] know of 〜「〜（の存在）を知っている；〜のことを聞き知っている」

l.16 [文法] hear shoppers (in …) grumbling at 〜「（…にいる）買い物客が〜に文句を言っているのを聞く」。〈hear＋O＋現在分詞〉の形。

l.16 [語句] produce「農産物」

l.17 [語句] the increasing size「増大するサイズ；サイズが大きくなること」

33 プラスチックが健康に与える影響 (3) [環境]

⏱ 目標時間 ▶ 1分37秒　　　　　　　　　　　　　▶ 音声

1 None of this, really, matters much. Do I care that sea turtles are choking to death on the plastic grocery bags I use every day? Sort of. But certainly not enough to inconvenience myself.

2 But if it turns out that my two boys have a dramatically increased chance of contracting prostate cancer because of all the plastic particles that are implanted in their growing bodies, now you've got my attention. Make it stop, please.

3 Forget recycling. We can't recycle ourselves out of this problem. The issue is our society's addiction to plastic itself. Those plastic micro-fibres I mentioned? Scientists are now saying that one of the primary sources in our drinking water is the lint that comes off the synthetic fabric of our clothing. It's not just the plastic we're throwing away that's the problem; it's the plastic items we surround ourselves with every day.

4 The new science on plastic micro-particles is stunning and I'm guessing only the tip of a toxic iceberg.

(163 words)

l.1	内容	None of this, really, matters much.　前で述べてきたこと (this) が, 実際のところは (really), あまり重要 (matters much) ではないということ。この後で説明されるように, 前述のことはいずれも他人事なのである。
l.2	語句	choke to death on ～「～で窒息死する」。〈動詞＋ to death〉は「～して死に至る」の意味。
l.2	語句	sort of「まあね；そんなところだ」。あいまいな答え方。
l.3	文法	But certainly not enough to ＝ But certainly (I do) not (care) enough to
l.4	語句	one's boy「息子」。年齢にかかわらずいう。one's girl は「娘」。
l.4	文法	a dramatically increased chance　dramatically increased (劇的に増大した) が chance (可能性) を修飾している。
l.6	語句	growing body「成長している体；成長期の体」
l.6	文法	you've got my attention　～'ve got ＝ have。「あなたは私の注意を引いている」が直訳で,「(そうなると) 私は注意を引かれてしまう」ということ。読者に話しかけるようなくだけた文体。
l.7	内容	Make it stop, please.「それを止まらせてください」。命令文の相手である読者が直接, それ (子供の体内にプラスチック粒子が蓄積すること) を行っているわけではないので, Stop it, please. とは言えない。
l.8	語句	recycle ourselves out of ～「リサイクルすることによって～から抜け出す」。get oneself out of ～「～から抜け出す」の get を recycle で置き換えた表現で,「リサイクルだけではこの問題を解決できない」ということ。
l.9	文法	Those plastic micro-fibres (that) I mentioned?　I の前に関係代名詞の that を補って考える。文頭の those は前出の名詞を指すのではなく, 後ろに関係詞節が来ることを予告する働きをしている。「私が述べたプラスチックのマイクロファイバーについてはどうかって？」といったニュアンス。
l.11	語句	come off ～「～からはがれる, 取れる」
l.12	文法	It's not just the plastic we're throwing away that's the problem　全体は It is ～ that … の強調構文で,「問題なのは～だけではない」の意味。「～」にあたるのが not just … away。
l.13	文法	it's the plastic items we surround ourselves with every day.　前文の not just を受け, but also を補って読む。ここの it's ～も強調構文で, 文末に前文と同じ that's the problem が省略されている。
l.13	語句	surround ourselves with ～「私たちを～で取り巻かせている；～を身の回りに置いている」
l.15	語句	the tip of an iceberg「氷山の一角」

1 On March 31, 1880, the good people of Wabash, Indiana (population 320), launched a technological revolution. On top of the town's courthouse, they mounted two bars with a 3,000-candlepower bulb at both ends of each. They then started up a steam engine to generate electricity, and at 8 p.m., flipped a switch. Sparks showered, and Wabash became the first electrically lit city in the world. "The strange, weird light, exceeded in power only by the sun, rendered the square as light as midday," one witness reported. "Men fell on their knees, groans were uttered at the sight, and many were dumb with amazement."

2 A century and a quarter later, electric light turns night into day around the globe. In the first world atlas of artificial night-sky brightness, based on high-resolution satellite data and released in 2001, the heavily developed urban areas of Japan, Western Europe, and the United States blaze like amusement parks. We flood the heavens with so much artificial light that nearly two-thirds of the world's people can no longer see the Milky Way. On a clear, dark night far from light-polluted skies, roughly 2,500 stars can be seen by the naked eye. For people living in the suburbs of New York, that number decreases to 250; residents of Manhattan are lucky to see 15. Moreover, as the stars fade from view, more and more research is suggesting that excessive exposure to artificial night light can alter basic biological rhythms in animals, change predator-prey relationships, and even trigger deadly hormonal imbalances in humans.

(255 words)

l.3
▶付帯状況を表す with

with a 3,000-candlepower bulb <at both ends of each>
_____名詞_____ _____前置詞句_____

内容 直訳すると「3,000燭光の電球が，それぞれの両端にある状態で」となる。

語句 end「端」

l.15
We flood the heavens with so much artificial light
S　V　　　O

that nearly two-thirds of the world's people can no longer see
　　　　　　　　　　　　S'　　　　　　　　　　　　　V'

the Milky Way.
　　O'

語句 flood A with B「A を B であふれさせる」

文法 so 〜 that …「とても〜なので…」

語句 two-thirds「3分の2」。分数は，分子(基数)→分母(序数)の順に表し，
　　　分子が2以上の場合は分母の序数に -s を付ける。

語句 no longer …「もはや…ない」

l.20
Moreover, as the stars fade from view,

more and more research is suggesting [that
　　excessive exposure to artificial night light
　　　　　　　　　　　　　　　S

can alter basic biological rhythms in animals,
　　V₁

　　change predator-prey relationships,
　　V₂

　　　and

　　even trigger deadly hormonal imbalances in humans].
　　　　V₃

文法 as the stars …, more and more research is 〜　接続詞 as は〈比例〉を
　　　表す。

文法 that 節内の主語 excessive exposure to artificial night light に対して
　　　<A, B, and C> の形で(述語)動詞が3つ続いている。

内容 excessive exposure to artificial night light「人工の夜の光への過度の
　　　曝露」。直訳でもよいが，この主語の名詞句を「人工の夜の光にさらさ
　　　れすぎると…」のように副詞的に訳し，述部を「…生体リズムが変わっ
　　　たり，…関係が変化したり，…ホルモン失調を引き起こしたりもしか
　　　ねない」のように続けると，より自然な日本語表現になる。

1 **1** Many creatures are genetically programmed to navigate by the dim glow of the stars and the moon. For them, night lights can be deadly: Michael Mesure, founder of the Toronto-based Fatal Light Awareness Program, estimates that 100 million songbirds crash into lit buildings
5 in North America each year. Likewise, artificial light is a source of confusion for the relatives of butterflies that are active at night. Rod Crawford, of the Burke Museum at the University of Washington, believes that light pollution may be the leading cause, after habitat loss, of the decline of the spectacular giant silk moths that were once a
10 source of summer visual delight. "The farther from lights and altered habitats you get, the more moths you find," he says.

2 Kenneth Frank, a Philadelphia physician who also studies insects, says that light-lured moths often miss their brief opportunities to mate, or are killed by larger, light-stalking creatures. Bright lights also
15 disrupt migration routes, confining some moth populations to isolated islands of darkness. But Frank admits that the situation of the moths is unlikely to cause public concern. "Never argue against something on behalf of moths," he warns. "People will just laugh at you. Talk about ecosystems instead." (200 words)

*l.*6

▶挿入句に惑わされずに文構造をつかむ

Rod Crawford, …, believes [that

light pollution may be the leading cause,
　　S　　　　　V　　　　　　C

<after habitat loss>, of the decline of the spectacular giant silk moths
　挿入句

　　　　{that were once a source of summer visual delight}].

> 内容 after habitat loss はコンマで挟まれた挿入句なので、それ以外の要素から文全体の構造を把握しよう。直後の of は挿入句の前の cause (原因) につながることが見えてくる。light pollution 以下の骨格は「光害は〜の減少の主な原因かもしれない」となる。ここまで把握できれば、after は「〜に次いで」という〈順序〉を表すことがわかる。

*l.*10

▶比較級を用いた構文

The farther from <lights and altered habitats> you get,
　　　C　　　　　　　　　　　　　　　　　　　　S　　V

　　the more moths you find
　　　　　O'　　　S'　V'

> 文法 the ＋比較級＋S＋V …, the ＋比較級＋S'＋V' 〜「…すればするほど、ますます〜」

> 語句 get far from 〜「〜から離れたところへ行く」

> 語句 altered habitats「変容した生息地」

*l.*12

Kenneth Frank, a Philadelphia physician[who …], says [that
　　　　　　　└─┘└──┘同格

light-lured moths often ⎰ miss their brief opportunities to mate,
　　　　　　　　　　　　⎱ or
　　　　　　　　　　　　⎰ are killed by 〜].

*l.*15 文法 confining some moth populations to 〜「ある種のガの集団を〜に閉じ込めてしまっている」。confine A to B (A を B に閉じ込める) が分詞構文の形で使われている。

*l.*17 語句 argue against 〜「〜に反対の意見を述べる」。cf. argue for 〜「〜に賛成の意見を述べる」

*l.*19 内容 instead「そうではなくて」。ここでは、「ガのために、何かについて反論するのではなくて」という意味。

73

1　　*Square Wallet* is an innovative new app (application) that is changing the way we spend our money. Here's how it works: you link your credit card to the app, shop, take your items to a cashier at a participating retailer and, as the company's website says, "simply say
5　your name at checkout to pay." Your name and photograph appear on the register, the cashier gives you a nod, and you walk happily out the door with what you wanted to buy. This kind of seamless convenience has obvious advantages, but it comes with hidden costs. Technology makes it possible to get movies, games and books the moment we
10　want them and to worry about money later. It's a payment system that encourages instant gratification. Interestingly, however, research suggests that we derive greater happiness from goods we pay for immediately, but don't use for some time, than we do from goods we use now but pay for later.

(158 words)

l.1 　[語句]　innovative「革新的な」。innovate「〜を革新する；刷新する」の形容詞形。名詞形は innovation (技術革新；革新 (的な方法))。

l.2 　[語句]　the way 〜「〜する方法；やり方」

l.2 　[語句]　Here's 〜 .「ほらこれが〜です」。相手に何かを手渡したり紹介したりするときの表現。具体的にはコロン以下に書かれている。

l.2 　[文法]　how it works「それの機能のしかた」。how は「〜のしかた」の意味の名詞節を導く関係副詞。work は自動詞で「(機械などが) 機能する；動く」。

l.2 　[文法]　you link your credit card　この you は読者である「あなた」を含めアプリを利用する「一般の人々」(総称)。

l.2 　[語句]　link O to 〜「O を〜と結びつける；リンクさせる」

l.3 　[語句]　participating retailer「(アプリのシステムに) 加入している小売店」

l.4 　[語句]　as 〜 says「〜が言うとおりに」。as は接続詞。

l.4 　[文法]　"simply say your name at checkout to pay."　ウェブサイトをそのまま引用していることを示すために引用符を使っている。

l.6 　[語句]　walk out 〜「〜から歩いて出る」。out = out of で前置詞。walk と out の間に happily が挿入されている。

l.7 　[語句]　with 〜「〜を持って」

l.8 　[語句]　come with 〜「〜を伴っている；〜が付いてくる」

l.8 　[語句]　hidden costs「隠された費用」。hidden は hide (〜を隠す) の過去分詞で「目に見えない；わかりにくい」の意味。cost は「代償；損失」。

l.9 　[語句]　make it possible to *do*「〜することを可能にする」。it は形式目的語。真の目的語は to get … and to worry …の 2 つの不定詞。

l.9 　[語句]　the moment 〜「〜する瞬間に」。接続詞的用法。

l.10 　[文法]　It's a payment system that ….「それ (*Square Wallet*) は…する決済システムだ」の意味で、It is 〜 that …の強調構文ではない。

l.11 　[語句]　encourage「〜を促す；奨励する」

l.11 　[内容]　instant gratification「即座の満足感」。お金の心配は後回しにして、すぐに欲しいものが手に入れられること。

l.11 　[語句]　interestingly「興味深いことに」。文修飾の副詞。

l.12 　[文法]　greater happiness … than we do 〜　比較級と than が離れているので注意。

l.12 　[文法]　goods (that) we pay for immediately, but don't use for some time　we の前に関係代名詞の that を補って考える。for some time までが関係詞節。pay for と use の目的語にあたるのは先行詞の goods。don't use の主語は we。

l.13 　[文法]　than we do = than we derive happiness

1   The app's chief appeal is that it makes payment essentially invisible, which is exactly what makes it so dangerous. The app soothes the pain connected to handing over hard-earned money, but numbing that pain is tricky. Just as the sensation of burning tells you to pull your
5 hand from the stove, the pain of paying can keep spending in check. This isn't just a metaphor. Paying high prices for goods and services activates the region of the brain associated with the sensation of actual physical pain. When MBA students were given the opportunity to bid on tickets to a sporting event, those who had to pay in cash bid roughly
10 half as much as those who were permitted to charge. It hurts to hand over cash, so we're less likely to overspend and thus less likely to sink into debt. According to the Census Bureau, the median American household debt in 2011 was $70,000. Nearly half of Americans report worrying about debt. Though accumulating debt is sometimes sensible,
15 research shows that it exerts an enormous negative influence on happiness. Prepayment reduces the dread of debt and also increases the happiness connected with possession.   (193 words)

l.1 文法 The app's chief appeal is that … 「そのアプリの主要な魅力は…ということだ」。that は名詞節を導く接続詞で，is の補語になっている。

l.1 文法 it makes payment essentially invisible　代名詞 it は the app を指す。〈make ＋ O ＋ C〉の文型で，essentially は C の invisible を修飾する副詞。

l.2 文法 …, which is exactly what makes it so dangerous　直訳すると「…であり，そのことは，まさにそれ (app) をとても危険にするものだ」。which は非制限用法の関係代名詞で，先行詞は it makes payment essentially invisible。

l.3 語句 connected to ～「～と結びついた」。名詞 pain を後置修飾する過去分詞句。to は前置詞なので後ろの handing は動名詞。

l.3 語句 hard-earned「苦労して稼いだ」。形容詞。

l.3 文法 numbing that pain is tricky　動名詞句 numbing that pain が is の主語。

l.4 語句 just as …「…とちょうど同じように」

l.4 語句 burning「やけどすること」。自動詞 burn (やけどする) の動名詞。

l.5 語句 keep ～ in check「～を抑制する」。

l.6 内容 This isn't just a metaphor.「このこと (支払いの痛みが出費を抑制すること) は単なる比喩ではない」とは，「the pain of paying というと精神的な苦痛と考えるかもしれないが，次に述べるように，実際の肉体的苦痛 (actual physical pain) と同じ脳の領域が活性化するのだ」ということ。

l.8 語句 MBA「経営学修士」＝ Master of Business Administration

l.10 語句 charge「クレジットで支払う；つけで買う」

l.10 語句 It hurts to *do*「～することは苦痛だ」。この 1 文は，前出の the pain of paying can keep spending in check と同内容の言い換えになっている。

l.11 語句 be less likely to *do*「～する可能性が低くなる」

l.11 語句 sink into debt「借金に陥る」

l.13 語句 report worrying「心配していると報告する」＝ report that they are worrying

l.14 語句 accumulate「～を蓄積する」

l.15 内容 it exerts a ～ influence on …「それ (accumulating debts) は…に～な影響を及ぼす」

l.16 語句 prepayment「前払いすること」。pre- (前に) ＋ pay (支払う) ＋ -ment (～すること)。ここでは，クレジットでの後払いに対して「商品を受け取る前にお金を払うこと」を言っている。

1 In a recent study, researchers in Europe gave 99 people the chance to buy a gift basket filled with treats. Some got the basket right away and paid later; others got the basket only after paying in full. Everyone then rated how much joy and contentment their gift baskets gave. Although the baskets were identical, they brought more happiness to those who paid in advance. Perhaps this explains why people frequently experience a happiness boost in the weeks before a vacation. Stuck in an office, the anticipation of the beach is almost as enjoyable as the beach itself.

2 Delayed pleasure not only increases anticipatory excitement but also enhances the pleasure once it is eventually enjoyed. In one study, students were selected to eat a piece of chocolate, but some had to wait 30 minutes before they could eat it, while others ate the chocolate immediately. Those who had to wait were more likely to fantasize about the chocolate and visualize what it would be like to taste it. And fantasies matter, because waiting enhanced enjoyment and increased people's desire to buy more chocolate.

(183 words)

l.2　語句　gift basket「ギフトバスケット，贈り物を詰め合わせたかご」

l.2　語句　treat「もらってうれしいもの；してもらってうれしいこと」。ここではバスケットに入れたお菓子などをいう。

l.2　語句　right away「すぐに」

l.3　語句　only after ～「～の後にのみ；～の後にやっと」

l.3　語句　pay in full「全額支払う」

l.4　語句　rate「～を評価する；見積もる」

l.4　文法　how much 以下は間接疑問になっている。本来の語順は their gift baskets gave (how much) joy and contentment。

l.5　内容　they brought の they は the baskets を指す。

l.6　内容　this explains の this は前文の内容全体を指す。

l.7　語句　a happiness boost「幸福感の上昇・増加」

l.7　文法　Stuck in an office「オフィスで動けなくなっていると」。過去分詞で始まる分詞構文。ここでは主節の主語が the anticipation で，stuck の意味上の主語（前文の people）と異なるので，厳密には文法的に正しいとは言えないが，実際の英文では時に見られる（懸垂分詞と呼ばれる）。

l.8　語句　the beach itself「ビーチそのもの」。itself は直前の名詞を強調する。the anticipation of the beach という「想像の中のビーチ」に対して「本物のビーチ」ということ。

l.10　語句　delayed「先延ばしにされた」。delay「～を先延ばしにする」の過去分詞。

l.11　語句　once「いったん～すると；～するとすぐに」。接続詞。直後の it は the (delayed) pleasure を指す。

l.12　語句　select O to *do*「～するように O を選ぶ；O を選んで～させる」。ここでは受動態になっている。直後の some ～ others という2つのグループに「選ばれた」ということ。

l.15　語句　what it is like to *do*「～するのはどのようなことか，どんな感じか」。本文の would be は will be が時制の一致で過去形になったもので，「これから食べる」ものについて想像している。

l.16　語句　matter「重要である」

l.16　文法　waiting enhanced enjoyment and increased ～　主語は動名詞 waiting（待つこと）で，動詞は enhanced と increased の2つ。

79

1 The danger with delayed consumption is that raised expectations result in disappointment when the purchase doesn't live up to our hopes. Luckily, the mind paints over minor gaps between expectations and reality. In a recent study, people enjoyed a video game more if they were presented with tempting details about it before they played. And this was true even when researchers offered them a low-quality version of the game.

2 Ironically, some of the coolest innovations of the past decades may be undermining our happiness. Technologies that push payment into the future, making paying so convenient that it's practically painless, put us in danger of overspending. Those that allow us to have everything immediately rob us of the anticipation period. The challenge for the next generation of innovation lies in combining the vast potential of computer technology with fundamental principles of happiness science.

(142 words)

*l.*1 　語句 The danger with 〜 is that …「〜に伴う危険は…ということだ」

*l.*1 　語句 delayed consumption「先延ばしにされた消費」。先にお金を払い，後から品物を使う〔消費する〕こと。

*l.*1 　語句 raised expectation「高められた期待」

*l.*2 　語句 result in 〜「(結果として) 〜になる」

*l.*2 　語句 purchase「買ったもの；購入すること」

*l.*2 　語句 live up to 〜「(期待など) に応える；かなう」

*l.*3 　内容 Luckily「幸運なことに」。前文で「危険」について述べたが，その危険は「幸運にも」以下のことによって解消される…というつながり。

*l.*3 　語句 paint over 〜「〜の上にペンキを塗って覆い隠す」

*l.*5 　語句 be presented with 〜「〜を示される」。present O with 〜「O に〜を提示する，示す」の受動態。

*l.*5 　語句 tempting details「誘惑するような詳細」。ゲームの内容に期待を持たせるような一部分をくわしく見せるということ。

*l.*5 　内容 And this の this は「詳細を見せられて期待が高まっているほうがゲームを楽しめる」という前文の内容を指している。

*l.*6 　内容 low-quality version of the game　前に見せた tempting details と比べてわざと質を落としたバージョンを作って示したということ。

*l.*8 　内容 some of the coolest innovations of the past decades は 次 文 の Technologies that push payment into the future のことを言っている。

*l.*9 　内容 our happiness　ここまで述べられてきた「先にお金を払って，後から使用することによる期待感の高まり」のこと。

*l.*10 　文法 …, making paying so convenient that 〜　分詞構文が文の途中に挿入されている。making の意味上の主語は主節の主語である Technologies。make paying convenient と so 〜 that … (とても〜なので…) が組み合わさっている。

*l.*11 　文法 put us は主語 Technologies に対する動詞。

*l.*11 　語句 in danger of 〜「〜の危険に陥って」

*l.*11 　内容 Those that allow us の those は technologies を指す。

*l.*12 　語句 rob O of 〜「O から〜を奪う」。ここでは主語は Those。

*l.*12 　内容 anticipation period「期待の期間」。お金を払ってから実際に使用するまでの期待の高まる期間のこと。

*l.*13 　語句 challenge「課題；難題」。「挑戦；チャレンジすること」ではない。

*l.*13 　語句 lie in 〜「(問題は) 〜という点にある」

*l.*13 　語句 combine O with 〜「O を〜と結びつける」

*l.*15 　内容 happiness science　ここまでいくつか挙げられてきたような，「人間がどういうときに幸福感・満足感を感じるか」についての調査研究のこと。

1 **1** Social norms are unwritten rules that govern the way that people behave within a society or group. These norms provide stability in the long run, preventing the society from decaying into chaos, and ensuring that even monumental change happens slowly. But they also
5 strongly influence individuals to conform to society. For instance, one study in the 1950s showed this very clearly. New students at a university were randomly assigned to live among either conservative students or liberal students. The researchers observed that these new students gradually adapted their values and beliefs over time to fit the
10 norms of their surroundings.

2 Other studies have shown that people followed group norms even when they had direct evidence that contradicted the norm. For example, in one study, people were asked to estimate the length of a line drawn on a piece of paper. People's estimates followed a group norm
15 even in cases when people could see with their own eyes that the group was wrong.

3 Social norms often stifle creativity in groups. To the extent that creativity is the result of "thinking outside the box," groups do not normally reward creative individuals, but instead ignore them or
20 even push them out of the group completely. This often works to the detriment of many businesses who strive to attract creative talent to their organization only to see them become unproductive under the pressure of conformance to norms.

(233 words)

*l.*1

Social norms are unwritten rules

[[that] govern the way [that] people behave <within a society or
　S　 　V　　　O

group>]].

> 文法 that govern the way … の that は, unwritten rules を先行詞とする主
> 格の関係代名詞。the way that people behave … の that は関係副詞で,
> the way in which people behave … のように書き換えることもできる。

*l.*17

To the extent that creativity is the result of "thinking outside the box,"

groups do not normally reward creative individuals,
　S　　　　　　　V₁　　　　　　　O₁

but instead

　ignore them
　　V₂　　O₂
　or
　even push them out of the group completely.
　　　　V₃　　O₃

> 語句 to the extent that … 「…である限りは；…という程度までは」
> 語句 think outside the box「型にはまらない考え方をする」
> 文法 groups do not …, but instead … or … not A, but instead B or C (A
> ではなくて, むしろBあるいはC) という構造。
> 内容 ignore them と push them out … の them はいずれも, creative
> individuals を受けている。

*l.*20

▶「期待外れの結果」を表す only to *do*

This often works to the detriment of many businesses

[who strive to attract creative talent to their organization

only to see them become unproductive <under the pressure of …>].
　　　　V　　O　　原形

> 語句 strive to *do*「〜しようと努力する」
> 語句 attract A to B「AをBに引きつける」
> 語句 only to *do*「結局〜するだけだ」。期待外れの結果を表す慣用句。「〜し
> ようと努力したが, 結局は〔残念なことに〕…に終わってしまう」の
> ように only to *do* の前の部分から順番に訳すと自然な日本語になる。

1 **1** Not only businesses, but also educational systems suffer from this institutional tendency. The science adviser to the Japanese government, Kiyoshi Kurokawa, declared to *The Chronicle of Higher Education*, "I am almost exploding at the way the university system bangs down the nail that sticks up." He further complains, "Our young people are not being allowed to excel."

2 One way to encourage creativity (and overcome the influence of social norms) can be taken from a study by Adarves-Yorno, et al. (2006). In one part of the study, they asked two groups of participants to create posters and subtly gave each group a norm about words and images: for one group, the importance of words was emphasized, while for the other group, the importance of images was emphasized. The researchers also heightened the participants' group identity by emphasizing their group membership. Afterward, the two groups judged a leaflet provided by the researchers which consisted of 90% images. In their judgments, participants equated creativity with following the group norm; the 'words' group rated the leaflet as less creative than the 'images' group did. A second part of the study with different participants was similar to the first, but the participants' individual rather than group identity was heightened. As a result, the participants' judgments were the opposite: Creativity was perceived as being inconsistent with the group norms.

(223 words)

内容 ここでは，第2段落の創造性とグループの規範の相関性に関する研究の内容と結果を正確に読み取りたい。2つのグループに分けた実験によって「集団規範が創造性に与える影響」を検証している箇所であるが，*l*.21 the opposite の指す内容など，実験結果が直接的に示されていない箇所に特に注意したい。

l.3

> I am almost exploding at the way
>
> {the university system bangs down the nail [that sticks up]}

語句 explode「感情が爆発する，激昂する」

語句 bang down 〜「〜をたたきつける」

語句 nail「くぎ，びょう」。ここでは bang down the nail で日本語の「出る杭を打つ（出る杭は打たれる）」という慣用句を表している。

l.8　語句 et al.「〜およびその他」

l.14

> Afterward, the two groups judged
>   S   V
>
> a leaflet <provided by the researchers>
> O
>
>   [which consisted of 90% images].

語句 consist of 〜「〜から成り立つ」

l.17

> the 'words' group rated the leaflet as less creative
>
> than the 'images' group did
>   (= rated the leaflet)

語句 rate A as B「A を B と評価する」

文法 全体では less 〜 than の比較級構文になっている。

l.21　内容 the opposite「正反対」であったということは，つまり「言葉の重要性を強調されたグループのほうが，イメージの重要性を強調されたグループよりも，イメージ重視のチラシの創造性を高く評価した」ということ。

⏱ **目標時間** 2分 ▶ 音声

1　　Music can evoke a wide variety of strong emotions, including joy, sadness, fear, and peacefulness or tranquility, and people cite emotional impact and regulation as two of the main reasons why they listen to music. Music can produce feelings of intense pleasure or euphoria 5 in the listener, sometimes experienced as 'thrills' or 'chills down the spine'. Musical pleasure is closely related to the intensity of emotional arousal. Even opposite emotional valences (e.g., 'happy' or 'sad') can be experienced as pleasurable and listeners often report that the most moving music evokes two or more emotions at once. Music does not 10 have the clear survival benefit associated with food or sex, nor does it display the addictive properties associated with drugs of abuse. Nonetheless, the average person spends a considerable amount of time listening to music, regarding it as one of life's most enjoyable activities. Many believe that music has special, mystical properties and that its 15 effects are not readily reducible to a neuronal or neurochemical state. Advances in cognitive neuroscience have challenged this view, with evidence that music affects the same neurochemical systems of reward as other reinforcing stimuli.

(200 words)

l.2 語句 cite「～を(理由として)挙げる」

l.2 語句 emotional impact and regulation「感情への影響と感情の制御」。emotional impact は音楽を聴いて感情を動かされること,emotional regulation は音楽を聴いて興奮を静めるなど自分の感情をコントロールすること。

l.3 文法 reasons why ～「～する理由」。why は reasons を先行詞とする関係副詞で,しばしば省略される。

l.5 文法 …, sometimes experienced as ～「…で,それは時に～として経験される」。sometimes は experienced を修飾する副詞。experienced は,feelings of intense pleasure or euphoria を後ろから修飾する過去分詞。…, which are sometimes experienced as ～と,前に非制限用法の関係詞を補って考えるとよい。過去分詞の前にコンマがあるが,分詞構文ではないことに注意。

l.5 語句 chills down the spine「背骨を下るゾクゾクする寒気」が直訳。

l.7 語句 emotional valence「感情価」。ある対象が持つ快・不快に関わる性質で,たとえば人を引き付ける性質を持っていれば「正の感情価を持つ」という。

l.10 語句 survival benefit「生存利益」。生き延びる上でのメリット。

l.10 文法 nor does it display ～「また～を示すこともない」。nor は「そしてまた～ない」と否定の意味を持つ接続詞で,直後の SV は倒置されて疑問文の語順になる。

l.11 語句 drugs of abuse「(麻薬などの)乱用薬物」

l.12 語句 nonetheless「しかしながら;それにもかかわらず」

l.13 文法 regarding it as ～「それを～と見なしながら」。付帯状況を表す分詞構文。

l.14 文法 Many believe that ～ and that ….「多くの人が～ということと…ということを信じている」。and が2つの that 節を結んでいる。

l.15 語句 readily「すぐに;容易に」

l.15 語句 be reducible to ～「～に還元可能な」。「～の仕組みによって説明できる」ということ。

l.16 語句 cognitive「認知的な;認知に関わる」

l.16 語句 challenge「～に異議を唱える;疑問を抱く」

l.16 語句 with evidence that ～「～という証拠とともに」。that は同格節を導く接続詞。

l.17 語句 systems of reward「報酬系」。欲求が満たされたときに活性化され,快感を引き起こす脳内の仕組み。

l.18 語句 reinforcing stimulus「強化刺激」。ある状況で特定の反応が起こるような条件付けをさらに強化する働きを持つ刺激。stimuli は stimulus の複数形。

1 In one of his dark moments, Pascal said that all man's unhappiness came from a single cause, his inability to remain quietly in a room. Diversion. Distraction. Fantasy. Change of fashion, food, love, and landscape. We need them as the air we breathe. Without change our brains and bodies rot. The man who sits quietly in a shuttered room is likely to be mad, tortured by illusions and introspection.

2 Some American brain specialists researched the brains of travelers using X-rays. They found that changes of scenery and awareness of the passage of seasons through the year stimulated the rhythms of the brain, increasing a sense of well-being. Monotonous surroundings and tedious regular activities wove patterns which produced fatigue, nervous disorders, apathy, self-disgust, and violent reactions. It's hardly surprising, then, that a generation protected from the cold by central heating, from the heat by air-conditioning, carted in clean transports from one house or hotel to another, should feel the need for journeys of mind or body, or for the exciting journeys of music and dance. We spend far too much time in shuttered rooms.

3 Children need paths to explore, to take bearings on the earth in which they live, as a navigator takes bearings on familiar landmarks. If we search the memories of childhood, we remember the paths first, things and people second — paths down the garden, the way to school, the way round the house, corridors through the long grass. Tracking the paths of animals was the first and most important part of early humans' education.

(257 words)

l.1

Pascal said
[that all man's unhappiness came from a single cause,
　　　　　　　　　　　　　　　　　 ‖
　　　　　　　　his inability to remain quietly in a room]

l.8

They found
[that ⎰ changes of scenery
　　　 ⎱ S₁
　　　　 and
　　　 awareness < of the passage of seasons <through the year>>
　　　 S₂

　　　　　 stimulated the rhythms of the brain,
　　　　　　　 V　　　　　　 O

　　　　　 increasing a sense of well-being].
　　　　　 分詞構文

> 文法 主語の They は，前文中の Some American brain specialists を受けている。
>
> 文法 increasing 以下は，付帯状況を表す分詞構文。
>
> 語句 well-being「幸福；健康」

l.12

▶ It ～ that … の形式主語構文

It's hardly surprising, <then,>
that a generation
　　　 S

　 <protected ⎰ from the cold by central heating,
　　　　　　　 ⎱ from the heat by air-conditioning,
　 carted in clean transports from one house or hotel to another,>

　 should feel the need ⎰ for journeys of mind or body,
　　　　 V　　　 O　 ⎨ or
　　　　　　　　　　 ⎩ for the exciting journeys of music and dance.

> 語句 hardly「とても～ない；ほとんど～ない」。hardly surprising は「ほとんど驚くべきことではない」→「およそ驚くべきことではない〔当然のことである〕」という意味。

l.18 語句 take bearings「自分の位置〔方角，立場〕を知る；進路〔針路〕を見出す」

1　　The late Katharine Graham, the first female CEO of a Fortune 500 company, once said, "To love what you do and feel that it matters — how could anything be more fun?" Ms. Graham, who guided the Washington Post Co. for decades with her passion for quality
5　journalism, was ahead of her time in many ways. But her insights about how meaningful work brings joy to life date back to ancient Greece. In the fourth century B.C., Aristotle wrote that people achieve eudaimonia (a contented state of flourishing) when they fully use their unique talents, thereby fulfilling their basic function in life. In the twentieth
10　century, the psychologist Abraham Maslow restated the concept as "self-actualization," which he placed at the top of his hierarchy of human needs. Most recently, academics in the field of positive psychology have underscored the link between meaningful activities and happiness.

(145 words)

l.1 [語句] late「故〜；すでに亡くなっている〜」

l.1 [語句] CEO「最高経営責任者」= chief executive officer

l.1 [語句] Fortune 500「フォーチュン 500」。アメリカのビジネス誌「フォーチュン」が毎年発表する、売上規模上位 500 社のアメリカ企業。

l.2 [語句] once「かつて；以前に」。この意味では一般動詞の前で用いる。

l.2 [内容] To love what you do and feel that it matters 「自分のすることを愛すること」と「それが重要だと感じること」の 2 つのことを言っている。

l.3 [文法] how could このcould は現在の可能性を表し、「どうしたら〜することがありうるだろうか」=「〜することなどあり得ない」の意味になる。

l.4 [語句] the Washington Post Co.「ワシントン・ポスト社」。アメリカの伝統ある日刊新聞社。

l.4 [語句] with her passion for 〜「〜への情熱を持って」

l.4 [語句] quality「良質の；高級な」

l.5 [語句] be ahead of *one's* time「時代に先行している」

l.5 [語句] in many ways「多くの点で」

l.6 [文法] how meaningful work brings 〜　間接疑問。how meaningful（いかに意義深いか）ではなく、「どのようにして (how) 意義深い仕事 (meaningful work) が〜をもたらすか」というつながり。

l.6 [語句] date back to 〜「〜にまでさかのぼる」

l.7 [語句] Aristotle「アリストテレス」。古代ギリシャ最大の哲学者。

l.7 [語句] eudaimonia「ユーダイモニア；エウダイモニア」。理性に基づく積極的な人生から得られる幸福感。

l.9 [文法] …, thereby fulfilling 〜「そしてそれによって〜を果たす」。結果を表す分詞構文。thereby は「それによって；その結果」(by that) の意味の副詞で、ここでは分詞構文の「結果」の意味を明示している。

l.10 [内容] restated the concept as "self-actualization"「その概念を『自己実現』と言い換えた」。the concept とはアリストテレスの eudaimonia のこと。

l.11 [内容] his hierarchy of human needs とは、マズローが唱えた「欲求の階層」のこと。人間の欲求は低次→高次の順に「生理的欲求→安全欲求→所属と愛の欲求→承認欲求→自己実現欲求」の 5 つの階層に分かれるとする。

l.12 [語句] academic「学者；研究者」

l.12 [語句] positive psychology「ポジティブ心理学」。個人や組織の繁栄や成功といったポジティブな側面に関する心理を研究する分野で、2000 年代以降に盛んになった。

1 Meaning is the motivation in your life. It's finding what engages you, what makes your heart beat faster, what gives you energy and creates passion. Meaning enables you to push yourself to the limits of your capabilities — and beyond. Without meaning, work is a slog between weekends. With meaning, any job can become a calling. By deploying your greatest strengths in service of a meaningful purpose that transcends everyday goals, you open yourself up to long-lasting happiness.

2 Meaning is a defining characteristic among female leaders. When asked what the most important factors are in choosing a job and staying in it, women consistently cite the meaningful elements of the work. Women like Amina Susannah Agbaje, who started her own law firm to fulfill a childhood dream, have a profound belief in what they are doing. That leads to a higher level of commitment and gives you the courage to plunge ahead, no matter what the odds and no matter who says, "No, you can't." Finding meaning helps you set audacious goals and venture forth to meet them.

(178 words)

l.1 　[語句]　motivation「動機付け；モチベーション」

l.1 　[文法]　It's finding what 〜「それは〜するものを見つけることだ」。it は meaning を指す。以下，3つの what 節が並列されている。

l.1 　[語句]　engage「(人) を引き付ける；没頭させる」

l.2 　[文法]　makes your heart beat faster は〈make ＋ O ＋動詞の原形〉の形。

l.3 　[文法]　enable ＋ O ＋ to *do*「O が〜することを可能にする」。無生物主語とともに用いられることが多い。

l.3 　[語句]　push yourself to the limits of 〜「自分を〜の限界まで押していく」

l.4 　[語句]　beyond は「さらに向こうへ；さらに遠くへ」の意味の副詞。前置詞として使えば beyond the limits of your capabilities ということ。

l.5 　[文法]　any を肯定文で使うと「どんな〜も」の意味になる。しばしば can (〜であり得る) とともに使われる。

l.6 　[語句]　in service of 〜「〜のために (尽力して)」

l.7 　[内容]　everyday goals「日常的にそのつど達成していくさまざまな目標」。前の a meaningful purpose (決意を伴って向かっていく意義深い目的) と対比されている。

l.7 　[語句]　open O up to 〜「〜に向けて O (の可能性) を開く」

l.9 　[語句]　defining「決定的な；特徴づけるような」。ここでは，「その特徴が女性リーダーを定義づけるようなものだ」ということ。

l.9 　[文法]　When asked ＝ When they (＝ women) are asked

l.10 　[語句]　important in *doing*「〜する際に重要な」

l.11 　[語句]　stay in 〜「(仕事など) を続ける」

l.11 　[語句]　cite「〜を挙げる」

l.12 　[語句]　Amina Susannah Agbaje「アミナ・スザンナ・アグバエ」。ナイジェリアの弁護士で人権活動家。

l.12 　[語句]　law firm「法律事務所」

l.13 　[語句]　belief in 〜「〜 (の価値・正しさ) についての確信〔信念〕」

l.14 　[内容]　That ＝ a profound belief in what they are doing

l.15 　[語句]　plunge ahead「前方へ突っ込む；前に突き進む」

l.15 　[文法]　no matter what〔who〕〜「何が〔誰が〕〜であっても」。譲歩の副詞節を導く。no matter what the odds are の are が省略されている。

l.16 　[文法]　Finding meaning helps you set 〜主語は Finding meaning。動名詞句が主語になっている。〈help ＋ O ＋動詞の原形〉「O が〜する役に立つ；〜するのを手助けする」

l.17 　[語句]　venture「(危険を冒して) 進む」

l.17 　[内容]　to meet them「それらを達成するために」。them ＝ audacious goals

An important difference between persons and other creatures is that only persons can be morally responsible for what they do. When we accept that someone is a morally responsible agent, this typically involves more than holding a particular belief about him; it entails a willingness to adopt certain attitudes toward that person and to behave toward him in certain kinds of ways. Imagine, for example, that you return home one evening and find your treasured Waterford vase shattered on the dining room floor. Discovering that the vase has been purposely shattered by a malicious houseguest will give rise to a set of reactions much different than those which would seem appropriate were you to discover that the vase had been accidentally toppled from the shelf by your clumsy cat. In the latter case, you might feel regret and perhaps even anger at your cat, but you would hardly feel the same sort of resentment and moral indignation that would seem warranted had your guest intentionally broken the vase in order to hurt you. Moreover, it would be appropriate to blame your guest and to hold him responsible for the misdeed in a way much different from the way in which you might discipline your cat and try to train him not to climb on the furniture in the future.

(219 words)

l.2 語句 be responsible for ～「～に責任がある，～の原因になっている」。be morally responsible for ～ で「～に道義的な責任がある」となる。

l.4 語句 more than holding a particular belief about him「その人についてある特定の見方をするという以上のこと」

l.5 語句 adopt certain attitudes「ある種の態度を採用する」→「ある種の態度をとる」

l.7 語句 Waterford vase「ウォーターフォードの花瓶」。ウォーターフォードはアイルランド南部の港湾都市。ガラス製品で有名。ここでは，「とても大切にしていたもの」の具体例として挙げられている。

l.8
Discovering that the vase has been purposely shattered
 S
                    by a malicious houseguest

will give rise to a set of reactions
 V   O ⤴—much different than those (= reactions)
            [which would seem appropriate]

文法 discovering は動名詞で，that 節を目的語にとっている。

語句 give rise to ～「～を引き起こす」

文法 be different than ～ = be different from ～ （～とは異なる）のアメリカ口語式用法。

l.11 文法 were you to discover that … = if you were to discover that …「万が一，あなたが…ということを発見した場合に」。仮定法の If S were to *do* の if を省略した倒置形である。purposely shattered と accidentally toppled とが対比される形になっていることに注目すること。

l.13 語句 the same sort of resentment and moral indignation that would seem warranted「正当と思われるのと同じ種類の恨みや道義的憤慨」→「(…の場合に) 当然起こるはずの恨みや道義的憤慨のたぐい」。

l.15 文法 had your guest intentionally broken the vase in order to hurt you = if your guest had intentionally broken the vase in order to hurt you「もしも客があなたを困らせるために故意に花瓶を割ったとしたら」。仮定法過去完了の接続詞 if が省略された倒置形である。

l.17
in a way
 ↑
much different from the way
          ↑
[in which you might discipline your cat and …]

1 Of course, to make these claims is not to deny that there is one sense in which both the guest and the cat are responsible for breaking the vase in the respective scenarios. Each is causally responsible — each plays a causal role in bringing about the destruction of the vase. But whereas both persons and nonpersons can be causally responsible for an event, only persons can be morally responsible.

2 For many people, questions of moral responsibility are associated primarily with wrongdoing like that described in the preceding example. According to this view, questions concerning who may legitimately be held responsible are seen to stem from more practical questions concerning who should be blamed and punished for their misdeeds; similarly, a concern to understand the propriety of our responsibility ascriptions is driven mostly by a concern to understand what justifies the punitive measures we take toward those who injure us and violate the norms of society. Such a view helps to give expressions such as "I am going to hold you responsible" or "I promise to find out who is responsible for this" a mostly negative connotation, calling to mind the retributive attitudes and harsh treatment that await wrongdoers.

(198 words)

*l.*3　語句 respective scenarios「それぞれのシナリオ〔筋書き〕」。シナリオとは，ここでは花瓶を割るに至った経緯のことを言っている。

*l.*4　語句 bring about ～「～を引き起こす」。lead to ～, result in ～, give rise to ～も同意。

*l.*6　語句 only persons can be morally responsible「道義的な責任を持つことができるのは人間だけだ」

*l.*7　語句 be associated with ～「～と関係がある，～が連想される」

*l.*8　内容 like that described in the preceding example　that は wrongdoing の代用。「前の例」とは，故意に花瓶を壊した例。

*l.*9　文法 questions concerning who may legitimately be held responsible　concerning は前置詞で「～に関して，～に関する」の意味。who 以下の節は名詞節で，concerning の目的語。

*l.*12　語句 a concern to understand ～「～を理解しようとする気持ち」。concern は多義語で，名詞にも「関心；心配；重大(事)；関係」など様々な意味があるが，ここでは「関心」。

*l.*13　語句 be driven「動かされる」。動詞 drive はここでは「(人の心)を動かす」くらいの意味。

*l.*14
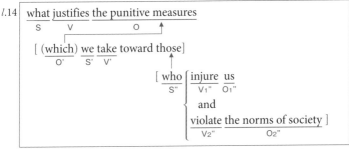

*l.*15　文法 Such a view helps to give expressions such as … a mostly negative connotation「このような考え方は，…のような表現に，たいていネガティブな意味合いを与える助けをする」→「このような考え方をしていると…のような表現に，たいていネガティブな含みが出てきてしまう」。give の間接目的語が expressions … for this", 直接目的語が a mostly negative connotation。

*l.*18　内容 call ～ to mind「～を思い起こさせる」。この部分は「あなたに責任がある」などと言う場合，「あなたにはそれなりの懲罰が待っている」というネガティブな含みを想起させるという意味。なお，ここでは～の部分が9語もあって長いので，to mind の後ろに置かれている。

In contrast to this approach, however, others take a broader view of moral responsibility. They associate responsibility not only with negative responses like resentment and blame, but also with more positive responses such as gratitude, respect, and praise. To see the intuition behind this view, imagine that you once again return home after work. This time, instead of finding a shattered vase, you discover that your neighbor's exceedingly ugly tree (which had long blocked the otherwise spectacular view from your living room) has been knocked down. As in the previous examples, your reactions will vary depending upon what you subsequently learn about the causes that led to the tree's demise. For instance, your reaction would presumably depend on whether the tree's uprooting was the result of a fortuitous gust of wind or the efforts of your considerate neighbor who removed the eyesore as a birthday surprise for you. In the former case, you might feel fortunate or happy, but you would hardly feel the gratitude and desire to praise that would seem appropriate had your thoughtful neighbor torn down the offensive tree just to please you. The point stressed by the proponent of the broader conception of responsibility is that there is a spectrum of reactions (including positive reactions) that are appropriately applied only to persons.

(216 words)

l.1 　語句 take a broader view of 〜「〜についてもっと広い視野の考え方をする」

l.7 　文法 the otherwise spectacular view「もしもそうでなければ (＝もしもその木がなければ) 素晴らしい景色」。otherwise は副詞で，この場合には形容詞 spectacular を修飾している。

l.9

your reactions	will vary	depending upon …
S	V	分詞構文

l.10 　語句 what you subsequently learn about the causes that led to the tree's demise「その木の消滅を引き起こした原因について，あなたが後で知ること」。

l.14 　内容 the former case「前者の場合」。ここでは木が風で偶然に倒れた場合を指す。

l.16 　文法 had your thoughtful neighbor torn down … = if your thoughtful neighbor had torn down …「もしも，思いやりのある隣人が〜を切り倒したならば」。仮定法過去完了で，if を省略した倒置形。

l.17 　語句 The point stressed by 〜「〜によって強調される点」。stress は，ここでは「〜を強調する」という意味の動詞。

l.18 　語句 the broader conception of 〜「〜についてのより幅広い概念」。この段落の最初の文に a broader view of 〜 というよく似た形がある。conception ≒ view。